做决策

曾仕强 著

图书在版编目（CIP）数据

做决策 / 曾仕强著 . 北京：北京联合出版公司，2025.4. --ISBN 978-7-5596-8305-2

Ⅰ. C934

中国国家版本馆 CIP 数据核字第 2025PK6420 号

做决策

作　者：曾仕强
出 品 人：赵红仕
选题策划：北京时代光华图书有限公司
责任编辑：孙志文
特约编辑：吴洪霜
封面设计：新艺书文化

北京联合出版公司出版
（北京市西城区德外大街 83 号楼 9 层　100088）
北京时代光华图书有限公司发行
涿州市京南印刷厂印刷　新华书店经销
字数 222 千字　880 毫米 ×1230 毫米　1/32　10.75 印张
2025 年 4 月第 1 版　2025 年 4 月第 1 次印刷
ISBN 978-7-5596-8305-2
定价：68.00 元

版权所有，侵权必究
未经书面许可，不得以任何方式转载、复制、翻印本书部分或全部内容
本书若有质量问题，请与本社图书销售中心联系调换。电话：010-82894445

目录

序
前言

第一章 领导者必备的观念

领导者要成为仁人志士 / 003

领导者不能专制 / 011

领导者要下放权力 / 016

领导者要以无为师 / 022

第二章 领导者必备的修养

领导者应有的三种境界 / 029

领导者要树立三大目标 / 035

领导者要牢记三句金言 / 039

领导者要经历的三种年龄段 / 042

领导者拥有的三大乐趣 / 047

领导者要用好三张嘴巴 / 052

第三章 领导者要"替天行道"

以天道为准则 / 059

关键在于领悟"善变" / 064

培养前瞻力 / 068

崇尚虚静不争 / 073

必须虚怀若谷 / 078

最好自然无为 / 082

第四章 领导者要掌握整体

组织阶层划分清晰 / 089

各阶层使命清楚 / 095

高阶要清楚地含糊 / 106

中坚要清楚地清楚 / 111

基层要含糊地清楚 / 118

各阶层处事灵活应变 / 125

第五章 领导者要知人

知人必先善于观人 / 129

公司里包括三种人——出世的观点 / 137

公司里包括三种人——入世的观点 / 142

人有上智下愚之分 / 146

亲亲尊尊还要贤贤 / 151

领导者要学会修行 / 155

第六章 领导者要善任

善任是领导者最要紧的能力 / 163

用人的最高标准在于平淡 / 167

不能重用偏才 / 171

通才的重要性 / 175

第七章 领导者的六大任务

礼遇顾问 / 183

配合趋势 / 187

重视基层 / 192

训练中坚 / 196

注意公关 / 201

维护家庭 / 204

第八章 领导者应该做的

不多讲大家便能体会 / 211

不多做大家便能努力 / 215

不多管大家便能自动 / 220

不授权大家便能负责 / 223

不紧张大家便能快速 / 228

不发威大家便能谨慎 / 232

第九章　领导者不应该做的

不要独断独行 / 239

不要事必躬亲 / 243

不要纵容亲信 / 247

不要鼓励对立 / 251

不要迫害功臣 / 256

不要冤枉好人 / 260

第十章　领导者立不败之地

掌握形、势、情的变化 / 267

有效领导促成团结 / 273

促使大家同心协力 / 279

关怀导向以得人心 / 285

两难之中必须兼顾 / 291

时时保持合理心态 / 304

后记

序

自古以来，当老板就很不容易。恐怕要潜心自修好几世，累积许多阴德，才有机会、够资格当老板。但是，当老板可能有两种完全不一样的结果：一为成事，一为败事。成事的老板，能够把事业创立起来，然后宏图大展，还能够生生不息；败事的老板，则刚好相反，不仅有可能把员工带坏，浪费人家宝贵的人生，而且还有可能危害社会大众，破坏社会秩序，更严重的，有可能祸及后代。

当大老板更不容易，公司规模庞大，人员复杂，涉及的事务众多。若要求大老板赚钱、保持健康和留存好名声三方兼顾，那就更加困难。大老板的现代称呼，便是领导者，他们可以做出最终的决定，没有人能够加以改变。

面对 21 世纪经济环境的快速变化，企业目标模糊化、市场不明确，同时全球化与本土化产生矛盾。在这种情况下，有些领导者虽然把事业经营得十分成功，但把自己累坏了。失去了健康，财富还有什么价值呢？

有些领导者注意保健，知道通过众人的帮忙，把事业做起来。由于过度使用人力，领导者成为大家畏惧、咒骂的"甘蔗压榨机"，榨干了员工的血，便加以丢弃。久而久之，他们便失去了好名声。

某些名望甚佳的领导者，会说不会做。在公开演讲中，他们声称自己如何如何，说完之后，赶紧交代员工不可以在外面泄底。因为实际上他们并非真的如此，写成传记，也多半报喜不报忧，自己看着都觉得不好意思。

某些心地善良的领导者，常常被员工气得半死。"马善被人骑，人善被人欺"，好像真的是这样。

许多领导者为了事业而失去家庭的温暖、忽略子女的教育，或者缺乏知心朋友。无论哪一方面的损失，都可能造成无法弥补的遗憾。

许多领导者各方面都很成功，但不了解阶段性调整的必要性，未能把握"彼一时也，此一时也"的差异，无法及时有所改变，很容易在一夜之间从成功的巅峰掉入痛苦的深渊。固然说人生原本就有起伏，但是落差太大，也是非常不好受的。

有一位领导者，当公司盛极而衰时，发现下班后偌大的公司，只剩下自己孤零零的一个人，感叹说："从前不是这样的！"他显然不明白，初创时期大家下班不回家，聚在一起热烈讨论问题固然是好现象，而今老将们白发苍苍，牙齿松动，下班后希望回家安静下来，也是十分正常的现象。

领导者的观念不正确，有时会误人误己。有一位领导者对我说过："做人有什么意思？在家骗妻儿，出门骗朋友；在公司骗员工，到外面骗客户。"如果真的是这样，当然很悲哀。

领导者的言行不检点，经常会害人害己。有一位领导者在晨会时放出狠话："大家看我手中握的这一大沓求职信，你们最好认真一点儿！"结果有路可走的员工，都离他而去，留下来一些走不掉的人，只好扮演讨好领导者的奴才角色，最后害死领导者自己。

看来，领导者真的不好当。

员工可以常常去听课，美其名曰"充电"。领导者忙碌，没时间去听课；有时候脸拉不下来，也不好意思去听。员工愈充电，电力愈强；领导者整天放电，时间久了，电力就更弱了，形成企业界另一种"脑体倒挂"的怪现象。

更有一些领导者，认为自己白手起家，已经是无师自通，哪里还需要学习？殊不知，他们就是由于不学习、不看书、不听课，这才身处危地，随时有掉入深渊的危险而不自知。这时候，有一本随时可以翻阅，当作参考的"领导者学"，相信可以解决很多问题，解除许多困惑。

依据《易经》"天、地、人"的"三才之道"，领导者应该替"天"行"道"，也就是秉持"天之道"来知人、用物。

《易经》是一本研究变化的书，告诉我们如何因应变化多端的未来。世界愈稳定，愈不需要研究变化的道理，《易经》愈不受到重视。世界愈变动，就愈需要掌握未来的动向，《易经》的道理就愈受到大家的关注。

21世纪是快速变化的时代，领导者依照《易经》的"三才之道"，顺天应人，必然可以顺势进展，而且立于不败之地。

对领导者而言，开创固然重要，守成也十分要紧。无论是创业还是守成，领导者最好都能够立于不败之地。

好不容易当到领导者，却一下子败下来，还要苦苦地反败为胜。他们虽然勇气可嘉，内心却是万分无奈。

领导者倡导反败为胜，简直和自己过不去。中国人善求立于不败之地，才是真正的大道。我衷心希望，社会上有愈来愈多的好领导者，能够尽到自己的社会责任，为社会的和谐发展尽一份责任。

在写作过程中，我受到父母、师长和朋友们的鼓励，很多领导者也将宝贵的亲身经验，不吝传授给我，在此特为感谢。我希望已经当了领导者、将要当领导者，以及不想当领导者却想知道怎样才算是好领导者的朋友们，能够喜爱本书，并且多多指教。

曾仕强

序于兴国管理学院

前言

一生之中，能够担任领导者，并不是一般人所想象的那么容易。就算是祖先遗留下来的位置，事实上也需要经过一番奋斗，不可能凭空就坐享其成。

我们常说创业维艰，而守业也实在不易。无论是创业还是守业时期的领导者，都各有其难处，并非局外人能分担的。因此有人说，这是好几世累积下来的福分，才有这么好的机会担任领导者；也有人说，这是积欠了好几世的债务，这一世必须担任领导者来努力偿还。想来各有道理，很难判断孰是孰非。不过，我深信，经过用心的学习、细心的调整，以及好心的判断，各位领导者都可以成为享福的领导者，而不是还债的苦命人。他们就算真的是来还债的，也不需要经由什么改运、花钱消灾、长期膜拜，不断参与相关修炼活动。自己只要用心，也能够彻底转化身份，变成享受福分的领导者。

领导者的用心，说起来也很简单，就是建立自己的信心，将

《易经》所说的道理用在经营、管理上，便能收到成效。

《易经》的道理，固然十分古老。然而事实证明，科学愈发达，大家愈发现《易经》的道理，不但真实，而且可以信靠。如果科学愈发达，愈证明《易经》所说的道理有问题，或者不符合现代的需求，那么，《易经》很可能已经为众人所遗弃，不再有人那样热心地研读了。

大家用《易经》来占卜、算命、看风水，不过只是小用。真正的大用——用《易经》的道理进行经营管理，反而被忽略了。用《易经》的道理进行经营管理，能够有效地改变自己的命运，提高经营的绩效，增加管理的效益，对大家都有好处。把《易经》的道理应用在经营管理方面，使其成为领导者修己安人的依据和改变命运的法宝。

我相信大部分领导者都已经依据《易经》的道理行事，或者不知道自己的所作所为已经暗合《易经》。长久以来，我们已经把深奥无比的《易经》，简化成很多广泛流传的俗语，使其在日常生活中潜移默化地影响着我们。可以说，我们无论读不读《易经》，懂不懂易理，有没有接触这一本时历三古（上古、中古、近古），经由三圣（伏羲、周文王和孔子）整理出来的人类奇书，运用《易经》的道理都已经到了十分自然的程度。

什么叫作自然？不知其所以然，却能够在言行上表现出来。这种不知其然而然，才叫作自然。自然表现出来，就称为率真。因为《易经》所说的道理，原本是宇宙之间早已存在的事实，我们是宇宙的一部分，只要率真，不作假，不存心变花样，大多合乎易理。

领导者的细心，最好表现在不要做出立即反应。凡是听到的或者看见的，不经过大脑思索，马上接受或拒绝，便是不够细心。我们是不是应该经过一番反复的思考，甚至于尝试一下，看看是不是合理；或者至少也要动动脑筋，怎样用在实际的言行上面，才不致引起反弹或抗拒。

我建议，领导者要做出任何改变，都必须预先想好步骤，考虑可能出现的反应，然后按部就班，逐渐加以调整，以期事缓则圆，获得圆满的效果。

调整的结果，领导者都要以好心的标准来加以判断。好心就是我们常说的良心，也就是合乎天理的心态，所以俗称天良，其实便是天理良心。

摆在领导者面前的，说起来有两件事：一是回顾，一是前瞻。回头看从前，看到经历过的种种艰难；向前看未来，是不是一片光明呢？

未来是不是光明取决于我们的目标是不是光明正大。领导者以仁义为目标，自然凭良心来判断调整的结果，产生良好的成效。

领导者的仁义，必须安放在自己心中，而不是向外求取。孟子说过："由仁义行，非行仁义也。"领导者最好以仁义作为判断的标准，而不是向外标榜仁义，或者用仁义来包装自己的言行。

我期待领导者能够厘清自己的经营理念，立定替天行道的志愿，分清楚应该做的和不应该做的，以求立于不败之地。我更期待领导者能够成为仁义的领导者，而不仅仅是有权威、能赚钱的企业英雄。

第一章

领导者必备的观念

人是观念的动物，有什么样的观念，就会表现出什么样的态度和行为。领导者的经营态度和管理行为，对企业兴衰的影响力高达70%。所以，领导者的经营理念对企业的发展至关重要。

为什么领导者的经营理念对企业有那么大的影响力呢？因为员工的思维，会依据领导者的理念而调整。大家用心猜测领导者的想法，以领导者的思维来决定自己的取舍。可见领导者的经营理念，会产生一种无形的力量，左右公司的决策，改变员工的思维，并且形成公司员工的共识。

我们经常可以看到，一家公司的组织、规章、员工都没有改变，只是领导者换了，这家公司的风气很快就发生变化，紧接着组织、规章，甚至员工和产品也会跟着发生某些变化，这与古人所说的"擒贼先擒王"——为首的王要先改变主意，追随的大众才有可能跟着改变——意思是一样的。

严格说起来，不同的领导者，其经营理念都有些不一样。我们只能够从基本的观念着手，分别从英雄豪杰与仁人志士、四种类型的英雄人物等方面加以阐述。希望领导者能够自我评估，并能整理出自己的经营理念。唯有深入的自我了解，才能够真正知己，然后进一步知人。作为领导者，知己知人，更能增强自己的影响力，也使其基本理念产生更为强大的无形力量，深深地影响员工，并形成共识，以期协同一致，发挥强大的组织力，激发团队精神和凝聚力，提升企业的生存能力，扩大企业的生存空间。

领导者要成为仁人志士

英雄豪杰与仁人志士

知名哲学教授邬昆如曾经提到过类似的观点,自古以来,总有一些才智特别高的人,他们喜欢玩弄权势,追求功名利禄,成为当时的英雄豪杰。与此同时,也一定有一些既有智慧,又有良心的人,积极为社会造福,为众人谋利,成为当时的仁人志士(如图 1-1)。

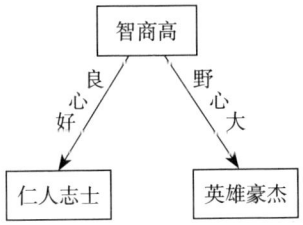

图 1-1 英雄豪杰与仁人志士

这两种人物，各有不同的贡献。前者在动乱中寻求安宁，却常常不幸死于动乱；后者促进安和乐利，却也阻止不了治乱兴衰的循环。

好不容易荣登领导者的位置，是不是应该冷静地想一想：自己的聪明才智高人一等，做些什么能成为英雄豪杰，或是仁人志士？就在这一念之间，不可不慎！因为任何人生存在天地之间，迟早要知道自己"为谁辛苦为谁忙"，希望为自己做一番正确的定位。

从三皇五帝的传说可以看出，英雄豪杰在中国社会并不受欢迎。历史证明，只有王道才能够持久，才能受到众人的拥戴。智商高，必须配合良心好来造福人群、服务社会，成为中国人自古以来重视的天命。就算生当乱世，成为英雄豪杰，也应该心存善念，加强仁德的修养，才能够流芳千古，为后人所敬仰。

春秋乱世，有孔子、老子这些仁人志士周游列国，倡导王道思想；战国时代，连年战争，英雄豪杰互相讨伐，弄得兵荒马乱，民不聊生；秦代统一六国，可以说是霸道的表现；汉代以后，一直以推行仁政为号召。虽然有王有霸，却仍以王道为正统，至少没有人公然宣扬霸道，以免遗臭万年。

近代西风东渐，竞争的意识已经弥漫全球，英雄式的旋风，似乎到处可见。我们实在不容易保持冷静的道德取向，以伦理道德来发扬仁人志士的精神。

但是，我们还是把英雄豪杰和仁人志士拿出来展示和比较，以便让我们的领导者多一种选择，不至于因时代的潮流而丧失了成为仁人志士的机会。领导者若是经过仔细分辨，认识十分清楚，仍然选择英雄豪杰的取向，那就是个人的抉择，我们必须加以尊重。

有人会这样想，中国人过于重视仁义，实际上却做不到：满口仁义道德，却一肚子男盗女娼；到处可见假道学，时时出现伪君子。实在不如西方人那样，干脆坦白地承认自己有所企图，要成为英雄豪杰。这种想法，当然也有道理，只不过一下子把标准降得这么低，恐怕以后就再也看不见仁人志士了。

取法乎上，往往只能够达到中等的程度。若是摆明的仅仅取法乎中，那么所得的结果不理想，就必须自己去承受，怨不得别人。

具有仁人志士的理想，就算做不到，至少还能够成为英雄豪杰。何况刚开始时很可能条件不够，环境不允许，存在很多束缚。经过一段时间的奋斗，条件改变了，环境也改变了，逐渐收敛英雄性，也能成为真正的仁人志士。我们常说要盖棺才能论定，意思便是终其一生，有没有努力做出仁人志士的善举。只要努力，能不能成功那是上天的意旨，用不着我们去猜测。

三国时代的曹操和刘备，都是英雄人物，只是刘备常以仁义作为取舍的标准，而曹操惯用利害来抉择。于是我们便称颂刘备为仁慈宽厚的皇叔，把曹操骂成奸诈汉贼。虽然《三国演义》的描述不一定真实，但可以充分反映我们对于仁义和奸诈的划分标准。

英雄豪杰分为四种类型

中国近四百年来,由于科学严重落后,以致中国人丧失了自尊心和自信心,盲目崇洋。事实上,在中国悠久的历史中,各种类型的英雄豪杰都曾经出现过。以三国时代为例,当时的社会环境有如鲁迅所说,既不像五代那样纷乱,也不像楚汉那样简单,恰好是不简不繁,所以英雄辈出,各显神通。以此论述,我们把这些英雄豪杰分成风、火、雷、山四种类型(如图1-2),具体如下。

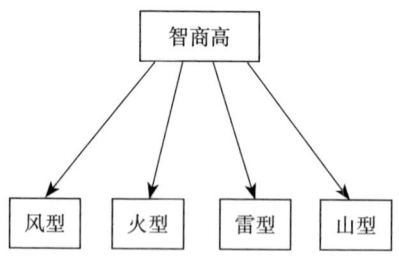

图 1-2 英雄豪杰的四种类型

1. 风型英雄的特性

风型英雄以吕布为代表。吕布勇猛过人,被董卓叹为:"吾若得此人,何虑天下哉?"获赠赤兔马之后,更是天下无敌。张飞在虎牢关前与吕布大战五十多回合,不分胜负。关羽赶忙加入,又大战了三十回合,还是不分胜负。刘备纵马而出,三英战吕布,才迫使吕布逃回虎牢关。但是吕布从崛起到衰亡,不过短短几年,像一阵风似的,过后什么都不曾留下。

风的特性是卑躬屈节，事事顺人。吕布原本是丁原的义子，董卓把名驹赤兔马赠送给他，他便感叹明主难遇，立即提着丁原的人头投奔董卓。吕布有勇无谋，见利忘义，很快就中了王允的连环计，为了貂蝉，一戟刺穿董卓的喉咙。后来被曹操生擒，他虽然愿意归顺，恳请曹操收留，并且发誓他日报效沙场，但曹操还是以丁原、董卓为戒，下令将他处死。

一个人在社会上卑柔自抑，事事都屈从情境的变化，这样固然可以减少很多阻力。比起那些有理想、有抱负的人，可能顺利得多。但是，真想成就一番事业，希望有所作为的话，这样是行不通的。

2. 火型英雄的特性

火型英雄以周瑜为代表。周瑜自幼通晓兵法，是孙策的结拜兄弟。孙策临终前传位给他的弟弟孙权，还特别交代"外事不决，可问周瑜"。赤壁之战，周瑜利用反间计，让曹操错杀水军都督蔡瑁、张允。用苦肉计和连环计，放火烧毁曹操的水寨和旱寨。要不是诸葛亮神机妙算，让关羽还掉曹操当年的人情，曹操恐怕过不了华容道。周瑜烧得曹操不成人样，自己却被诸葛亮气得吐血身亡，就像熊熊的烈火，把人家烧得精光，结果自己也同归于尽。

火的特性是自认为聪明，处处都要占上风。他们妒忌心很强，为了权力或意气之争，往往不惜损毁他人，却不知道损毁了他人，自己也会为他人所毁。好像火烧物体，当物体被烧尽时，火也灭了，结果是同归于尽。周瑜聪明绝顶，和诸葛亮共谋合作破曹时，觉得他比自己高明十倍，如果不除掉诸葛亮，将来麻烦不小。于是周瑜三番五次要害诸葛亮，不料屡次设计陷害，都被诸葛亮识破，因而气死了自己。

周瑜和诸葛亮都智谋超群。两人各为其主，争得水火不容。但是周瑜妒忌心很重，临终时还昂声高叹："既生瑜，何生亮！"死时年仅三十六岁。

3. 雷型英雄的特性

雷型英雄以吕蒙为代表。吕蒙是东吴大将，勇而有谋，极受孙权的器重。鲁肃死后，继任为大都督，却一直没有什么突出的表现。孙权与曹操暗中联合，商定从水旱两路夹攻荆州。吕蒙负责水路，探知关羽早在沿江上下数百里设置了烽火台，以防吴军偷袭，不禁大为惊讶，一筹莫展，于是称病不出，力荐由陆逊接任都督。当时陆逊尚为无名小将，关羽根本不把他放在眼里。在吕蒙的指挥下，仅一夜功夫，吴军便控制了荆州沿岸一带的烽火台，随即占领荆州。关羽当时威震华夏，虽然不慎被曹仁的毒箭射中，但经华佗的刮骨疗毒，神勇如旧。最后麦城一战，关羽兵败被俘，为吕蒙所杀。不过，他杀了关羽之后不久就死了。吕蒙好像雷一般，不发则已，一发就声势浩大。但是雷不持久，一阵风暴之后，很快就销声匿迹了。

雷的特性则是天翻地覆的震动。不表现则已，一表现便震天动地。吕蒙这种雷一般的行动，使关羽无从防备，因而造成原本视为不可能的结果。

4. 山型英雄的特性

山型英雄的代表人物是赵云。赵云原本是公孙瓒阵营的，后投入刘备阵营。其勇猛善战，曾于长坂坡单骑救后主，震慑曹军。又于孙夫人把阿斗当作人质，要求刘备用荆州来换回阿斗时，赵云截江夺斗，再次把阿斗从险恶中救出。后来，刘备自立为汉中王，封关羽、张飞、赵云、黄忠、马超为"五虎大将"。关羽闻讯，虽然不满与马超同列，却对赵云没二话。可见在关羽心目当中，赵云的确是一位英雄。其晚年仍追随诸葛亮，南征北讨，并且屡建战功。当风、火、雷消失了，山依然屹立不动。

山的特性是不动时静止，但动起来就有排山倒海的气势，而且山型英雄稳固、持久。赵云一路追随刘备，关羽、张飞、刘备相继去世后，仍然辅助刘禅，成为最持久的蜀国英雄。他和关羽、张飞共事，平常表现得不如两位，却能在紧急时刻有出色的表现，令人佩服。赵云如果始终像一座静止的山，没有特殊的战功，被封为五虎将时，关羽也不会那么轻松愉快地接纳他；他若是一直求表现，就会显得心目中没有关羽和张飞，恐怕这两位将军也不会与他友好相处。

一个人只是静止，并不能产生大的力量。要成大功立大业，必须能静也能动。做到不动便罢，一动就有雷霆万钧的力量，产生巨大的影响力。

诸葛亮出师伐魏之时，年迈的赵云主动请缨。两军初次交战，魏军先锋韩德看到蜀军先锋竟然是年近七旬的赵云，便派出一将，不出三个回合，死于赵云枪下；三将齐出，也先后败亡。赵云的英勇，一如往昔。可见山的力量，并不因时间的流逝而降低。

诸葛亮说："非宁静无以致远。"不宁静，便不能够致远，证明宁静的目的，其实是致远。

山型英雄，不但具有风、火、雷动的力量，而且兼有静的功能。所以动静不失其所，显得动静皆宜，这是山型英雄之所以胜过风型、火型、雷型的优势所在。

领导者也能是仁人志士

领导者的聪明才智通常高人一等，他当然可以成为英雄豪杰，也可以成为仁人志士。

我们可以这样说，一个人发明或者制造一块肥皂，对人类而言，是很有益处的。一旦他把肥皂当作商品，组成一家公司，要制造和贩卖肥皂，那就具有了商品性质。因为他发明或者制造一块肥皂，并不会牵涉到太多的自然环境和人力资源的问题。而肥皂商品化之后，他必须考虑到其成本和价格、市场和人员，以及同行竞争等问题，要向环境及人力发起挑战，使事情复杂化。

制造和贩售肥皂产生的结果，和领导者的经营理念有十分密切的关系。换句话说，领导者的理念，可以决定这一家公司的所作所为。领导者最好心里明白：这么多员工，把宝贵的生命奉献出来；这么多的资源，在他们手中消耗掉；这么多的时间，任由他们支配使用；这么多的顾客，成为他们产品的使用者。领导者的任何决策，都和这么多人、这么多资源息息相关。可见，领导者的影响力重大。

我丝毫不轻视商业行为,甚至对于其组织力的提升和业绩的增进十分重视。但我认为领导者的一念之差,具有如此重大的影响力,他们实在应该花一些时间,对仁人志士和英雄豪杰做一番清楚的认识,然后再决定自己究竟要成为英雄式的领导者,还是仁人志士式的领导者。领导者经过仔细的探讨、分析和抉择,也不至于后悔。人生的规律,本来就是自作自受,谁也怨不得谁,自己必须负起全部的责任。

我们常说企业不是慈善机构,必须重视实际的收入。领导者的责任主要是让企业赚到钱,能够生存、发展。但是,要达到这个目的的途径有多种,例如英雄豪杰所走的路,或者是仁人志士所行的道等。身为领导者,有权自行抉择自己要走哪一条路,因为英雄豪杰或仁人志士都有可能让企业赚到钱。既然殊途可以同归,是不是也考虑一下采取仁人志士式的领导呢?

领导者不能专制

企业如何看待英雄性

历史学家钱穆指出,西方历史重英雄性。从亚历山大到凯撒,一直到近代的拿破仑,都是由一位领袖领导一个集团,成就一番事业。

西方的企业也是如此。总裁的权力很大,他们是公司的领导者。由总裁来领导一个集团,创造一家公司的业绩。虽然说现代企业总裁的权力并没有古代帝王那么大,但是他们的权力一旦滥用,所造成的不良后果,很可能比古代专制帝王还要可怕。总裁位高权重,有时可以把一个员工的家庭弄得妻离子散,甚至逼迫员工走上穷途末路。权力使人腐化,通常只要掌权三年,就很容易变得愚蠢。就算总裁原先很有智慧,也可能愈来愈糊涂。因此,西方企业的总裁通常任期不会太久。很多企业更是由于总裁的重大决策失误,以致经营遭遇巨大挫折,甚至面临倒闭,不得不更换总裁。任期不长,使得西方总裁更容易急功近利,缺乏长期的设想。反正他们离职以后,情况如何演变,对他们来说,已经不重要了。

英雄性不能持久,是因为人愈来愈老,气力愈来愈衰退,而且英雄辈出,长江后浪推前浪,经不起后人的挑战。但是西方人崇拜英雄仍然乐此不疲,很多领导者的事略被写成传记文学,公之于世。大家乐于阅读,又勤于学习,使得西方企业的领导者迄今仍以英雄性为重,很难有所改变。

西方人习惯于崇拜英雄,西方历史强调个人性、英雄性,一旦被写成传记,大家也就争相阅读,引来不少的崇拜和赞扬,这符合西方的文化。

如今,我们模仿西方人,也写企业家传记,殊不知中国人看传记,心情和西方人大不相同:我们不太在乎写些什么,却十分在意怎么写。同样一个事件,我们站在不同的立场,自然会有不一样的写法。看了以后,常常由于立场不同,表示不相同的看法，以致赞叹者少，而不以为然的反而比较多。企业家传记就算畅销一时，也不过在名利方面稍有斩获，实际的效果实在不理想。何况人只要活着，就会改变。若是出书之日，书中的人物如日中天，当然被描述得如龙似虎，非常出色；不料环境改变，著名企业一下子转变不过来，照样宣布倒闭，成功的企业领导者可能会被判刑，也可能会面临债主的追讨。这时候再回头看看自己的传记，恐怕也愧于回首吧。

当年太史公写《史记》时，《高祖本纪》也不过把开国事件逐年提出一个简要的纲领，而不敢把汉代的开国大事全部放在汉高祖身上。这种做法，使得大家更加敬仰汉高祖。否则萧何、张良、韩信、曹参、陈平这些开国功臣，即便自己不方便说，子孙也会发出不平的声音，后代对汉高祖的崇敬反而会降低。

集团性大于英雄性

钱穆认为中国的历史集团性更重于英雄性。以楚汉相争为例，项羽带有英雄性，而刘邦则看起来没有英雄性。结果刘邦得了天下，因为他善用萧何、韩信、张良等人，形成一个强而有力的集团。项羽是领袖，却连范增这一位谋士都不能加以重用，所以争不过刘邦。

汉高祖出身卑微，由平民登上皇帝的宝座。这项事业的完成，刘邦的领导固然很重要，但是所形成的集团的作用似乎更加重要。所以钱穆用集团性大于英雄性来概括中国的历史。

三国时代，曹操称天下英雄只有他和刘备两人。但是曹操的英雄性，显然比刘备多。后来三国鼎立，曹操、刘备和孙权的手下无不猛将如云、谋臣如雨，形成十分坚强的集团。这三位领袖，都不曾太多地表现出个人的英雄性，他们都十分重视集团的运作，很少独断专行。

唐太宗乍看起来是一位英雄，然而仔细观察，他开始时有父兄相助，后来有幕府的支持。并不是唐太宗单独一人的力量便能成为一代明君的。

明太祖原本是僧寺里的一个小和尚，后来聚集了一批文武将才，有了一个大集团，才得了天下。明太祖虽然也有个人的表现，只不过是这个大集团中的一分子而已。

钱穆指出：在中国人的观念里，英雄不适宜担任领导者。英雄性人物，不容易成就大事业，项羽失败的教训应引以为戒。

我们相信，任何性质的集团必有一位领导者作为领导中心。但是我们和西方人比较起来，西方人英雄性大于集团性，我们则是集团性大于英雄性。所以每一集团中的领导者，都不容易显现其英雄性。我们的领导者，常常心胸广阔，包容一切，把舞台让出来，使得核心员工能够充分发挥其英雄性。譬如汉高祖和韩信，汉高祖是集团的领导者，韩信只是汉高祖的一位得力将士，但是韩信的英雄性表现反而多于汉高祖。在中国历史上，领袖如果有太多的个人英雄表现，就不容易礼贤下士，构建庞大而坚强的集团，也就不容易把事业做大。

不知道您喜欢做一位英雄性大于集团性的领导者，还是宁愿员工的英雄性表现多于自己，成为一位集团性大于英雄性的领导者？我只能够建议，为求企业持久经营发展，领导者在自身英雄性和集团性的比例上，最好做出合理的调整。自己当然是领导中心，但是缺乏集团的力量，这个中心很不稳固，就很容易时刻面临着各种意想不到的挑战。

最好扮演山型英雄

我们不能说汉高祖、唐太宗、明太祖都不是英雄人物，我们只能说他们更重视发挥集团力量，所以下属的表现好像胜于君主。如果用风、火、雷、山四型英雄来区分，领导者最好扮演山型英雄，不应该像风、火、雷一般，一阵子就不见了，使得追随的员工不知如何逃命、保命。

风、火、雷三型英雄，有一个共通的特性，便是英雄性大于集团性。结果是一时性的轰轰烈烈，并不能持久。山型英雄的特性，则是集团性大于英雄性，每一个人都在集团中成就自己。领导者像一座大山，员工就能获得巨大的舞台，可以尽情地演出，显得英雄性十足。企业要求生生不息，员工要求安定发展，领导者自然非像山不可。领导者不动如山，企业才能够稳如泰山，不容易出问题。

要扮演山型英雄，成为山型领导者，首要的条件便是不能专制。当年汉高祖得到天下后立即下诏求贤，其后汉惠帝重用曹参，汉文帝礼待贾谊，可以说这几位皇帝没有一位是专制的。钱穆认为，如果一定要用西方的观念来看中国历史，只能说我们的皇朝不过是君主立宪，并不是君主专制。

集团拥有各种人才，人才各有专长，而且能够放心地表现。领导者能够充分尊重这些人才，放手让大家好好表现，一如当年的汉高祖、唐太宗、明太祖，是山型领导者的典范。

说起汉高祖，我们一定会想起萧何、张良、韩信，因为这是一个集团。在这个集团中，萧何是后勤，张良是参谋，而韩信则是大统帅，可见我们早就有了分工合作的概念。大家都因共同的理想聚集在一起，以汉高祖为领导中心，然后各自发挥专长。

唐太宗的贞观之治，建立了大唐帝国的基业。他重用魏徵和王珪担任谏议大夫，房玄龄和杜如晦策划典章制度，逐渐将创业体制转化为守成体制。可谓知人善任、适才适所，造就了一个强而有力的集团。

领导者要下放权力

最高将、帅不露英雄性

中国的象棋和西方的 Chess（国际象棋）相同，分成两方，各 16 个棋子。象棋分成黑、红两方，黑方有将、士、象、车、马、炮、卒 7 种共 16 个，红方也有帅、仕、相、车、马、炮、兵等 7 种共 16 个。国际象棋则两方都有王（King）、后（Queen）各一，主教（Bishop）两个、骑士（Knight）两个、城堡（Castle）两个，以及兵卒（Pawn）8个，合计也是16个。不同的是，国际象棋的王（King）和后（Queen）都很厉害，可以到处走动，也能够吃掉别的棋子。中国象棋的将、帅都不厉害，只能够在很小的范围内活动，而且不能够外出征战。

曾经有个外国朋友觉得中国象棋十分奇怪，尤其是将、帅的情况，更是引起他很大的疑惑，不断地提问："为什么将、帅不如车、马、炮厉害，却可以担任它们的统帅？"

我反问这个外国朋友："觉得车、马、炮比将、帅厉害是不是？有没有进一步观察到这些厉害的车、马、炮几乎都为那一位不厉害的老将而壮烈牺牲？请问到底是谁比较厉害？"表面上看起来车、马、炮比较厉害，实际上衡量起来就会觉得将、帅比较厉害。前者不过是形式上的厉害，后者才是实质上的厉害。我们只听过"弃车保帅"，还没见过"弃帅保车"的，可见在我们的心目中，将、帅远比车、马、炮厉害。所以中国象棋才把将、帅设计成不如车、马、炮厉害，以便转移大家的目标，不露英雄性实在比露英雄性要安全得多。

把厉害的，用不厉害来包装，厉害的，就让他表现出英雄本色。这是两种不同的包装方式，前者比较适合领导者，后者比较适合员工。实际上，在员工当中，凡是一直表现出自己很厉害的与那些偶尔会装成并不厉害的同事比起来，必定吃亏上当的机会更多。这就是不露英雄性的最大好处，请多加体会。

在社会上，如果遇见某位领导者，问他最近如何，若是回答:"啊!忙得要命,赶着办好多事情!"你会不会觉得这家公司的处境可能相当危急。要不然,为什么领导者会忙成这样?所以通常我们听到的回答都是:"没什么事情,整天没事做,晃来晃去!"你会不会觉得,这些领导者好像在描述象棋中的将、帅的样子,显得十分悠闲笃定,一切应该相当顺利。

可见在正常情况下,根本用不着领导者操心。领导者如果在正常情况下还那么忙,只证明一件事:不是员工不能干,便是领导者自己是天生的劳碌命,不放心让员工去做。

当然,在紧急情况下,我不反对领导者亲自指挥,以求时效。但是常常紧急就表示这家公司很有问题。什么都紧急,就表示什么都不紧急。平常和紧急的比例,必须调整在合理的范围内,这时的紧急才是真正的紧急。

常听说:将帅无能,累死三军!将帅的无能,表现在自己的紧张忙碌上。反过来说,将帅如果有能,应该是指挥若定,根本用不着紧张忙碌,弄得员工都跟着疲于奔命。

让有用保护无用

中国象棋的 16 个棋子当中包含 7 种不同的职位。其中最高的职位是将和帅。但是,车、马、炮、士、相、兵各有所用,好像只有这最高统帅没什么用。而在车、马、炮、士、相、兵之中,车、马、炮最具英雄性。作为车、马、炮首领的将和帅反而不见英雄性,这是为什么?假设将、帅表现得很有用,车、马、炮就只好自己顾自己，用不着分心去照顾将、帅。有朝一日，将、帅要车、马、炮帮忙的时候，发觉车、马、炮各自忙着自己的事，这时候才动怒、责骂、抱怨，恐怕车、马、炮也很难接受。车、马、炮心想：将、帅平日自己逞能，谁知道他们什么时候需要什么样的协助？将、帅既然自作自受，就让他们自己去承受这种苦果吧！

1. 无用才能全盘关照那些有用

将、帅无用，看起来无所事事，才有时间全面关照车、马、炮和兵、卒的所作所为是否合乎整体目标的需求。车、马、炮的英雄性，如果依个人的目标，只顾吃掉对方的棋子，或者只顾自己的安全，不知道把对方将死，或者保护自己的将、帅不被将死，这种英雄表现，就可以说毫无意义。车、马、炮必须以将、帅为共同目标，一方面设法把对方将死，另一方面则未雨绸缪，保护自己的将、帅不被将死，这才是密切配合的整体作战。将、帅无用，才能促成车、马、炮的有用。

2. 在有用的集团中表现无用的领导

象棋的红、黑两边，各自组成一个集团。中国人认为集团必须有一位领导人物，但是领导性的重要，最好次于集团性。将、帅是领导中心，基于尊重集团的原则，不应该表现其领导性，也就是把英雄性隐藏起来，包装成无用的样子。而英雄性则表现在将、帅之下的车、马、炮中。车、马、炮为了尊重领导中心，必须以整体为目标而努力，置自己的生死于度外。将、帅和士、相组成领导中心，士和相的活动力甚至比将、帅还要强，是同样的道理。

领导者有用，就必须自己保护自己。埋头做自己的事情，就难以全面照顾公司的整体配合。同时领导者过于强势，有能力的员工就显得很没面子，能走的员工，很快就会离职；走不了的员工，便赖在公司，有意无意地成为领导者的障碍，或者虚情假意，做一番表面功夫。

明智的领导者，懂得把自己包装成无用。员工获得领导者的支持，加上领导者把表现的舞台让出来，员工当然表现得十分有用。员工愈有用，领导者就乐于愈无用。领导者以无用的心态，来全面关照员工有用的表现，大家都以集团的目标为重，密切配合，对于组织的发展很有助益。

让员工有用，领导者自己扮演无用的角色。这不是偷懒，更不是怕负责任，反而是一种修养。有容人的肚量，并且有知人之明，让真正有用的人，做出合理的表现。

领导比管理更重要

将、帅无用，是集团性大于英雄性的表现。然而就领导和管理来说，将、帅的领导，应该比管理更为重要。因为领导重人性面，而管理则比较重制度面。中国象棋千变万化，几乎每一次对弈都不完全相同。制度面只能够规定车、马、炮怎么走，对于将、士、相、兵、卒的动作也加以合理的规范，至于如何运用，完全看下棋人的人性面。将、帅以下棋人为主，所表现出来的行动，实际上也是下棋人性格的表现。

领导者如果像一般人那样，认为领导便是领导，从正面来发号施令、指挥监督，大家便能接受，那就大错特错，这与实际的情况并不符。领导者若是明白老子所说的"贵以贱为本，高以下为基"的道理，便能够把握"贱"和"下"，使自己成为真正的"贵"和"高"。

领导者怎样才能显得高贵？员工必须热心捧场，加以理会，自愿以贱自居，来衬托领导者的贵。不然的话，领导者自己高高在上，员工却用脚来表示不愿意接纳，有机会就离他而去，领导者便徒有虚名，产生不了实际的领导功能。

领导者高不高，贵不贵，由员工来决定。大家愿意用"下"来抬高领导者的地位，以"贱"来凸显领导者的高贵，真正做到上情下达，而又下情上达。领导者和员工一条心，自然领导有力，样样能通。

《道德经》第六十六章明确指出"是以圣人欲上民，必以言下之；欲先民，必以身后之"的道理，其中的"上""先"指的是领导。领导者想要"上""先"，必须先从"下"和"后"着手。唯有不表现个人的英雄性，以弱者自居，才能够成为"守柔"的真正强者。老子的意思是强的基础必须建立在弱（柔）上面。为弱愈多，基础便愈雄厚，才能真正强。

依据"贵以贱为本"来推理，很容易看出"强以弱为本"。依据"高以下为基"的观点，也很容易体会和认知"强以弱为基"。领导者能够把握到弱，自然可以成为强。领导者一天到晚以强者自居，好像孙悟空那样，员工就用弱来因应，变成猪八戒和沙和尚。对孙悟空来说，只有累得要死，并无其他功效。

领导者扮演唐三藏的角色，像孙悟空似的员工才会心悦诚服地好好表现，连带着把不太能干的员工也培育起来，共同为整体目标而努力。领导者守柔，才能够促使员工发愤图强，个个有英雄性的表现。这种真正总动员的力量，才是领导者弱的最大效用。

这里很少提及专业性技能。因为领导者以人为主，重视理念，又能通情达理，员工才有可能把各自的专业技能好好发挥，为组织所用。如果领导者以专业技能为主，员工的才能便难以施展，反而处处受到限制。

领导者要以无为师

无可以收到有的效果

老子《道德经》第四十章做出这样的推论："天下万物生于有，有生于无。""有"，就是具有，也就是存在。"无"，表示没有，也就是不存在。天下万物，当然都是存在的，所以"生于有"。然而天下万物还没有生出来的时候，宇宙便已经存在了，那时一切都是"无"。由于万物都从这里产生出来，所以说"有生于无"。

张起钧教授研究道家智慧数十年，他指出，"有"和"无"这两个原则，分别代表两种不同的精神和力量："有"代表具体的、确定的、突出的、显露的、有成果的、奋力的；"无"代表抽象的、不确定的、退缩的、隐潜的、无具体成果的、不奋力的。

两者比较起来，"无"比"有"更具有发展演变的可能性。而"有"则相对来说已经定型，发展演变比"无"要困难，也受到更多的限制。所以老子认为"无"比"有"拥有更大的弹性，可以发挥更多的妙用。

就我们的行为来看，"有"就一定要有表现，有作为。但是我们的努力是有限的，而天下的事务是无穷的。我们怎么用有限的人力来掌握无穷的事务呢？领导者如果坚持要有所表现，有所作用，请问以领导者一己之力，能够把整个公司所有的事务都做得很妥当吗？如果一定要这样，岂不是自讨苦吃？

反过来看，我们若从无的原则，不表现、不作为，情况便完全改观。不表现、不作为并不是停止不动，而是明智地面对自己可怜的"有"，不妄生枝节地画蛇添足，一切顺应自然，表现出真正的聪明。

领导者普遍认为，既然担任这个职务，时时刻刻都想有所作为，甚至为了自己的利益而与别人斗争，控制不了自己。这样一来，表面上可能有所得，实际上却失去更多。看懂了这个道理，领导者便应该端正自己的方向，把原本朝向"有"变成朝向"无"。换句话说，要先忘了自己，特别是忘了自己的利益，才能够立公心，凡事为公司的利益着想。

领导者抱持着"有"的原则，员工就会觉得领导者所想的，都是居于领导者自己的立场，因而兴起抗争的念头。凡是领导者所主张的，员工马上会想到，一定和员工的利益相违背，以致不假思索，马上产生抗拒的反应。这种逢领导者必反的情况，对领导者十分不利。

反过来说，领导者抱持"无"的原则，把自己和员工融合在一起，不再是员工抗拒、攻击的目标。这时候领导者所说的，员工会认为对自己有利，因而欣然接受。这对于命令的下达、执行有很大的助益。

"有"是冲突、对立、抗争的诱因，而"无"则是和谐、互助、协力的基础。领导者以无为师，才能够有效地无中生有，做到老子所说的"无为而无不为"。

"无为"并不能无所不为，因为无所不为会把无为的动力消耗殆尽。无为具有任何发展演变的可能性，却不能突破有限的时间和精力来因应庞大、复杂的无所不为。

"无不为"并不是无所不为。因为领导者若是无所不为，员工便会无所为。大家都坐在那里等待命令，以便一个口令一个动作地应付。组织内充满了被动、消极的气氛，实际上大多是领导者无所不为所造成的。

领导者无为，主要用意在尊重员工的为所应为。各人在不同的角色扮演上，做好各人应做的事，所以能够无不为。唯有领导者无为，大家才能够不受干扰地无不为。这是无中生有的奥妙，要好好加以体会。

无可以收到精的效果

一加一等于二，谁也无法改变，但因此而推论出"花多少力气，一定会收到多少效果"，显然是错误的。领导者从事的经营管理工作在很多情况下并不能用"一加一等于二"的数字来衡量。因为经营管理还牵涉很多其他的因素，不是单纯的数字计算能解决的。

张起钧教授观察现代社会受到两种观念的困扰，分别是有为的意念和精确的追求。我们已经把有为的意念加以破解，现在继续来看精确的追求这一概念。西方自从亚里士多德以来，受理性主义和科学研究的影响，重视分析和计算，十分注重精确性，以致研究人的行为和社会事务，也要以"何人"（Who）、"何时"（When）、"何地"（Where）、"如何"（How）、"何事"（What），以及"为何"（Why）来具体加以规范和表达，甚至进一步要求把它们变成一套统计的数字。

这样一来，每当要做一件事，我们就要把事务的每一个细节、每一个步骤都仔细考量，做好计划，而这些计划最好加以量化。凡是有数字可以检验的，便视为精确，并因此而重视；那些没有数字的，就视为粗糙、不成熟，而加以鄙弃。把这一观念具体体现在日常生活上，就势必以金钱为依归。其实，亚里士多德当年不过是说："凡在事务允许的范围内，每一步都求其精确，就是受过教养的标志。"他所指的，明明是有限的，以事务允许为范围。后人却不断扩大，好像什么事务，不管允许不允许，都要力求精确，实在是一种遗憾。

我们知道，宇宙是不断变化的，不是静止的。在这种不停变化的情境中，我们遇到的任何事务，都不可能固定不变，反而是不断地有所变化。既然我们面临的环境迟早要发生变化，我们为什么要追求精确？把每一件事都钉死在某一点上，反而不精确。

测不准原理告诉大家，仪器再精密，方法再正确，测得十分精确，结果出来以后，如果相关因素产生某些变化，那么原先十分精确的结果，也变成不正确。凡是深一层想问题的人，都能够体会：肯定一点就等于否定其他各点；追求眼前的精确，等于否定了其他时刻的精确。

特别是领导者身居高位，面对的因素既多且广。换句话说，可能产生的变化远比员工要多。如果把话说得十分精确，对于当前的目标固然有利，只要有一些变化，那就势必非改变原先的话不可。这样一来，便造成朝令夕改的结果，大家都会很不服气。为了避免朝令夕改，领导者常常把话说得含糊一些，不那么精确，也就是替自己留一些余地。何况有些事根本不能讲求精确。领导者最好心里有数，有些事务可以求精准，并要求员工在这些事务的范围内追求精确。同时，领导者也要明白，很多事务不需要，也不可能求精确，也就不要要求员工在这些方面采取精确的态度。

有为与精确，基本是好的，只是不能过分，以免产生若干流弊，反而带来不良的后果。

第二章
领导者必备的修养

领导者厘清了自己必备的观念之后，还需要进一步提高自我修养。我们提出六个方面，分别为三种境界、三大目标、三句金言、三种年龄段、三大乐趣，以及三张嘴巴，请领导者自我评估。

三种境界中，事必躬亲是下策，有人分劳是中策，各人尽责才是上策。领导者先勤教员工，以安人为原则，然后放心地适当委任，让大家都能充分发挥自己的能力。

三大目标指的是赚钱、保健和培养良好的声望，也就是通常所说的贪财、怕死、爱面子。这三方面能够兼顾并重，并且能够做到适度，那就很好。

三句金言指的是"好心啊""大肚量啊""让我讨几个钱吧"，这三句话包含着无比艰深的道理，这才是中国功夫。

三种年龄段都可以当领导者，但是不同的年龄段，要有不一样的表现，才算合理。年轻的领导者最好有一两位可以随时请教的长辈，以备咨询；年高的领导者必须德劭，具有特殊的素养；壮年的领导者，以逐渐减轻自己的工作负担为宜。

三大乐趣可以用持剑、佩剑和挂剑三种情况来加以领会，各有不同的乐趣，也各有不一样的重点。最好能够秉持原则，安全而放心地享受领导者应有的乐趣。

三张嘴巴则运用之妙，存乎一心。领导者可以自己决定，用或者不用，怎样配合运用，也各自裁量。如果能拿捏到位，那就十分有利。

领导者应有的三种境界

作为领导者应该有甘有苦

领导者就是通常所说的老板。有人用"宁为鸡口，无为牛后"这一句俗语，来推断中国人喜欢当老板，不但断章取义，而且有误导的危险。这使得一些年轻人真的以为中国人只有当老板才神气。

中国人说话，多半是两两相对的。如果听到一句话，不能够赶紧去找另外相对的那一句，就会走偏，成为一孔之见。因为每一句话都只说明了道理的一部分，不能涵盖全部。

与"宁为鸡口，无为牛后"相对的那一句是"大树底下好乘凉"。中国人一方面喜欢当老板，一方面也喜欢成为好老板赏识的"诸葛孔明"。很多人真的喜欢当老板，也有很多人是找不到好老板，不得已才自己当老板，这才是事实。

当老板有甘也有苦，有乐趣也有辛酸。老板的"板"的繁体

字"맖",表示老板一个人有三张嘴巴（如图2-1），爱怎么说都可以，实在很自由。他们常常一个嘴巴说"可以"，换一个嘴巴说"不行"，再换一个嘴巴说"为什么变来变去"。

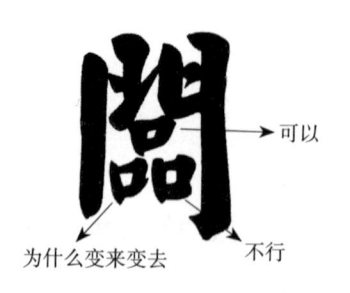

图 2-1　老板的三张嘴巴

老板最喜欢说的三句话，也是我们最熟悉的，分别为："你就照我说的去做好了！""谁叫你这样做的？""就算是我说的，你也不可以这样做！"（如图2-2）。

图 2-2　老板常说的三句话

老板当然说话算话，不过他有三张嘴巴，每一张嘴巴，都说不同的话。换来换去，才显得前后矛盾，如此而已。

员工心里明白：老板像石头，员工如鸡蛋。鸡蛋碰石头，难堪！石头击鸡蛋，轻松！因此员工多半会自动礼让，让老板的意见比较容易获得尊重。

当老板的风险很大，又要负起完全责任，时时刻刻都很担心。虽然说股份有限公司资金分散，好像大家风险共担，但毕竟老板要总其成，丢不起那个脸，因而心里经常七上八下，很难放下心来。

老板急，员工似乎并不急。老板认真，员工好像并不认真。令老板越看越气恼，越想越心烦。尽管大声呼喊"大家要以厂为家，同心协力"，反应却不甚热烈。而且各自为政，本位主义相当严重，实在气死人。

成为领导者的三种方式

虽说都是领导者，不过，有人累得要死，公司还老出事，有人却做得有滋有味，时常去度假，公司也发展得顺风顺水。为何差别如此之大？

1. 事必躬亲

事必躬亲，是指领导者凡事都要亲自动手，十分辛苦、忙碌，这是下策。

有的员工工作马马虎虎，总是表面应付。作为领导者，不得不身负重责大任，凡事身先士卒，弄得忙碌不堪、辛苦劳累。最令人气结的是：经营的人够辛苦，领钱的人当观众。可见领导者事必躬亲，确属下策。

"以身作则"是指修养，不是指工作。品德良好，足以作为大家的表率。至于工作方面，必须"不在其位，不谋其政"，才能够专职分工，让各部门的员工充分发挥自己的能力。领导者管得太多，大家反而不能放手去做，有害无利。

2. 有人分劳

有人分劳，是指领导者只要掌握原则，员工便能用心去做，这是中策。

领导者逐渐明白"知人善任"的道理，知道什么事情都要自己决定，迟早会被累死，因而转移方向，把自己的时间和精力花在知人上面。领导者先了解员工的长处，再委任合适的工作给他们，做到善任。这样便可以把原先的事必躬亲变为有效的群策群力。

但是，如果凡事都要领导者掌握原则，企业规模就不会做大。领导者时时刻刻都要把心神放在公司，出门远行或休假，那该怎么办？有些领导者寸步不敢离开公司，请问好不好？

3. 各人尽责

各人尽责，是指员工凡事都做得很好，领导者不需要操心，只需到处表示赞美和感谢，这才是上策。

领导者有权而不必用，各人都知道自己应负的责任，而且用心把工作做好。彼此互相合作，领导者又能处处被尊重，真是夜里睡觉做梦都会笑。这可能吗？答案当然是肯定的。不过，领导者首先要整理清楚自己的头脑，一步一步走下去，自然可以达到如此圆满的境界。

关于领导者的三阶进程

1. 勤教

首先，领导者必须勤教。要认清企业的成败在人，任何经营，唯有获得适当的人才，才会有进一步的发展。虽然企业本身的组织和经营方法非常重要，但是，运用方法来发展企业，主要还是依赖优秀的人才。

当好领导者，应该先寻觅适当的人才，加以细心的培育。自己问自己："本企业究竟为了什么而存在？"如果答案是"为了赚钱"，那么员工有利可图时留下来，利的诱因不足时跳槽而去，便是十分自然而合理的现象。

领导者以安人为企业存在的根本目的，经常向员工说明安人的理念，确立"安老板、安员工、安顾客、安社会"的不变原则，使人家彻底了解，真正付诸实践，这是第一阶段"奠定良好基础"的重点。

2. 委任

其次，领导者必须委任。要有胆识把合适的工作委任给员工，使他们有自己的责任，让他们在责任范围内独立思考、应变。领导者确实要明确企业的基本原则，并且彻底掌握实际的工作状况，不可随意放任员工，让大家各自随随便便地工作，以免企业零乱与失调。但是领导者处处用命令来指使，员工就一直被动地遵守命令，永远无法自动自发。领导者将工作委任员工去处理，从委任中训练其思考力与创造力，员工才能够在自动自发中与组织同步成长。

3. 感谢

最后，领导者必须感谢。放弃高高在上的心理，放弃指挥监督的权力，内心充满了对员工的感谢之意。没有他们，自己就会累得半死；没有他们，自己根本不像老板。人虽然号称"万物之灵"，但仅凭一己之力，力量便十分单薄，工作和生活也可能不尽如人意。人必须群居的原因，就是需要大家的互助，而不是盲目地彼此竞争或抢夺。

任何人都要依靠社会的协力，才能够防卫自己，与家人或朋友过着幸福的日子。我们对国家、社会应该抱着非常感谢的心情。领导者对员工，也应该以感谢的心情来欣赏员工的品格和业绩，而不是用自己的好恶无情地批评他们，或者盛气凌人地摆出老板的架子。

领导者要树立三大目标

第一目标：赚钱

当领导者要赚钱，是天经地义的事情。我们固然不必把"重义轻利"的假道学挂在嘴上，也不需要正经地提醒大家"做企业不是做慈善"，因为这是谁都明白的道理。

重义轻利的观念，是孟子的重要主张之一。但是，他并没有绝对地否定利，也就是没有"把利当作绝对的坏事"。这一点必须加以澄清，才能消减老板赚钱时产生的罪恶感。

孟子认为，财富充足的人，即使遇到凶年，也不会饿死；道德高尚的人，即使处在乱世，也不会迷失他的心志。一个人生财有道，谋利周到，一旦积聚丰厚，遇到荒年，也可以避免饥饿而死。孟子承认利的好处，在这里说得相当清楚。他轻视不合于义的利，却重视合于义的利。可见孟子的重义轻利，是相对的。义和利都重要，只是义和利比较起来，义应该重于利，这才是孟子的真正用意。我们不能把他的观念曲解成绝对的不重视谋利。

《孟子·尽心章句上》中指出，王者的人民，好像广大自得的样子。杀了他，不怨恨你；给他恩惠，也不感激你的功德。王者对于老百姓，一方面"杀之"，一方面"利之"，做到恩威并济，无形中感化许多人民。利用得妥当，孟子丝毫不加以反对。

赚取适当的利润，乃是领导者的第一大目标。适当的利润，便是正当地赚钱。领导者正当赚钱，企业才能够发展；赚取适当的利润，缴纳更多的税，对于社会的繁荣，也有很大的贡献。赚钱是企业的首要目标。

赚钱不但是目标，根本就是一种责任。就算领导者已经很有钱，不在乎赚不赚钱这回事，但仍不可抱着玩儿票的心态，存着"有也好，没有也好"的心理。因为不赚钱就是资源的浪费，把原本可以生利的资源，白白浪费掉，简直是不负责任。

赚来的钱怎样处理也是领导者必须考虑的重要课题。美国企业居于英雄主义的立场，把赚来的钱分给主要员工，当然领导者分得最多。这样一来，员工就认为不公平、不合理，甚至有被剥削的感觉，引起劳资冲突、彼此对立，不断地有所抗争；中国某些企业则给员工分红，把赚来的钱，普遍分到员工身上，却也引起不同的反应。可见赚钱固然很不容易，如何把赚来的钱合理地处置，也十分困难。

第二目标：惜命

中国人的心思，说起来十分简单，那就是"贪财、怕死、爱面子"。分析起来并没有什么不对，只要三者都做到合理的地步，便合乎中庸之道。

贪财不好吗？如果大家都不贪财，还奢谈什么经济发展？贪财贪到合理的地步，不要过分，就叫作赚取适当的利润，乃是追求合理的利，并无不对，而且值得鼓励。

怕死不好吗？如果有一个人真的不怕死，我们就要反过来怕他了。但是，死是人生的一件大事，也是每人必有的最后结局。过分怕死，便是不了解人生的真谛，什么事情也不敢做，活着又有什么意义？

孔子说："未知生，焉知死！"我们对一个人活着时的道理都不清楚，怎么能知道死后的情形呢？儒家认为人活着一天，便应把一天应该做的事情做好；对于将来必死，根本用不着担心。也就是说，只应关心生，不必想及死。

事情未做完，不可以死。并不是怕死，而是担心事情还没有做好。孔子当年在匡被围困，解围后过了些时日，颜渊才来和他会合。孔子说："我以为你已经死了。"颜渊说："老师在，弟子怎敢死！"中国人怕死，是任务未完，不敢轻易言死。然而，颜渊还是先孔子而死。孔子并没有责怪他，只是怀念他的好学，伤心他的不幸短命，这也是儒家"尽人事，听天命"的一种表现。

领导者的任务重大，不可以半途而废。为了顺利实现自己的理想，领导者必须合理地怕死。把自己的生命保住，使自己具有健康的体魄，随时保持旺盛的精力，才有充分把握，得以发展自己的事业。

俗语有云："赚得到，吃不到。"这实在不是一种好现象。领导者一方面赚钱，另一方面也要珍惜自己的生命。怕死怕到合理的程度，是领导者应有的良好心态。

有人说，生命不在乎长短，能不能产生价值才更重要。这一句话，不适合领导者。领导者的生命，当然很有价值。多活几年，才可以做出更多的贡献。我们可以赚钱，但不能用生命来交换钱财，这是不可违背的大原则。特别是过劳死这种祸害，似乎对领导者很有兴趣，特别喜欢找上门来，所以领导者更应该常常提醒自己，不要过分劳累才好。

第三目标：留名

中国人除贪财、怕死之外，还爱面子，而且三者并重。

爱面子不好吗？一个人如果连面子都可以不爱，那他会真正爱什么东西呢？我们常常厌恶别人爱面子，却不知道自己也处处爱面子。任何人只要有自知之明，就不会否认自己也那么爱面子。爱面子要爱得合理，不要死爱面子，这个观点没有人会反对。

其实，爱面子不如爱脸。中国人骂人"不要脸"，是对人最严重的侮辱。因为"不要脸"等于"不讲理"，乃是中国人最看不起的。爱面子爱得合理，就等于要脸。要脸的人，必然非常重视自己的声誉。做人要留下好名声，领导者当然也不例外。

经营企业的人，必须重视商誉。商誉代表企业的信用，让员工不在外面觉得没有面子，让顾客觉得不吃亏，让社会大众觉得不讨厌，这就是商誉。

时常探索顾客的需求，依循着顾客的心声来经营。主动关心社会，回馈社会，多做有益社会的事。对于员工的面子，也要多方顾及，不要因为产品低劣、价格偏高，甚至垄断市场等因素，让员工受到大众的指指点点，这些都是领导者的责任。

领导者在位的时候，很难看出自己的名声究竟好不好。一旦退职，才发现一夜之间变成大家都不理会的"总不理"。这时候才明白，自己的名声竟然差到这种地步，恐怕已经后悔莫及了。

领导者随时留意自己的名声，就可能确保自己的声誉。企业的商誉固然要紧，领导者个人的名誉也很重要。钱要赚，生命要顾，名声也要留，这样同时满足我们贪财、怕死、爱面子的三重要求，才不愧是堂堂正正的中国人，也是有理想、有作为、有成就的领导者。

领导者要牢记三句金言

中国人最讨厌"不劳而获"，对于不经努力便得到报酬，总是不以为然。领导者有的是钱财、权势，所欠缺的是逆耳的忠言。由于领导者有钱有势，谁也不愿意当面教诲他，万一遭白眼，甚至受到辱骂或讽刺，岂非自讨苦吃？

中国人的高明，正是把高深的智慧，化为通俗的话语。简单明了几句话，包含着无比艰深的道理，这才是中国功夫。"好心啊！""大肚量啊！""让我讨几个钱吧！"大家经常听到这三句话，却不当一回事，很少有人细心体会这三句话的真意及深刻的用意。

"好心啊"——第一修养纲领

领导者最要紧的修己功夫，便是时时刻刻提醒自己："要好心"，也就是"一切凭良心"。

我们都知道，领导者最大的本领，在知人善任。通过知人善任，领导者才有办法结合他人的头脑和金钱来开创有利的事业。问题就在这"有利"上面。什么叫作"有利"？合于义的利真的有利，不合于义的利并非有利。可见合不合义，是利或不利的判断标准。怎样判断合义不合义呢？这就牵涉到良心。

领导者若是只知道运用自己的头脑和资金来经营企业，企业规模不可能大，企业贡献也就相对地减少了。用人也是一样，愈高明的领导者，所用的人愈有才能。事业做得愈大，通常所用的人也愈多。

领导者必须善用他人的头脑和资金，因此凭良心或不凭良心，成为十分重要的关键。不凭良心的领导者，压榨他人的脑力，欺骗他人的金钱，把经营的成果中饱私囊，这就是不存好心；凭良心的领导者，适度运用他人的脑力，合理运用他人的金钱，把经营的成果分享给有关的人，没有害人之心，便叫作好心。

好心的领导者，才可能获得长寿的好报。中国人追求"福、禄、寿"，我们的常用语："好心啊！"对于领导者而言，是为他们祈求长寿，以便长期供应。却也关心他们，提醒他们要好心。彼此都有好处，合乎中国人"彼此彼此"的互惠观念。

好心和长寿，是不是成正比，迄今尚难验证。有时候好人反而不长命，祸害的人却活得特别长久。但是，以好心来祈求长寿，已经成为大家的一种信念。如果连这种信念都没有，那就只好听天由命，真的完全不由人了。

"大肚量啊"——有能容人的度量

领导者除了好心之外，还需要具有容人的肚量。包容他人的长处，才能够发挥他人的潜力。善待比自己能力强的人，才能够得道多助，获得更大的力量。

孔子认为，凡是治理天下国家的，有九种经常不变的纲领，那就是修正己身、尊重贤人、亲近爱护亲人、恭敬大臣、体恤众臣、爱民如子、招徕各种技工、善待远方的人、安抚列国的诸侯。这"九经"当中，除了修身以外，都是尊重别人的道理。为什么一国的元首必须尊重别人呢？孔子认为，能尊重贤人，对于事理就不致疑惑了；能亲近爱护亲人，伯叔兄弟们就不会有怨恨了；能敬重大臣，临事就不会迷乱了；能体恤臣下，才智之士就会竭力以图报效了；能爱民如子，百姓们就会自动前来效忠了；能招徕各种技工，国家的财用就充足了；能善待远方的人，四方的人都来归附了；能安抚列国的诸侯，天下人都自然畏服了。

领导者是组织的首脑人物，当然应该深谙尊重他人的道理，才能够合理地领导他人，活用他人的长处。怎样尊重他人呢？孔子说："尊其位，重其禄。""尊其位"是精神的，给他合理的职位；"重其禄"是物质的，提供合理的待遇。两方面并重，没有人不尽心竭力。

要"尊其位，重其禄"，首先要具有恢宏的肚量，所以常说"大肚量啊！"。事实上肚量大的人，才有容纳财富的地方。大肚量是求禄的最大本钱。

领导者的肚量,和他所主持的事业规模有十分密切的关系。也就是说,领导者的肚量愈大,能够包容更多的人,他所主持的事业,规模必定也愈大。肚量小的领袖,事业做不大;要做大事业,领导者的肚量,自然要大。

"让我讨几个钱吧"——能体谅才有大福气

"福、禄、寿"之中,"好心"是祈求"寿"的呼声;"大肚量"为容纳"禄"的根本;而"让我讨几个钱吧!"则是求"福"的途径。领导者施舍一些金钱,当然可以得到福报。施舍的方式很多,做善事回馈社会是其中的一种。

领导者如果不能体谅他人,势必斤斤计较,留不住人心。于是疑神疑鬼,似乎每一个人都不可靠。只有体谅他人,才能够原谅无心的过失。大家自然敢做,也愿意去做。这样的领导者,几乎无人不可用,实在是天大的福气。

领导者要经历的三种年龄段

哪一种年纪的人当领导者最合适?答案是:不一定!当领导者的人各种年纪都有,便是最好的证明。

年纪轻轻的领导者

除非确有必要,年纪轻轻,大可不必急于当领导者。找一家比较理想的公司或工厂,磨炼磨炼自己的实力,才是年轻人把握学习机会的有效途径。

当然,有些人年轻的时候独自暗中摸索,经历几番挫折,炼铁成钢。这样磨出来的领导者,如果有机会让他重新来过,多半愿意"按部就班,经由比较正规的学习,有经验以后,再独当一面"。

年纪轻轻便急于当领导者的人,不是年轻气盛,受不了领导者的气,发誓自立门户,给他们一些颜色看看,便是三五亲朋好友,凭着一股初生之犊不畏虎的勇气,打算硬闯天下。这两种情况,成功的概率都不是很大。不幸的失败者,往往不得不回头再去找工作,因而丧失自己当领导者的信心。

年轻的领导者,其实有说不出的苦衷。首先,许多事情自己不懂,却又无从问起。身为领导者,总不能事事问别人,让人看轻自己。于是:瞎碰盲撞,很容易头破血流;就算自己真的有两把刷子,也很难掌握内外环境诸多的变数,经常惊险万分,生怕过不了关;年轻领导者大多带领年轻伙伴,彼此都血气方刚,吵吵闹闹,实在是在所难免。此外,他们不敢开豪华轿车,恐怕被别人看成司机;不敢随便穿着,显不出领导者的身份;不得不到处递名片,否则别人怎么想象得出年纪轻轻就是领导者。一大堆苦恼,数也数不尽。

然而，年轻领导者也有许多令人羡慕的地方：随时可以发号施令，显得很有权势；熟人来往频繁而热烈，大家愿意接近；知道的人客气三分，流露出敬仰的眼神。

不得不年纪轻轻就当领导者，最好有一两位可以随时请教的长辈，以备咨询。因为当领导者不仅需要专业知识或技术，更需要洞悉人情世故，懂得人际技巧，否则领导者当得不像领导者，徒叹奈何！

有些人当了很久的领导者，仍旧不了解究竟怎样才像领导者，便是"有经历而无经验"的见证。领导者也有领导者的一套学问，不学好像也是不行的。

凡是当一年领导者，便获得一年的经验。他们能够把经验累积起来，也就是把往事当作前车之鉴，不犯第二次错误，便是不但有经历，而且有经验的领导者。可惜有些人，一年又一年的经历，却无法累积经验。同样的错误，不断地重犯，有经历却缺乏经验，实在是一种遗憾。

正值壮年的领导者

有一位各方面条件都很优秀的总裁，在某大公司由基层非常快速地顺利晋升，到了四十九岁，便登上总裁的宝座。几乎每一个同事，都认为他是循正道向上攀升的，没有人抱怨他善于逢迎、拍马屁、拉关系、找人情。

然而，十分不幸地，他竟然过不了四十九岁这一关，在一片

"英年早逝"的哀叹声中与世长辞。公司失去了一位难得的总裁，他自己更痛失了好好表现才能的良机。

死亡的原因很简单：过劳。因为他担任总裁的职位，却仍然没有把原来担任课长、经理时的工作抛弃。他把课长、经理和总裁的工作，全部扛在自己的肩上，任凭自己再健壮，也会吃不消，因过分劳累而死亡。

一个人在事业上一路晋升，便要及时调整自己的工作。一方面新增加若干负荷，另一方面就要卸下若干负担，才能够维持自己的健康，以便做更重要的事情，至少也可以走更为长远的路。能舍才能得，在领导者身上有另一种不同的诠释。

常见若干领导者，由于自己是生产部门出身，一直认定自己是公司内对生产部门最为熟悉的专才，于是舍不得或者放不下原来的一些工作，弄得继任的生产部门主管英雄无用武之地，而领导者自己有时也累得照顾不过来。这便是不能及时交卸工作负担造成的。

应该做的人，不能做或者不敢做；不必做的人，却做得累出病来。这种情况，是什么人的责任？平心而论，当然是居上位者才有能力搞成这样。如果反过来责怪那些不能做或者不敢做的员工，恐怕是大家难以接受的。

年高德劭的领导者

领导者年轻力壮的时候，精力充沛，往往担负的责任不重，显得游手好闲。到了年华老去，精力衰退，才又负起很大的责任，难免力不从心。如果因此而感叹造物弄人，那就是不明白自然的道理。

年纪大，领导者才更像领导者。什么都不用管，却样样如意地完成；什么都不用说，大家便心里明白。这种情景，年轻领导者大概只有羡慕的份儿。但是，要做到这种得心应手的地步，光是年老并不保险，还要德劭。老而有德望，再加上深谙当领导者的艺术，这才有办法无为而治。无为却能够无不为，似乎只有年高德劭，才有真正的把握。

有人只知道自己年华逐渐逝去，却一直不肯改变年轻时那一套当领导者的模式，总认为"自己是靠这种方式成功的，就应该秉持原有的方式，一路走下去"。结果弄得精疲力竭，别人看他是加速折旧，自己则肯定为鞠躬尽瘁。为了当领导者而减短寿命，恐怕不是我们乐于看到的结局。

年高德劭的领导者，必须具备特殊的素养，以智取而不以力取，甚至用他人的智慧和他人的精力来发展自己的事业，才是"福、禄、寿"兼顾的做法。

"念无念念，行无行行，言无言言，修无修修"，其中"无"的境界，乃是有志"无为"的领导者应该潜心体会的。

年轻时很难体会"无"的妙用，加以体力充沛，有时候表现出"有"来，还情有可原。年纪老大，体力日衰，意在提醒我们，应该赶快化有为无，以期无中生有，以配合自己的实际情况。如果连这一点都做不到，岂不是不值得同情的"老歹命"？

一生劳碌，难道真的要至死方休？

总之，任何年纪都可以当领导者，只是每一种年纪的领导者，注意的重点略有不同。年轻时多听、多请教，最好借鉴他人的经验；壮年时不要凭借自己体力强健，忘了逐渐减轻负担；老年时，应该注重声望，及时培养接班人，以便适时把棒子交出去；为了家族企业而不得不提早接任的年轻领导者，更要体会和认知"创业维艰，守成亦不易"的道理，不必急于表现而弄得众人不安。

领导者拥有的三大乐趣

自由练剑的乐趣

刚开始自己当领导者，大多缺乏经验。凡事都要暗自摸索，属于练剑时期。练剑的人，就算有明师指导，毕竟每一个动作，都需要自己去比画、去体会。如果未遇明师，仅凭先人传下来的剑谱，那就更加苦恼。看看自己的手法，似乎很像，又好像不对，实在没有把握。

这个阶段的领导者，可以说手不离剑，日夜苦练，希望有朝一日，成为闻名天下的高手。每一个人，实际上都无法避开练剑的阶段，自己当领导者，至少可以自由地操练，任意挑选时间与场地，随意变化招数，享有自由练剑的乐趣。好比师父的儿子，众徒儿总要让他三分。

练剑的人，手里始终拿着一把剑。唯恐一旦离开它，便会遭遇敌人的伤害；失去它，自己的安全便没有保障。初次当领导者，最要紧便是印一些精美的名片，逢人就双手递上，声称"在下初次练剑，请多指教"。

偶然发出领导者的威风，惊觉领导者原来具有如此这般的权力，有如无意间与人比武，居然逼使对方狼狈而逃，从此热衷于权力的运用，沉醉在权力的滋味中。初次练剑便赢过对方，基本上并不是什么好事。最好能够自我警惕，持续用心修炼，以策安全。常见的情况，往往是一两次的胜利，冲昏了练剑者的头脑，使练剑者误认为自己果真剑术高明，甚至厉害到可以任意向人挑衅，因而故意到处惹起争端。领导者对内部人员，固然随时可以挑衅，而且有六七成把握，整得大家体无完肤。对外界人士，无论是客户或供应厂商，当然也可以摆威风、耍性子。大家虽说心里厌恶，在短期间内，却也无可奈何。

练剑的乐趣，如果发挥到极点，便是见人即拔剑，逢人就要一试高低。大家对他尽量忍耐，极力逃避。到了忍无可忍、逃无可逃的时候，不是推出高手，便是合力围剿。这种练剑者的结局，常常是死在剑下，能不戒惧谨慎？领导者的乐趣，不必建立在他人的痛苦之上，也能长久保持自己的乐趣，得到大家的欢迎。

随身佩剑的乐趣

练剑的人，假若谦虚有礼，请教而不挑起战火，切磋而非存心置人于死地。到了剑术精进、声名显赫的时候，自然可以把剑佩带在腰际，不必时刻拿在手中。

几年领导者当下来，既不需要三十六计，走为上策，也没有得罪很多人，弄得自己寸步难行。相反地，内部人员逐渐肯定领导者的领导有方，外界人士也好评日增；自己也不用急急忙忙递名片，而且沉着稳重有领导者的样子。这样的领导者就已经脱离练剑时期，进入佩剑时期。

佩剑的人，不敢把剑放在家里。他们并不是怕遭小偷，而是害怕别人看见自己身上没有剑，被认为他们没有自卫能力而受欺侮。这个阶段的领导者，不能不带名片，否则别人照样不认识他们。不过，在名片尚未掏出之前，大家通过他们的形态，就已经有"这人不简单"的感觉，因而不致轻视他。"不简单"并非"厉害"，也不是"精明"。任何人，让别人看出厉害，事实上是不够厉害。所有精明的人，都令人退避三舍，或者敬而远之，最后还是自己吃亏。

把剑佩在腰际，意思是备而不用。应该体会到"以剑止剑"的道理，明白剑不是用来惹是生非的，而是用以除暴安良的。领导者有权力而不滥用，才是真正的"有权无害"者，否则权力使人腐化，终究败亡在权力之下。

中国人重视"恩威并重"，有了"威"，再来施"恩"，大家会觉得"恩重如山"。现代社会，呼喊打倒权威，于是一切恩皆归于零。"这不过是我应有的权益，何恩之有？"矫枉过正的弊端充分显现。过分权威固然不好，完全没有权威，同样也不好。我们不应该由于长期以来害怕权威，便认定权威必须全盘打倒。历史已经证明，暴民比暴君更可怕。现代"刁民"也常常制造祸端，令人发指。

领导者当然要具有相当的威势，所以必须佩带一把名剑。然而有威势尽量不要使出来，有如手不要去拔剑。到了紧要关头，剑一出鞘，对方必然人头落地，便是当年孔明挥泪斩马谡的写照。站在不拔剑的立场来拔剑，才不致乱伤人，才能够发挥合理的威力。

"不简单"的领导者，已经初具魅力。自己修养丰厚的内涵，自然生发吸引人的光辉。大家从领导者佩剑的方式与神气，不难看出他的功力，这就是备而不用的威势。

家中挂剑的乐趣

佩剑者逐渐觉察自己声名远播，似乎威震武林，就会不再佩剑，而把剑悬挂在自己家里。堂堂皇皇进入挂剑时期，手中无剑，腰际也无剑，却能够出入自如。

大家都知道自己是领导者，用不着到处自我介绍。众人皆知我是武林高手，何必时刻舞弄刀剑。万一失手伤了自己，岂非自取其辱？

把剑挂在家中，是莫大的乐趣。表示"止戈为武"，安人才是要务。任何懂得剑术的人，如果有意无意惹起争端，都将为害江湖，涂炭生灵，为智者所不为。

领导者深谙安人之道，有威似无威，无威却自然有威。不必处处提醒别人自己练过剑，也用不着常常把剑拿来炫耀一番。

然而，挂剑绝非封剑。剑挂在那里，旁人看见时，领导者不去动它，因为一动便会震惊武林；旁人看不见时，也要暗自操练，以免日久生疏。否则，将来紧急动用它时，才发现剑已生锈，而自己也不能得心应手。

领导者要抽出时间来继续学习，使自己随着时代而进步，不致落伍。终身学习，任何人都不能例外。此外，还要随时注意保持自己坚强的实力，不能随便表现出来。

练剑、佩剑、挂剑是人生三阶段，领导者除了鉴定自己的功力，确认自己的进阶，充分享受各阶段的乐趣之外，还可以用来评估自己的朋友或敌人，很容易看出对方究竟在练剑、佩剑，还是已经高明到挂剑的地步。

无论练剑、佩剑或挂剑，都要表现出合理的态度，才有真正的乐趣。过分发挥，势必招致不良的反应，中国人喜欢以"精于剑者死于剑"来自我警惕，即在防患于未然。那么，精于管理的人，会不会同样具有死于管理的危险性？这是大家必须用心体会和认知的事情。

领导者要用好三张嘴巴

"闆"字里面三个口

前面说过,老板的"板"的繁体字"闆",一个门内,有三个口字。表示老板一个人在公司大门内,享有三张嘴巴的权利。老板最好提高警觉,出了公司大门,自己这三张嘴巴,就没有那么大的能力,发挥不了预期的效果。

三张嘴巴,各有各的用途。一张嘴巴用来感谢大家,随时"谢谢,谢谢",使大家更加卖力地工作;一张嘴巴用来发号施令,指挥"你做这样""他去那里""大家快一点",以增进团体效率;还有一张嘴巴则用来规劝、批评,所谓"玉不琢,不成器",员工的素质再好,也要用心磨炼,所以给予必要的指责,绝对不违背"爱的教育"。

但是,这三张嘴巴只有在公司的大门内才有效力。一旦出了大门,就会失灵。甲公司的老板,骂到乙公司职员的头上,势必遭遇乙公司职员的反感,非但不接受,而且反骂过来;丙公司的老板,感谢丁公司的职员,有时可能引起误会,以为他们之间有什么暗箱交易;戊公司的老板跑到隔壁乙公司去指挥、监督,人家也会觉得奇怪,这算什么?

三张嘴巴,也可以变来变去。一会儿用这张嘴巴说"可以",等会儿换一张嘴巴说"不行",再等一会儿改用另一张嘴巴大叫"谁说不行"。这种作风究竟对不对?不可以单纯用"对"或"不对"来解答，要看什么情况、什么事项，所以正确的答案，应该是"很难讲"。

有些领导者坚持走一条单纯的路径，说可以就是可以，不行便不行。初看起来，好像很有道理，其实这是行不通的；也有些领导者，凡事都不一定。可以会变成不可以，不行又会变成当然可行。这样一来，大家就没有定准，什么事都不敢做，严重影响各项事务推进。

可见三张嘴巴的用途，最好不要加以固定，形成所谓的模式，这样才能灵活运用，随机应变，而又切合时宜。岳飞说："运用之妙，存乎一心！"领导者对于三张嘴巴的运用，确实是存乎一心。

以不变应万变

三张嘴巴的配合，有其不变的原则，说起来十分简单，那就是合理，配合到合理的地步，便是最高境界。应该变来变去的时候，就要变来变去；不应该变来变去的时候，当然不可以变来变去。三张嘴巴的配合原则，就是这种"以不变应万变"的作风。

"以不变应万变"，原本是中国人的最高智慧。可惜被许多人解释错了，受到诸多的误解与责难，真是冤枉。

误解之一，是把"以不变应万变"当作"不变"来看待。其实"以不变应万变"是"变"，而不是"不变"。以"不变"的原则来因应"万变"的情况，结果当然是"变"。如今现代人不太了解"以不变应万变"的真相，以致一方面害怕"变"，另一方面又痛恨"不变"，弄得乱七八糟，根本理不出头绪。

误解之二，认为应该"以万变应万变"，不可以"以不变应万变"。这种观念更要命。因为原则要万变，方法也万变，哪里有什么原则、制度可循？老子说："知常曰明。"认识常规的人，才是明智之士。老子又说："不知常，妄作凶。"不知道万物运动与变化中不变的规律，做出轻举妄动的结果，必然会出乱子。

如今现代中国人，逐渐"知变不知常""重变不重常"，误以为"凡保守都是坏的""所有变革都是好的"，甚至无法无天，害人害己，必须及早为之导正。到处出现"求新求变"的字眼，已经是相当可怕的警讯，可惜大家还不知道，这令人十分恐惧。将来又会变成什么样子呢？

误解之三，认为"以不变应万变"是进步缓慢，甚至是不进步的阻碍。其实进步应该是渐进的，最好不要样样求突变，免得大家受不了。求变心切，势必乱变，真是太可怕。

聪明的领导者，不可以不变，更不必强调什么"求新求变"，而应该把握"以不变应万变"的不二法宝，妥善运用自己的三张嘴巴。唯有依据不变的原则谨慎地应变，才能够万变不离其宗，做到"不可不变，不可乱变"的合理状态。

三张嘴巴要适时应变

既然领导者有三张嘴巴，最好都能够发挥各自的长处，以免暴殄天物。有嘴巴却不能善用，和没有嘴巴岂不是一样？

感谢固然要紧，但是时机不对，亦即无从感谢的时候，领导者要感谢谁？又要感谢什么呢？有必要感谢的时候，才开口道谢，当然很合理。指挥很重要，然而不需要亲自指挥的时候，为什么要躬亲为之，徒然引起大家的不愉快？领导者亲自指挥，往往表示时机十分危急，但不宜常常如此；责骂也有其效能，只是大家都没有缺失的时候，凭什么乱骂人？这不仅制造紧张的气氛，同时还破坏团队的士气。应该骂的时候要骂，不应该骂的时候，不可以随便骂。

可见三张嘴巴都应该有，却不见得每一张嘴巴都应该均衡平等地使用。不是"有"或"无"的差别，而是"用得多"与"用得少"的不同。

领导者冷静地评估一下自己使用三张嘴巴的比重，便知道自己身处何种境地。一天到晚感谢，当然最轻松愉快，成为最有价值的领导者，也是最像领导者的领导者；经常指挥，表示身旁缺乏能干的左右手，或者认为自己高人一等，以致不亲自指挥就放心不下，这是典型的劳碌命，也是辛苦劳累的"歹命人"；反复责骂，不是英雄主义过分浓厚，便是肝火旺盛，迟早会被同事气死，这是坏脾气的领导者，也是大家心里害怕的对象，沟通管道不可能畅通，自己的成就也不可能很大。

有价值的领导者并不是绝对不亲自指挥或指责员工，他们只是必要时为之，频率不高，效力却出奇地强大。因为他们能够确切地把握时机，做到指挥以时、责骂以时，而且感谢也以时。

适时应变，在适当的时间运用适当的嘴巴，因而有所变有所不变。有时变有时不变，使大家知道"不变有不变的道理"，同时"变也有变的道理"，以致安心地顺应着老板的"变"与"不变"，做出合理的应变，这才是最有能力的领导者。

第三章
领导者要"替天行道"

替天行道，一向被视为十分神圣的任务。天是什么？它的含义很多，但最重要的应该是人伦道德。行道的意思，是把所知道的道理，在实际运作中表现出来。领导者的所作所为，都能贯彻合乎人伦道德的道理，便是替天行道。在这方面以身作则，就称为表率。

在企业组织中，领导者扮演天的角色，员工则做好人的工作。这样彼此配合，即为天人合一。其主要特性，即为在和谐中求取进步，以期生生不息，日新又新。

天道的本质是诚。领导者有如种花人，把员工当作珍贵而可爱的花，用心栽培和照顾。花要不要成长，能不能开得好看，决定权在花，而不在于种花的人。但是，种花人必须诚心诚意，按照"不禁其性，不塞其源"的天道，来照顾所种的花。只问耕耘，不必处心积虑谋求什么成果，这种虚静不争的心态，才是无为而无不为的基础。无为才能无不为，看似矛盾，实际上却从种花人的角色中，表露无遗。无不为的无为，才是真正的无为。

领导者必须虚怀若谷，随时接受高人指点。以免当局者迷，看员工看得很清楚，看自己却始终蒙着一层雾，看不明白。领导者在紧要处只要稍有失误，往往会造成不可弥补的损失，惨痛无比。若是有人及时提醒，而自己又能醒悟，那才是最大的幸运。可惜一般人常常聪明一世，却糊涂一时，偏偏这一时又是紧要的时刻，以致一失足成千古恨，想回头已不可能。为了避免大起大落，最好是时刻自我警惕，替天行道并没有假期，必须时时力行。

以天道为准则

领导者是"天",员工是"人"

中国哲学有一种特异的主张,叫作天人合一。就人的形体来说,本身极为渺小,在广大的宇宙中实在无足轻重。但是拿人的性质来看,则具有特殊的优越性,超乎万物之上。领导者在组织之中,同样是"形体孤单渺小,而性质则卓越有力"。论人数,领导者比不上员工;论影响力,领导者却远大于全体员工。

天人合一认为天人并非对立,应该彼此相通,求其协调。这并不是片面否定天人之间的矛盾,而是承认其间确有矛盾存在,不过不可以用冲突来克服,最好拿和谐来化解。领导者和员工当然不能对立,否则难免冲突。虽然说冲突也可能解决若干问题,但是伴随而来的心理不安,终究造成很大的伤害。领导者和员工之间难免存有某些矛盾,必须诚意化解,才能够真正地合一。

天的含义很多,最重要的是人伦道德。天是人伦道德的本源，人的道德观念源出于天。领导者不可能在工作方面以身作则，因为现代知识爆发，专业技术日新月异，领导者实在没有把握在这些方面作为员工的表率。但是，领导者必须在道德操守方面以身作则，成为员工的榜样。领导者必须以良心来感应员工的良心，才能达到天人合一。

天人合一的主要表现，在"和谐"。和谐正是一种道德的表现，其最重要的价值，在于使人觉得内心愉快、充实而满足。管理上常常要求大家重视员工的满足感，而和谐就是最佳的途径。

领导者最喜欢的主张，莫过于"家和万事兴"。但是领导者只是嘴上讲这一句话，实际上很难收到预期的效果。领导者最好用心体会，怎样才能够发挥"家和万事兴"的实力，使组织在和谐的气氛中生生不息。

领导者要体会和认知自己"形体渺小，性质卓越"，然后勉励自己要遵循天道，一切做到内外和顺。因此领悟到这样的道理：他们必须在组织内扮演"天"的角色，这样所有员工才能够好好做"人"，共同在和谐中追求天人合一。

领导者要扮演好"天"的角色

天的最可赞美处，在"公而无私"。中国人喜欢尊称"天公"，实在含有"天是公正无私"的意思。既然是公的，就不可以偏爱任何人。天对每一个人都是公正的，任何人埋怨天，都不会产生什么效果。事实上唯有愚昧的人，才会怨天。

领导者要扮演好天的角色，必须大公无私。至少要做到下述三点。

1. 所有员工都是好人，没有一个坏人

在领导者的心目中，应该认为组织内的每一个人，都有其长处，都有其贡献。领导者应该有信心，坏人并不存在于自己的组织内。至于谁好谁坏，不应该由领导者自己来分，而应该由部门主管来判定，然后领导者才可能以公正的立场，来评估各部门主管是否公正无私。我们很容易理解，凡是由领导者亲自评定谁好谁坏的，没有人愿意发表意见，反而很难在讨论中形成比较正确的判断。

2. 最好用脸色来调整

天何言哉？天最大的本领，便是风云变色。天的脸色一变，人马上提高警觉，而且不敢掉以轻心。领导者养成用脸色来表达自己的感觉，员工自然善于体会。领导者平时脸色要柔和些，一副阳光普照的样子，才具有众人欢迎的亲和力。一旦有事，领导者脸色难看些，犹如乌云密布，俨然风云即将变色，大家就会警觉地自动调整。既不伤害面子，又能收到立即改过的功效。

3. 千万不要说公平

天公是天公，只能保证大公无私，却无法保证一切公平。因为机会未必均等，结果自然不公平。凡是领导者嘴巴说"公平"，

员工心中就会暗笑"根本不公平",徒然增加不平的埋怨。公正未必公平,最好的用处,就是让得不到的人仍然保有面子,减少许多不必要的阻力。

立公心的意思,便是去除私心。领导者的主要任务,在做成决策。我们长期观察,领导者虽然扮演"天"的角色,但自己毕竟是人而不是神,再高明也难免有错。领导者决策错误的时候,员工最在意的是"为什么造成这样的失误"。如果是居于公的立场来考虑,才造成这般差错,大家通常比较容易谅解。一旦发现这样的错误,起因于领导者的私心,那就群情激愤,很难平息。

"替天行道"的方法

自古以来,无论是仁人志士,或者英雄豪杰,都喜欢替天行道。现代领导者,当然更应该替天行道,扶正去邪,用实力来回馈社会。英雄豪杰或仁人志士的行道方式,固然有所差异,但所行的皆为天道,彼此是一致的。

天道究竟代表什么?孔子说:"天何言哉?四时行焉,百物生焉。"天的最大特色在于什么话也不用讲,却能够实际上完成"四季照常运行,万物照样生长"的任务。"行"和"生"的观念,十分重要。"行"对我们来说,尤其令人关切。我们常常问:"你行不行?"生而不行,当然不如生而行。

孔子的意思是,世界的可爱处,在于生生不息,而且一切都不停止。领导者替天行道，第一要明白经营企业，目的在使员工活下去，而且活得很体面。作为领导者，负责这么多人的生计，如何让大家活得有意义、有价值，乃是最大责任。

这并不表示领导者绝对不可以开除员工，只是上天有好生之德，万不得已，不会置人于死地。领导者首先要用救人的心理来感应员工。仁至义尽之后，如果实在没有办法，那也只好像诸葛亮那样"挥泪斩马谡"了。

天道为诚，孟子说："诚者，天之道也。"领导者照顾员工，千万不可抱着施恩的心理。天虽然尽力做到"四时行焉，百物生焉"，却从来没有向人类讨过人情，所以大家时时心存感激。

领导者一旦开口向员工夸耀自己的功劳，员工就会产生反感，认为"如果不是我们替你赚钱，凭你一个人，能赚到这么多钱？"。这种心理固然不对，然而往往是领导者逼迫他们这样想的。领导者如果心存施恩，已经不诚，违反天之道，难怪员工心理会反常，产生这样的反感。

荀子说："天行有常。"自然变化有其常规，形成天道。领导者不可以不变化，否则不足以因应内外环境的变数。领导者也不可以没有原则，否则大家根本无所遵循，势必停止不前，导致良机尽失。领导者必须把自己这一套"有原则地应变不穷"的观念，清楚地让员工了解，才能够化解矛盾，达到天人合一。

天人合一，并不是说高高在上的天真的能够和地面上的人合成一体。天人在人体之外合一，根本不可能。天人合一，应该发生在人体里面。换句话说，领导者的心中，有员工的存在；而员工的心中，也有领导者的存在。领导者和员工，能够在心理上产生良好的互动，形成有效的感应，便叫作天人合一。在心中合一，不但简易，而且十分方便。

关键在于领悟"善变"

天道善于变化

天的特色，在于时常有变化。报告气象最可靠的用语，莫过于"晴，时多云，偶雨"。领导者遵循天道，必须把握"天道善变"的道理，适时做出有效的变化。

常听见一些员工，抱怨自己的领导者："一天变三次，早晚都有不同的决定。"抱怨的人错了，领导者并没有错。请看天气的变化，是不是早晚温差很大？而且一日之中，也有不同的气温呢？天道善变，四时才能行焉，百物才能生焉。领导者善变，公司才有希望，市场才能被掌握。

我国先哲，相当明白变化是宇宙生生不息的过程，因此，一致承认变化的重要性。孔子说："逝者如斯夫，不舍昼夜。"便是把宇宙看成一条变易不息的大流，证明世间万事万物都在变化之中。从这个角度来看，中国人是最善变的，丝毫都不保守。有些人喜欢用保守来论断中国人，并且用"求新求变"来鼓励中国人，实在是不了解中国人善变的一面。中国人喜欢自己变化，也希望他人配合自己的变化。一旦他人不能配合，便责怪他人乱变，变得乱了章法，这才是我们真正的问题所在。

天气变化时，我们采取什么态度？抗拒，吃亏的必然是自己。变冷了，不添加衣服，会感冒；变热了，不脱掉衣服，同样很难受。我们多半会适应，随天气的变化来改变自己的穿着，随时增减衣物。

领导者的敏感度，通常比较高，对于市场的变化，比较了解。为了适应企业内外环境的变化，领导者必须善变，唯有适时应变，企业才能生生不息。既然如此，员工对于领导者的善变，就不能盲目抗拒，应该像适应天气的变化那样，好好地予以适应。

庄子说："无动而不变，无时而不移。"一切都不固定，时时都在迁移。我们不但不可以抱怨领导者善变，反而应该心存感谢："好在领导者很知道变化的道理！"因为唯有如此，大家追随领导者，才更加有光明的未来。

变化之中必有常道

然而，领导者不可以乱变。如果变到员工无所适从，公司就会蒙受其害，甚至解体。中国人的高明，表现在"变化是有条理"的，非但不紊乱，而且有其常则。汉代董仲舒说："天之道，有序而时，有度而节，变而有常。""变而有常"表示变化是有规律的。

领导者变来变去，要变得有道理，大家自然心服。如果变得毫无道理，也就是变得偏离常则，大家心存疑惧，必然影响士气。

究竟是"有变而后有常"，还是"有常而后有变"呢？清代思想家戴震说："是故生生者，化之原；生生而条理者，化之流。"生生是原，条理则是流。先有生生而后有条理，并非先有条理而后才生生。"有变而后有常"，领导者只知道变来变去，不能够归纳自己变化的规律，这是功力不够的明证，就必然更加努力，了解自己之所以如此变化的道理，据此向员工说明，自然更加容易获得大家的支持与信服。

但是戴震又说："条理苟失，则生生之道绝。"如果没有条理地乱变，那么发展到某一阶段，事物就会停止，甚至灭绝。可见常道十分重要，不能忽视。中国人重视常道，以致被看成保守。真正了解中国道理的人，应该重视常道且随机应变，而不是保守。

重视常道，叫作"持经"，随机应变叫作"达权"。中国人主张"持经达权"，既不可以"有经无权"地死守规矩，也不可以"有权无经"地乱变。"持经"指"有所不变"，"达权"即"有所变"，合起来便是"有所变有所不变"，"有所变有所不变"成为中国人为人处世最难拿捏的一种分寸。

难固然是事实，却是十分必要的。因此不可心存畏惧而放弃，应该勉励自己，无论如何，要把"持经达权"做得恰到好处，才会使自己长久立于不败之地。

领导者要依据常道而变化

"有所变有所不变"就是"持经达权"的运用,最好分成两段来看:"有所变"是作用,"有所不变"才是根本。一个人只有站在"有所不变"的根本立场,然后谨慎考察相关因素,才能审慎研判如何"有所变",使变化的作用发挥良好的效果。

领导者效法天道的变化,必须做到三国魏玄学家王弼所说的"统之有宗,会之有元",才能够"繁而不乱,众而不惑"。王弼指出,宇宙万物的变动,并没有妄然的,都是由于理而不得不如此。就算天气变化无常,也有其一定的规律,否则人再善于适应,也将无所适从。领导者变化的常道,归纳起来,主要有以下三项。

1. 凡事先想"有所不变",不可先想"有所变"

一味希望"有所变",就是为变而变,弄得不可以变的也要变,那就成为乱变。站在"有所不变"的出发点,先想不变可不可以,如果不变很好,为什么要变?一旦发觉不变不行,那就放心去有所变,当然不至于乱变。心存"不要变,不要变",然后"要变",往往能够变得恰到好处。心存"要变,要变",马上"要变",常常变得莫名其妙,不知道为何而变?

2. 不可高呼求新求变

变是高阶层的事,不是基层的主要功能。基层求新求变,必然苦于自身能力不足,以及困于自己视野不广,变得高阶层叫苦连天。天变地不变,人才能生存。高阶层求新求变,基层切实执行且不自己求新求变,所有命令才能贯彻到底。

3. 常常调整以求渐变,不能屡屡突变

渐渐转变,大家才能调整步伐来配合。时常突变,大家就会措手不及,无所适从。天气突然奇寒,会冻死很多人;天气突然酷暑,也会热死很多人。领导者变到大家无法因应,变是变了,效果不如预期好,是常见的事。

组织的阶层,大致可以看成三种不同的组合。一般的说法,是高阶、中坚和基层。变是高阶层主管的重要职责,不能为了维护自己的既得利益而不变,也不能因害怕遭受基层员工的抗拒,不敢改变。但是变的时候,必须遵循天道变化的常则,不应该随着自己的喜爱或利益,妄加变动。领导者扮演"天"的角色,更应该在这方面以身作则,力求变得合理而有效。

培养前瞻力

领导者要顺天应人

自古以来,领导群众的人,都以"顺天应人"作号召,使大家觉得依顺天理而且应合人心。

中国人喜欢顺天，表现在"依照领导者定的方向进行企划""按照领导者的意思去执行"，并且"遵循领导者的标准去评估、考核"。只要领导者像天那般，不明言却合于天理，大家就会用心体会和认知，从无中看出有来。

领导者是人，不是天。但是，要扮演"天"的角色，就必须比大家更具有天威。天威就是上天的威严，使人不敢不畏服。

天威莫测，形容天不但善变，而且具有无比的威力。中国传统观念，天是人事的最后决定者，一切人事皆受天的支配，所以孔子认为，一个人如果得罪于天，到什么地方祈祷都不灵。

领导者是"天"，部门主管为神。员工有所期求，通常会向神祈祷，但是部门主管敢不敢帮忙，必定先看一看领导者的脸色，亦即神要依天意处理。员工得罪了领导者，无论找哪一位部门主管，结果都不灵。

孔子不主张谈论鬼神，他所说的"天"，是指高高在上的苍天，并无具体人格，是自然界生成一切、统治一切的最高主宰。

天是不是真的主宰？要看大家是不是敬畏和顺从天，《尚书·周书》中说"天视自我民视，天听自我民听"，即天意乃以民意为依归。既然天的察看是以百姓的眼睛来察看，天的听闻是通过百姓的耳朵来听闻，那么领导者体察员工的心愿、顺应员工的需求、所做的决策，便具有如天那般的威力了。

领导者有天威，员工自然敬畏而顺从。天威固然莫测，而大家不能不顺的原因，在于大家心目中认定天以道为法，一切合乎天道。

领导者要合乎天道

天的行事如果合道，大家就安享太平。领导者依据正道而行，员工才能安居乐业。反过来说，领导者不依正道，做出一些不合乎社会公益的决定，员工就十分为难：顺从领导者，迟早会造成不良的后果；不顺从领导者，大家也很难相处。在这种情况下，怎么能够安居乐业呢？

领导者是否合道，表现在他的预测是否准确。天道尚变，领导者需要变来变去，如果预测得准，变来变去都对，大家便会心服。若是领导者经常预测不准，变来变去都不对，大家当然不服气。

市场在变，企业环境在变，员工心理也在变，所以领导者不能不变。变得是否合理，大家能否接受，主要在于变化是否切合实际需求。所以领导者必须先掌握未来的变化，才能够预先做好准备，随机应变。

同时，领导者心里必须明白：调整变化的措施，不只是平衡短期的好与坏，或者是使变化中的结果符合预期的希望，他们更应该注意变化中的受害者，给予合理的补偿，才能够在变动中兼顾事与人，达到安人的效果。

预测的能力，一种是异禀性的，俗称"天眼通"。它是一种能够见到极远、极微东西的法术，又称"千里眼"，用来指称有先见之明的人。另一种则是知识性的，孔子当年断定"像子路这种人，好像难以得到寿终"，实在是因为子路喜欢恃力逞勇，性格刚直,毫无神奇可言。

领导者当然不可能个个都具有异禀,何况天眼通究竟真相如何并无确切证据。经由知识的充实,以事实为依据,增强自己的前瞻力,应该是一条行得通的大道。领导者具有敏锐的前瞻力,可以正确地预测,便能够确实地掌握未来的变化,因而未雨绸缪,愈变愈对,自然具备无比的天威,众人心悦诚服。

领导者必须培养前瞻力

领导者的威力,系于准确的前瞻力。为了预测未来,领导者必须做到以下三点。

1. 关心变数

企业内外的变数很多,外在的变数包括政府措施,例如,奖励投资、经济发展、财政税收、关税、环境保护,等等。近年来劳资关系的变数增多,消费者意识的不断增强,使企业必须重视有关的意见。市场竞争剧烈使经营风险增加,企业必须更多注意同业及异业的动态。同时技术发展日益精进,有关设备的投资、更新或废弃更是威胁重重;内在的变数包括财务结构的调整、新产品的开发、企业管理的调整、分工专业化的加强、员工的进修及员工之间的沟通与协调等,都存在着许多变数。领导者只有时时关心企业内外的变数,多方面搜集资料,充分了解,并且常常听取有关人员的意见,才能够掌握变数,增强前瞻力。

2. 配合定数

企业环境无时无刻不在变,然而万变之中必有其不变的定数。例如:秉持客观的态度和实事求是的精神来了解情势;依企业整体的发展和基本的使命来调整当前的政策;力求遵循安人的原则,这不仅符合大众的利益,而且尽量为大众所了解;经营企业务求永续,生生不息;注意时机的把握,缓急得宜。任何改变,事先顾及受害者,事后给予合理的补偿等,都是千古不移的定数。同时,领导者以诚恳的态度待人,以公正的心态处事,坚持"一切为安人,把事情做好"的不变原则,然后把所有变数,拿来推敲配合,就算不能精确地推测出变化的途径,至少也可以估量出可能的动向。世间事情难料,所有预测都不可能百分之百命中,不过能够掌握变数以配合定数,也就相去不远了。

3. 心诚则灵

这并不牵涉到宗教信仰,而是专注于"因诚心诚意而建立的信心"上。领导者信奉什么宗教,完全是个人的自由,不容他人置评。但是预测是否准确,实际上取决于"对自己的预测是否有信心"。对自己的前瞻力缺乏信心,他们决策时已经相当动摇,自然难以因应未来的变化,也就无法准确命中目标。领导者必须诚心诚意地预测,才能对自己的前瞻力有充分的信心,决策时才能信心坚定,推行时充分相信可以达到预期的效果。这样一来,成功的机会增加,亦即前瞻力增强了。

崇尚虚静不争

领导者好比种花人

作为领导者,最好想一想种花人的道理。种花人并不能把花拔起来,也就是不可能帮助花成长。他所能做的,只是王弼所说的"不禁其性,不塞其源"。

1. 不禁其性

不禁其性,是不禁制花的本性。有些花需要充裕的阳光,种花人就把花移在阳光照耀的地方,使其获得充足的光照;有些花怕太阳的暴晒,种花人就把花移往阴凉的地方。把花移来移去,为的是顺着花的本性,而不是种花人自己的喜恶。种花人如果不顺着花的本性,反而禁制或违反花的本性,花就不能顺利成长,就算勉强成长也长得不好。哪一天花开不出来,或者开得不好,则是种花人未能善尽照顾的责任,才有以致之。

2. 不塞其源

不塞其源,是不堵塞水的源头。有些花需要较多的水分,种花人就让水开源畅流,使其获得充分的滋润;有些花怕水,或者不需要那么多水分,种花人就让水源缩小,或者让水分排泄得快些,使花得到适当的调节。种花人若是无意或任性地将水的源头堵塞住,水得不到畅流的通路,花得不到合适的水分,就不能生长，甚至很快会枯萎而死。

事实上是花自己在生，自己在长。种花人不禁制花的本性，顺着花的本性来照顾花；不堵塞花所需的水源，依据花的需要来调节水分。所以花是种花人所种，也是在种花人的关怀与照料之下，顺利地生长与完成开花的使命。种花人不禁其性，不塞其源，合乎花之道，也合乎天之道。反过来禁其性，塞其源，那就不合道了。

3. 秉持"不禁其性，不塞其源"的道理

领导者也是一样，不能牵着员工的手去工作，不能拖着员工的脚去行动。领导者所能做的，实际上也是"不禁其性，不塞其源"。一切管理措施，要合乎人性，对于员工的需求，也应该尽量合理地给予满足。

员工的行为，是自主的；员工用心不用心，更是自发的。领导者能够管制员工的上班时间，却无法让员工真正地工作。员工表面上都在工作，却没有充分发挥潜力。所以，领导者要顺着员工的性，分配合适的工作，尊重员工的需求，提供良好的工作环境。让员工自己生长、自己工作，这才是合道的做法。

领导者如果是种花人，员工便是受到照顾的花。员工愿不愿意尽力而为，或者顶多做做表面工作，敷衍了事，完全是由员工自己决定的，不管领导者怎样费尽心思，也未必能够获得员工的认同。最好的办法是领导者要秉持"不禁其性，不塞其源"的道理。不禁其性，就是安排良好的工作环境，使员工到了这个环

境，自然想要工作；不塞其源，可以说是塑造良好的工作气氛，员工处在这样的气氛当中，自然乐于工作。

种花人虚静不争

种花人的道理，依牟宗三先生的分析，"实是经由让开一步，万物自会自己生长、自己完成，这是很高的智慧与修养"。种花人的智慧，表现在"让开一步，不禁性塞源，如此就开出一条生路"。有了这一条生路，万物得以发生和成长。要实践这种"让开一步"的原理，种花人必须具有"不操纵，不把持"的心态，亦即具备"虚静不争"的修养。

虚静是一种功夫，老子称为"致虚"和"守静"。"致虚"指心智作用的消解，消解到丝毫没有成见，一点儿也没有心机的地步。致虚必须"守静"，通过静的涵养，才能够体会宇宙间往复循环的正常运作，因而不致轻举妄动。致虚守静，主要在恢复心境的清明。

虚静是一种空明宁静的心理状态，具体的表现，则在不争。种花人不和花争，所以抱着空明宁静的心态，让开一步，使花顺利地生长。

种花人若是持有成见，就会按照自己的意思，因而忽视甚至违反花性，妨害了花的生长，再来指责花长得不快、不好，花当然很不服气。种花人存心和花争，认为自己的观点才是正确的，一切依己意而行，花争不过种花人，只好一死以明志，对种花人而言，又有什么好处？

种花人只有空明宁静，才能够了无成见地观察花性，明辨水源，使阳光与水分配合得恰到好处。加上种花人不居功、不争权的心态，自然让开一步，使花自由自在而又生机蓬勃地生长。

领导者如何虚静不争

领导者既然扮演种花人的角色，就应该体会和认知种花的道理，切实做到以下三点。

1. 不要与员工争

领导者已经是老板了，无论身份、地位和权势，都在员工之上，用不着常常把自己拉下来，和员工站在同一水平上，彼此争执。就算争得胜利，事实上并不见得光彩，因为大家心里有数，仗着领导者的权势，胜利原本是应该的，不值得敬重。万一争输了，面子上挂不住，势必恼羞成怒，更加不好看。领导者要有自知之明，自己是领导者，不必同员工争，这样才可以大肚能容。让开一步，放手让员工去表现，因为员工的功劳，实际上都归于领导者；员工的表现，到头来都等于领导者的表现，何必同员工争呢？

2. 不可心思浮动

守静的功夫，其实就是不浮动。领导者若是心思浮动，便不能定。《大学》里有类似的表达，明白自己的立场，意志才有定向，镇静不浮躁，内心才能安定，处世自然精详，能够合理地坚持自己的立场。领导者如果心思浮动，常弄不清楚自己的立场，就会做些不应该的事情，反而做不好应该做的。领导者只有明白了"让开一步"的立场，意志才有定向，才能好好地寻觅人才、培养员工，然后放手让他们去发挥。有这样明确的定向，便不能为"没有人可用""他们都不如我"，以及"我这样做乃是不得已的"种种妄念所浮动。心不妄动，才能随遇而安，领导者才有比较宽裕的时间和精力，来考虑更为复杂且变化不定的未来。如此，就坚定了自己的立场，亦即贯彻了自己的主张。

3. 不必虚伪造作

虚静的功夫，达到了极致，便不会虚伪造作。领导者有没有诚意，也就是有没有真实地坚持"让开一步"的立场？员工心里很清楚。一旦让员工发现领导者并无诚意，只是口头说说，大家根本放心不下，就不敢贸然地放手去做。有些领导者喜欢制造全员参与的假象，表面上一切由大家参与决定，实际上仍旧全凭己意。这种虚伪造作的行为，很快便为大家所识破，徒然增加日后推行参与管理的困难，实在得不偿失。领导者的诚意，加上心思不浮动，不与员工争，才能产生虚静不争的力量。

必须虚怀若谷

虚心请教他人

《庄子·杂篇·天下》中指出，天下大乱的时候，圣贤不能明察，道德规范不能统一。于是天下的人，大都各执一端，各自夸耀。现代多元化社会里，各种学说分歧杂乱，而又各说其是。在这种知识爆炸的时代，领导者希望什么都懂，简直是天方夜谭，最好的办法乃是有人指点。

"孔子入太庙，每事问。"孔子是圣人，按理应该无所不知而又无所不能。但是，圣人所知道的是天理，至于人制造出来的器物，圣人有时反而不知，这才是事实。孔子请教他人，并非故意表示谦虚，而是他的确有所不知。

牟宗三先生分析楚汉之争中刘邦成功的原因，指出刘邦最后能成功，就是因为他的心思比较灵活。楚霸王论打仗有万夫不当之勇，但心思很黏滞，有范增而不能用。刘邦也有不清楚的事，但张良一指点，马上就明白了，那就不犯错误。

刘邦和项羽一样，当局者迷，并不一定全然了解自己的所作所为。项羽虽然神勇，却不能接受他人的指点，以致一路迷失下去，到了走投无路的时候，只好埋怨"天亡我也"，充其量不过是一个悲剧性的人物。刘邦就不一样，他能够接受他人的指点，从迷宫中走出来，成就伟业。

三国时代的刘备，更是一个明显的例子。他得到诸葛亮的指点，开创了一番伟大的事业。刘备和诸葛亮的互依互赖，更是千古流传，成为美谈。

领导者不可能也不必要无所不知、无所不能，相反地，最好承认自己有所不知、有所不能，这样才能够虚怀若谷，请求他人的指点，因而活用他人的智慧。

虚怀若谷并不是表面上的谦虚，更不可以虚伪造作，而应该是真诚地希望他人的指点，能够补救自己的不足。领导者虚怀若谷，首先就要虚静不争，能够放弃操纵、把持的心思，真正让开一步，才能虚心地请教他人，获得他人的指点。

最要紧在知人

领导者希望得到指点，最要紧在知人。从庄子的话，我们明白天下的各种学说，有如耳目鼻口，各有其功能，却不能互相通用。百家众技，都各有所长，也都时有所用，但是不能兼备又无法周遍，所以只是偏于一端的专家。天下的人各尽所欲、各尽其能，结果是自为方术，成为"只知其一，不知其二"的分裂人。

在各种分裂人当中，领导者必须具有分辨能力。刘邦说过，谈到在帷帐中运筹谋划，而能在千里之外决定胜负，他比不上张良；镇守国家，安抚百姓，供给粮饷，使粮道不断绝，他比不上萧何；统率百万大军，每战必定胜利，每攻必定夺得敌人土地，他比不上韩信。正是刘邦明白这三位人中豪杰的各自长处，能够让开一步，使他们三人的长处得到充分发挥，打败不可一世的项羽，夺取天下。促使三位分裂人结合为一整体，实在是刘邦最高的成就。

孔子入太庙，问的是太庙内的事；请教的对象，也是富有经验的专家。对的人，合适的事，是请人指点的先决条件。万一问错了人，得到不对的指点，岂非更加坏事？请教对的人，又请教合适的事宜，这种功夫本身就值得敬佩。

领导者虚怀若谷，先打听一下真正具有实力的人，再仔细了解一下，真相是否与传闻相符合，然后请教一些比较容易印证的事宜，试一试效果如何，最后才认定他的确具有某一方面的专长。因而，就这一方面的事宜，向他请教，期望得到真正有效的指点。

分裂人的缺点，在于强调他们所知悉的部分真理，不幸的是，他们常常用这部分真理来取代全部真理。财务专家把财务放在一切事物之上，认为财务涵盖了经营管理的全部，因而过分膨胀了财务的重要性与功能性；而销售专家过分强调销售，生产专家往往肯定生产第一，人事专家又指称人才是一切的根源。类此种种，无不印证了庄子"割裂天地的纯美，离析万物的常理"的"往而不返"的心态。领导者必须小心分辨，就某专长处请教，而又顾虑其他的有关因素，才能统合以汇聚整合的力量，不致以偏概全，走上歧路。

虚怀若谷三原则

领导者虚怀若谷，知人而又善于请求指点，必须注意以下三个原则。

1. 不可令人望而生畏

项羽失去天下的原因，在人有功就加以杀害，人有才能便起疑心，不肯信任任何人。曹操求才若渴，但是大家都知道他凶残不仁，是奸雄而非君子，因此躲得远远的，即使为他所罗致，也不敢放心提出真心的建议，以致为小人所包围。领导者如果形象欠佳，让人望而生畏，那就无法得到贤人的指点，无从获得真正的高见。纵然虚怀若谷，也将自绝于贤明的高人。

2. 尽量使自己成为通才

专家是"在少少中知道多多的人"，他们的专长，正是偏于一端的领域。领导者应该以通才自勉，要成为"在多多中知道少少的人"，唯有如此，才能够得见天地的纯美、全体的完整。领导者以"内圣外王"之道，聚集各种专才的卓见，有如高明的人运用耳目鼻口一般，任其各自发挥所长，为己所用。自己如果是专才出身，更应该提醒自己，不要拘泥于一己之见，多听取别人的见解，以补自己的一偏。同时，尽量扩展自己的视野，吸取各方面的知识，以增进自己的辨别力与判断力。

3. 用安人做判断的标准

各种说法，大概都能够说得头头是道，因为各家各派，无非都在自圆其说。领导者用安人做标准，来加以取舍，安则取之，不安就舍之。安有久安或暂安、众安或寡安、实安或虚安、大安或小安的差异，如果以久安、众安、实安及大安为目标，经由暂安、寡安、虚安和小安，亦无不可。道理好不好，方法对不对，要通过当时的情况，加以评估。如果获致安人，便可以接受；若是制造不安，最好加以调整，在安的前提下，予以施行，来得比较妥当。

最好自然无为

无为便是不造作

老子主张无为，主要是反对有为。牟宗三先生认为，有为就是造作，造作很像英文的 artificial（人造的）。任何典章制度，若是只着重它外在的空架子，不过是一种形式，毫无实际作用。老子针对这些造作有为的形式，才提出无为的观念。提倡无为，便是反对造作，希望我们不造作。但是，无为不能解释为什么都不做。因为什么都不做，并不能起到无为的作用。

无为并非不动。梁启超先生当年曾经告诫我们，老子所说的"无为无不为"，我们不能只记得他的上半截"无为"，把下半截"无不为"忘掉，以免铸成大错。他认为老子的主义是不为什么，而什么都做了，并不是说什么都不做，要是说什么都不做，那又何必讲五千言的《道德经》呢？能够无不为，才有资格讲求无为。若是不能无不为，那就要特别小心，不宜毫无顾虑地一心只求无为。

牟宗三先生进一步指出"讲无为就含着讲自然"，自然便是自由自在、无拘无束的意思。一切言论行动，好像行云流水那么样自由自在，实在是很高的境界，必须炉火纯青，才能够达到这种地步。

不自然，便不合人性；有造作，就显得虚伪。领导者无所为而为，做到梁启超先生所说的"为劳动而劳动，为生活而生活"，换句话说就是"不为什么"，只秉持"应该做就做""不应该做便不做"的理念，便是自然无为。

领导者心存"我照顾你，你要好好工作报答我""我给你金钱，你必须努力工作，以工作成果来回报"，或者"每做一件事，就要得到利益"，那么，他们的所作所为便不自然，就是造作。凡是造作，都不够自然，谈不上无为。

依老子看法，人生劳动，应该不求报酬。领导者已经当了领导者，便已经是报酬，至于其他，原本都是身为领导者应该做的，哪里还能再要求什么报酬呢？居于这种心态，便能够"不为什么"地做自己应该做的事情，即能自然地去做，就是不造作。

梁启超先生说"为劳动而劳动"，可以说是劳动的艺术化。领导者自然无为，不为什么而为，也可以说是领导者的艺术化。当领导者达到艺术化的境地，人生是不是更有意义、更有价值呢？

不造作才能够破妄返真

领导者若是每做一事，就要求报酬，而且所得报酬，只准自己独有，不许他人同有，例如一切行动，都念念不忘利润，或者每一言行，都考虑到自己的荣誉，这种自私的念头，会影响到公的标准。一旦私而害公，领导者就会兴起妄念，很难真诚待人处事了。

梁启超先生希望我们把无聊的计较一扫而空，应该做到"宠辱不惊"。领导者不必为宠而惊，也不必为辱而惊。为宠而惊，正是为眼前利害或虚荣心所鼓动。别人说成功，便以为真的是成功；在报上出风头，就沾沾自喜。为辱而惊，乃是"员工有卓见，即为自己的耻辱"，或者"别人的高明，凸显出自己无知"的错觉。为宠而惊比为辱而惊更可怕，然而，有些人却不知其可怕，以致为害更烈。

领导者宠辱不惊，才会平心静气，破妄返真。挫折时会得到鼓舞，烦闷中会得到清凉，困倦时会有所振奋。这不容易做到，也非常值得用心体会，好好自我提升。

破妄返真，就能够不禁其性，不塞其源，而又不思有恩。不认为有恩，便不想操纵，不急着要把持。事实上，今天大家所重视的利润和绩效，都是果而不是因。一般人倒果为因，把注意力全集中在果上面，以致忽视了因。领导者破妄返真，应该了解利润和绩效乃是大家努力合作走上正道的必然结果，因此把注意力放在不禁其性，不塞其源上，使大家安居乐业，自然带来利润和业绩。这样，正符合"无为无不为"的精神，自然而不造作，诚实而不虚伪。

无为无不为的三大步骤

领导者希望无为无不为，最好依据下述三大步骤顺序而行，以保安全而有效。

1. 先求有为

领导者必须有为，才能创立正当的事业，并且树立良好的形象，以吸引人才。

老子认为"天下万物生于有"，实践的工夫，实际上为儒、道、释三家所并重。刘备不用心打听，不三顾茅庐，哪里会得到诸葛亮的鞠躬尽瘁？刘邦不立志"大丈夫应当像这个样子"，不起事反秦，哪里会得到萧何、张良、韩信的赤胆相助？不做不做，总免不了要做；不要不要，总免不了要；无为无为，也免不了要有为。人必须具备若干能力，不能不"有"。老实说，刘备选诸葛亮，诸葛亮何尝不是选择可以奉事的明主？高明人士，不会无缘无故前来投奔，领导者必须重视修己安人的道理，并且努力实践，贤明的人才自然闻风而来。

2. 礼遇人才

领导者让开一步，员工必须接得住，能够施展所长，把空隙填补起来；否则领导者一让开，马上出现空隙，后果不堪设想。领导者经常感叹无人可用，当然不敢轻易让开一步。唯有礼遇人才，使人才肯来而又敢做，领导者才能自然无为。领导者的无为，必须建立在员工能干而又肯干的基础上，才能立于不败之地。人才肯不肯来，来了留不留得住，留住敢不敢为，其根本所在，乃是领导者能否真诚地礼遇人才。孔子说"有教无类"，意指领导者教导有方，则人人可以成为人才。主要是领导者必须宽宏大量，有如天无所不覆那样，能信任比自己更高明的人才，甚至能任用敌对的人，必然最有魅力。

3. 逐步让开

领导者有心自然无为，却不可下定决心，立即让开。最好依个别情况，对不同的员工，给予不同的运作空间，这才是适才适用。而且各人的空间不同，也是一种真正的平等，使大家明白，有多大的表现，就给予多大的空间，这样可以激励员工，让大家努力发挥。

领导者自身力求充实，却不能一味表现，剥夺员工表现的机会。拿出诚心诚意来礼遇人才，使人才在磨炼中增加实际的经验。然后逐步让开，空间由小而大，领导者也就逐渐由有为而无为，迈向自然无为的境界。

第四章
领导者要掌握整体

组织是由志同道合的人结合起来的,并居于共同的目标而奋斗。组织通常可以大致分为三个阶层,分别叫作高阶、中坚和基层。总裁是高阶的首脑,也是整个组织的最高领导者。董事会可以决定总裁的去留,并不能干预总裁的职权。就组织而言,董事会保持所有权,而总裁则拥有经营权。唯有如此,总裁才能负起全部责任。

总裁是高阶的领导者,就要替天行道。那么整个高阶,就应该发挥天的功能,协助总裁完成这神圣的使命。否则,单凭总裁个人的力量,实在很难。为了高阶能够发挥天的功能,中坚和基层,必须分别扮演人和地的角色,从而使组织三个阶层构成天、人、地三才的架构,各自依照特性行事,以求密切配合。

人居于天地之间,必须顶天立地,才不愧生而为人。所以中坚主管应该做好承上启下的桥梁,使上情下达,也使下情得以上达。中坚看起来好像是高阶和基层的夹心饼干,经常两面不讨好,弄得自己十分为难,但他们实际上可以成为高阶和基层之间的枢纽,真正发挥顶天立地的作用。中坚难为,却也不是不能为。这时候总裁的理念,便成为关键。总裁重视天、人、地三才之道,自然三阶层能够和谐配合。若是以天地为重,心目中只有基层的存在,并不重视中间"人"的运作,那么中坚真的是上下为难,不知如何是好。请问天地之间,假若没有人在活动,宇宙会变成什么样子?以此便知"人"的重要性。

组织阶层划分清晰

组织大多采取阶层制

一般而言,组织为求指挥灵活、事权集中、命令统一、责任确定,大多采取阶层制。

当组织规模很小,员工不多,领导者足以掌握全体员工时,通常只划分出两个阶层:一为领导者,一为员工(如图4-1)。这时候分工、专职并不明显,彼此的关系也不确定,职员和工人往往分不清楚,所以通称为员工。

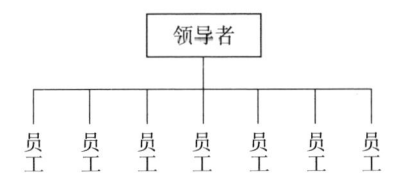

图4-1 组织的两个阶层

但是，组织到了相当规模，领导者不足以掌控全体员工时，就产生管理幅度或称控制限度的问题。领导者必须划分组织阶层，以利工作的有效推行。

管理幅度指一位主管能够有效监督的员工人数。虽然早期管理学者企图界定理想的管理幅度，以适应一切组织的需要，但是近代管理学者研究认为难以确定普遍适用的具体数字，因为在决定适当的控制幅度之前，必须考虑各种情境的特质，例如被监督的活动形态、人员素质及组织的类型等。甲公司的每一位领导者，都有4个员工。全体员工人数为64人。这时候最好划分为四个阶层，才能适当而有效地运作（如图4-2）。

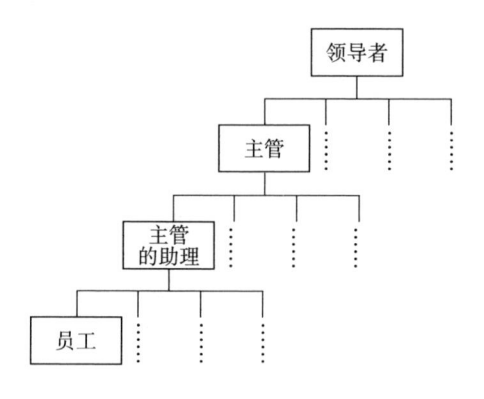

图4-2　组织的四个阶层

然而，管理幅度较大的时候，组织阶层自然就会减少。当乙公司的每一位领导者可以监督8个员工时，只要划分成为三个阶层，便足以容纳全体员工（如图4-3）。

图 4-3　组织的三个阶层

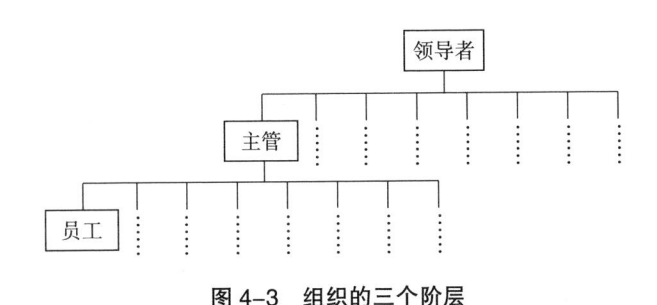

划分为四个阶层的甲公司，属于塔形结构，而划分为三个阶层的乙公司，则称为平行结构。前者为纵向结构，组织阶层较多；后者为横向结构，组织阶层较少，每一阶层的员工人数则较多。塔形结构沟通线路较长，领导者较多，有助于主管与部门之间建立密切的工作关系，以及紧密的高阶层控制；平行结构沟通线路较短，领导者较少，低阶层获得更多的决策机会，有助于领导人才的发展。

阶层并非阶级

阶层和阶级不同。阶级的形成，大致有三种理由，才能够稳定而后深固：一是阶级的划分，由于成见或迷信，显得十分严峻；二是阶级之间，受到严格的限制，不能通婚；三是阶级明确规定可以世袭，或者事实上几乎等于世袭。

组织阶层的构成，是居于分工和专职的考虑，以及管理幅度的限制，并未存有成见，大家人格平等，婚姻可以互通，父子也不一定嬗连，因此不是阶级的划分。和阶级不同，阶层是可以经由自己的奋斗而获得改变的。

然而，人有智愚之分。孔子将人分为中人以上、中人、中人以下，孙中山先生也提出了三种人的看法，并且二者有着密不可分的联系：中人以上为先知先觉者，要用心创造发明，以造福社会；中人为后知后觉者，应该尽力把先知先觉者的发明，好好地宣传，使大家明白它的好处而广为应用；中人以下为不知不觉者，必须接受宣传家的说明，好好地应用在自己身上，做一个实行家。

任何社会，实际上都是这三等人的组合。因为人的智愚，天生就不平等。一般说来，呈现正常曲线（如图4-4）。

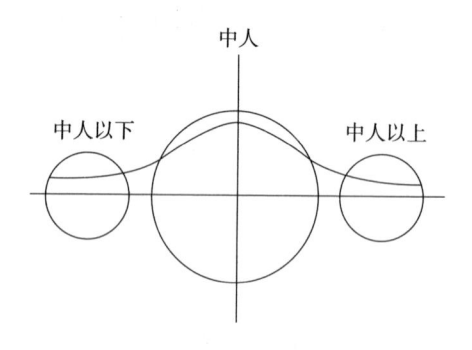

图4-4 三等人分布图

精英教育的构想，便是依据三等人的不同而让智能高的人，接受更好的教育，以便产生更好的创造发明。社会学者一直想改变这种看起来并不公平的教育方式，认为不应该有特权的存在。不过依据我们多年的观察和体验，人类社会的特权，好像只能转移而无法消除。

就管理而言，当组织的规模过于庞大，超过个人的管理幅度时，必须找人帮忙管理。这时候寻找的原则，立即成为特权的源泉。不论采取什么标准，最后总是形成"心腹知己"的管理，似乎全世界都不例外，不同的只是心腹知己的定义和产生的过程稍有差异。

美国管理学家彼得·德鲁克预测，21世纪对企业来说最重要的资产是知识工作者及他们的生产力。当知识管理阶层有效运用知识资源，就像资本家有效利用资本时，知识阶层会不会取代资本家，成为新的特权分子呢？

教育普及，就算大家都成为知识分子，毕竟人的资质有异，智愚不等，所以还是有等级的差距。知识社会仍然需要组织，而组织为求集结整体力量，统一步调，必须有阶层的划分。如何将三等人适当地安排在组织的阶层中，值得我们研究。

组织大致分为三个阶层

我们可以将组织区分为三个阶层（如图4-5），分别为最高管理阶层、中坚主管阶层和基层管理阶层。然后，再将三等人和组织三阶层配合起来，尽量做到先知先觉者担任高阶管理者，后知后觉者担任中坚主管，不知不觉者担任基层员工或主管。

人分三等，不过是一种概略性的划分。组织三阶层，也应该看成一种粗略的区分。一般而言，最高决策人士如企业的总裁、总经理、副总经理可以称为最高管理阶层，也就是高阶管理者；

```
        ／＼
       ／高阶＼
      ／────＼
     ／  中坚  ＼
    ／──────＼
   ／   基层    ＼
  ／_____＼
```

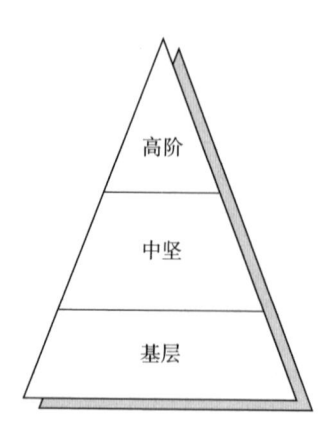

图 4-5　管理阶层的区分

现场的作业人员及领班、组长，可以看作基层管理阶层，也就是基层员工或主管；至于其他人员，通通列为中坚主管阶层，也就是中坚主管。

可见无论实际上有几个阶层，都可以概括性地纳入三个阶层来看待。巨大规模的公司，总裁和执行官是高阶管理者，现场人员属基层员工，其他都是中坚主管。再小规模的组织，就算只有老板一人，伙计一人，同样可以把伙计看成基层员工，老板扮演中坚主管，而在必要时将老板的妻子拉进来充当高阶管理者，更有利于组织的运行。

三阶层的划分，可以弹性应用。在场三人中，谁的职位最高，就是此时此地的高阶；谁的职位最低，便为基层；剩下的一人，扮演中坚。随时随地机动配合，并不一定将自己的身份固定在哪一个阶层。

如果在场三人职位相当，也可以年资、专长、经验等因素来区分。视当时的实际需要，选择合适的标准，照样可以划分出三个阶层，以利于工作的进行。

各阶层使命清楚

树立服务的人生观

阶级的特性，在于一方面用强力压迫他人，另一方面却掠夺他人利益给自己。组织阶层的划分，用意绝不在此。孙中山先生在提出三等人互助合作的同时，指出每一个人都应该确立服务的人生观，抱定人生以服务为目的的宗旨。有能力的人，不可以骄傲，看不起能力比自己差的人，或者要求更多的报酬，以凸显自己的不凡；有能力的人，应该尽力为能力不如自己的人服务，帮助那些资质较差的人。儒家倡导"才也养不才"，正是这种用意。

把人分成先知先觉、后知后觉和不知不觉，目的在于这三种人必须互助，才能平等。若是彼此争夺，永远不可能平等。因为人的智愚不等固然是事实，不是人力所能改变的，但人的观念是可以改变的。只要智力高的人，看清楚自己得天独厚，比别人享有更多天赋的权利，当然应该比别人尽更多的义务。用自己得天独厚的智力来服务大众，使人类从不平等到达平等的境界，才是大家所乐见的光明大道。

服务的人生观，主要有三个重点。首先，人生以服务为目的，不以夺取为目的。只有在不得已的情况下，才以夺取为方法，这不过是短暂的过程，绝对不能当作目的。其次，服务的方式和分工，以人的天生才智高低而定。才智高的责任愈重，所服务的量和质都比较高；才智低的责任也较轻，所服务的量和质都比较低。最后，用这种不平等的服务方式来弥补人类天生才智的不平等。

在知识社会中，服务的人生观更为重要。一个人有没有知识，要看他能不能为社会服务。凡能服务、有所补益于社会的，就是有知识的。同时一个人知识的多少，也要看他为社会服务的程度而定：能够用知识为社会服务，感化很多人，发挥最大的效益，就是有很多知识的人。

有了服务的人生观，组织阶层的划分不过是为了垂直分工的方便，不可能变成阶级的对立。有了服务的人生观，组织三阶层便可以配合《易经》中"天、人、地"三才之道而运作。

天、人、地居于重要地位

从自然现象来看，上为天，中为人，下为地，十分清楚。中国古代以天、人、地为宇宙间主要的对象，其相对位置固定而不变动（如图4-6）。

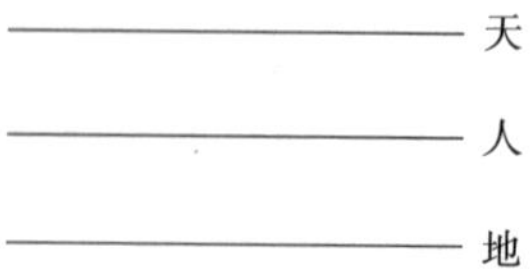

———————— 天
———————— 人
———————— 地

图4-6　天、人、地的相对位置

天有天的用途，人有人的使命，而地也有地的功能。三者各不相同，却各有所长、各具特性，因此称为"三才"，代表三种不同的才能。三种不同的才能互相配合，彼此发挥所长，造就宇宙的生生不息。这种道理，叫作三才之道。

从空间看，天高高在上。处于这样的位置，形象十分重要。中国人很注意天象的变化，因为它直接影响到我们的生活。地低低在下，居于基础的位置，所以它是否坚实可靠，也相当重要。中国人特别重视地理环境，因为它和我们的居住、作息有密切关系。人居天地之间，必须体会和认知天体刚、地体柔，做到刚柔并济，才能合理行事。人的主要功能，即在合理行事，把应该做的事情做到合理的地步，便合乎仁义道德（如图4-7）。

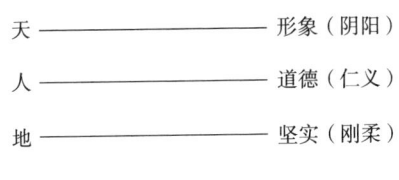

天 ———————— 形象（阴阳）
人 ———————— 道德（仁义）
地 ———————— 坚实（刚柔）

图4-7 三才的空间特征

从时间看，天象重在未来的预测。因为过去的气象已经成为过去，对大家的影响也已经固定下来，重要的是未来如何变化（如图4-8），我们如何预先准备好来适应它。地理的形成，乃是累积演变的结果，带给我们可用或不可用的场地。它未来也许可能发生变化，但至少依目前来看，不如过去的成果那么重要。人应该汲取过去的教训，面对未来的变化，做出合理的因应，亦即随时调整以求合理，而其表现时间，则以现在为最实在，也最可贵。珍惜现在的时刻，才能应用过去的经验，开创出未来的前程。

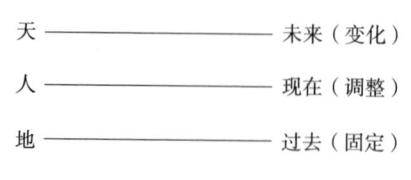

```
天 ——————————— 未来（变化）
人 ——————————— 现在（调整）
地 ——————————— 过去（固定）
```

图 4-8　三才的时间特征

综合起来，天以阴阳变化为主，有时阴雨，有时晴朗，这样的变化，以"时"为主。太久不下雨，或者长期阴雨，对人类而言，都不是好现象。中国人向来注重天时，认为人应该密切注意天时的变化，及早做好万全准备，以因应天气的变化。

地以刚柔配合为主，有的地方刚，适合建筑高楼大厦；有的地方柔，便于播种植物。如果全都是沙漠，人们的生活必定非常艰难；若全都是沼泽，人们的生活也十分不容易。必须有山有水，有高原也有平地，刚柔相配合，才有利于人类居住和生活，所以地以"利"为主。

人以仁义道德为主，表现为合理的行为。中国人相信管理和伦理具有密切的关系，因为管理是外在的伦理，而伦理则是内在的管理。我们认为事情的成败、得失，都是人们善的行为或不善的行为造成的结果。所以人应该修身正己，才能得到天时、地利的帮助，达到人和万事成的良好结果。人以"和"为主，才能获得大多数人的爱戴，得到众人的协助。

配合三才之道

组织三阶层，配合三才之道。高阶依天道，一切作为，仿效"天"的样子，以"时"为主要使命，重在预测未来、掌握未来变化、制定发展方向；中坚依人道，一切作为，按照"人"的样子，以"和"为主要使命，力求和谐互助，彼此协力合作，合理解决问题，完成预定的工作目标；基层依地道，一切作为，依据"地"的样子，以"利"为主要使命，将所负责的工作依照工作规范，在限定时间内完成，以谋取组织最大利益（如图 4-9）。

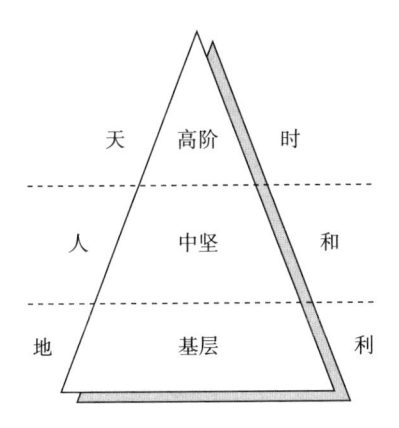

图 4-9 配合三才之道的运作图示

高阶的使命，就像"天关照一切"，站在组织全体的立场，来实施综合性的策略指挥。中坚的使命，就像"人沟通协调"，将高阶的策略具体化、明确化，并且做好部门之间的协调与沟通，以维持组织的正常运作。基层的使命，就像"地生长万物"，确实做好计划、认真执行、严格控制，并且如期完成作业。

三阶层必须密切配合

1. 三阶层变与不变的配合

天善变,所以高阶管理者常常变来变去,说出来的话好像不算数。因为他的想法,必须因应未来的变化而改变。刚刚下一道命令,马上又变更内容,甚至完全取消。

人不可以不变,也不可以乱变。中坚主管对上要承受上级的变,对下又要适当地让基层员工保持不变,所以应该及时调整自己,以求适时应变而达于合理的地步。

地不变,基层员工必须一切按照既定的工作规范去做,品质才会良好而稳定。如果基层员工擅自做主,自己爱怎么变就怎么变,那么制造出来的东西,品质必然非常不稳定,令人担心。

这种天变、地不变而人应变的特性,构成高阶善变、基层不变而中坚应变的配合(如图4-10)。

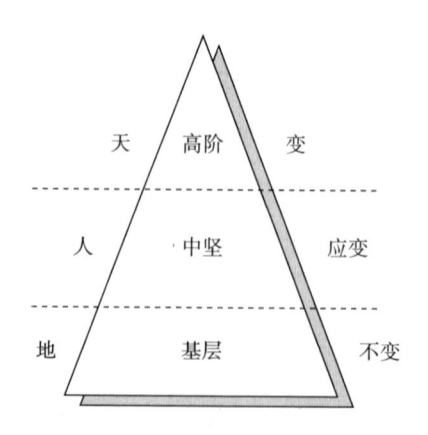

图4-10 三阶层变与不变的配合

2. 三阶层用与被用的配合

天从来不做事。高阶管理者不应该事必躬亲，必须了解员工，让合适的人去做合适的事，才是"用天下"的气度。

人应该做事。中坚主管依照人的样子，承受高阶的命令，合理地指派基层员工的工作，辅导他们把工作做好，因此必须处理很多事情，这叫作"治天下"。

地长万物。工厂的产品，是基层员工做出来的；所有对顾客的服务，也都是基层员工直接提供的。基层员工像地，应该无怨无忧地生产产品、提供服务。

这种天不做事、人做事而地生长物的特性，构成三阶层用与被用的配合原则。高阶用天下，中坚治天下，而基层为天下用（如图 4-11）。

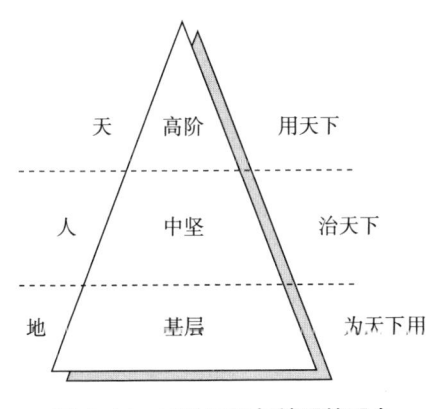

图 4-11　三阶层用与被用的配合

3. 三阶层情理法的配合

天有情，尽力照顾每一个人。高阶管理者对组织的员工应该尽力照顾，使大家安居乐业。但是，遇到实在不好好工作的人，在多次劝告、细心辅导之后，不得不通过中坚主管让他们离开组织，以免少数害群之马害了整个组织。这种严厉的措施，必须经过一段沟通、辅导的过程，才不致引起大家的反感。

人应该合理地承受天的照顾和命令，不能过分依赖老天，也不能过分自我膨胀而违反天命。中坚主管既不应该完全服从高阶，也不能够成心唱反调。一切以合理为依据，合理地服从，也合理地反对，才算善尽职责。对基层员工，同样不应该放纵，也不可严苛，必须合理地教导和辅助，合理地爱护和照顾。

地的挖掘、种植、灌溉、收获都有一定的方法。基层员工应该效法地的精神，以守法为主。对于合理的命令，基层员工当然应该服从，但在上级过分不合理的要求下，也可以合理地抗拒，以保护自己的安全。

这种天有情、人讲理而地守法的特征，构成高阶以情为主、中坚以理为主，而基层以法为主的配合（如图 4–12）。

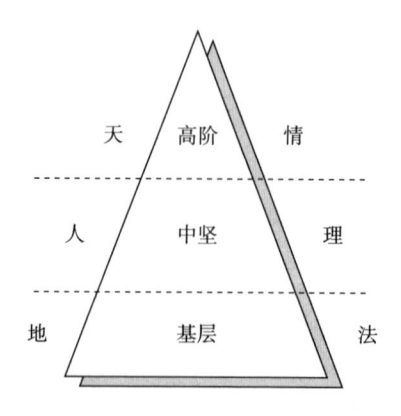

图 4–12 三阶层情理法的配合

4. 三阶层三种实力的配合

天重在预测未来。高阶管理者的主要任务，也在预测未来的动向，及早提出政策，把组织引导到正确的方向。对高阶管理者来说，预测力非常重要。

人虽然要预测未来，依赖过去的收获而生活，但是最重要的是把握现在。中坚主管必须认真处理现在的事情，解决现在遭遇的问题，以及改正现在发生的差错或矫正现在产生的偏失。

地重在延续过去的耕耘。基层员工必须遵照过去制定的工作规范，切实执行。过去的经验乃是基层员工现在进行工作的最好依据，然而最要紧的，还是执行力。

这种天重预测未来，人重把握现实，而地重延续过去的特性，形成了高阶以前瞻力来朝向未来，中坚以转化力来把握现在，基层以执行力来延续过去的配合（如图 4-13）。

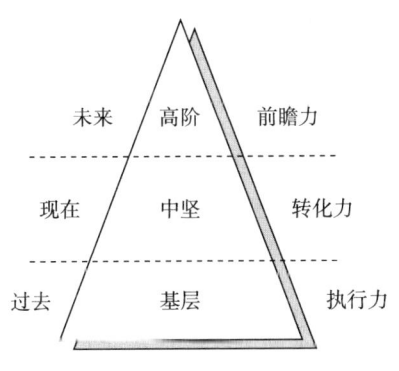

图 4-13 三阶层三种实力的配合

5. 三阶层明言与不明言的配合

天重视阴阳变化。高阶管理者常常用脸色的好坏来暗示员工去思考和调整。天不明言,所以高阶管理者常常脸色不好,不承认自己不高兴。暗示就是一种不明言的表现,其目的在于保留员工的面子,让他有机会自己改正过来。

人应该明言的时候,当然要明言;不应该明言的时候,就不能明白表示出来。中坚主管有时候表现得十分坦白,有时候又似乎含含糊糊,一切以合理为标准,需要自己衡量实际情况,用心拿捏以求制宜。

地道重刚柔,能不能承受压力,表现得十分清楚。基层员工应该一切说明白,有能力做就说有能力可以完成;做不到时也要明确表示出来,中坚主管才能够正确地判断,以便及时增加员工或延长工作时间,以确保成果。基层员工必须采取明言的方式,才合乎地道的精神。

这种天不明言,人有时明言有时不明言,而地明言的特性,同样表现在三阶层人员身上,才能够密切配合(如图4-14)。

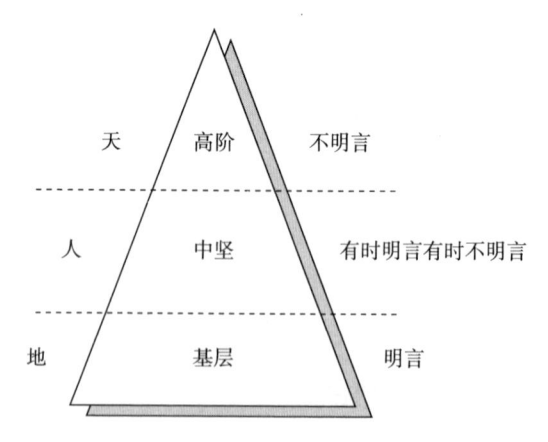

图4-14 三阶层明言与不明言的配合

6. 三阶层扮演不同的角色

综合起来，在高阶位置的人，应该有所不为而用天下；处中坚阶层的员工，必须有所为有所不为而治天下；至于位居基层的员工，则应该有所为而为天下用。三阶层密切配合，各自扮演合适的角色，才能够高阶放心、中坚称心、基层热心，皆大欢喜（如图4-15）。

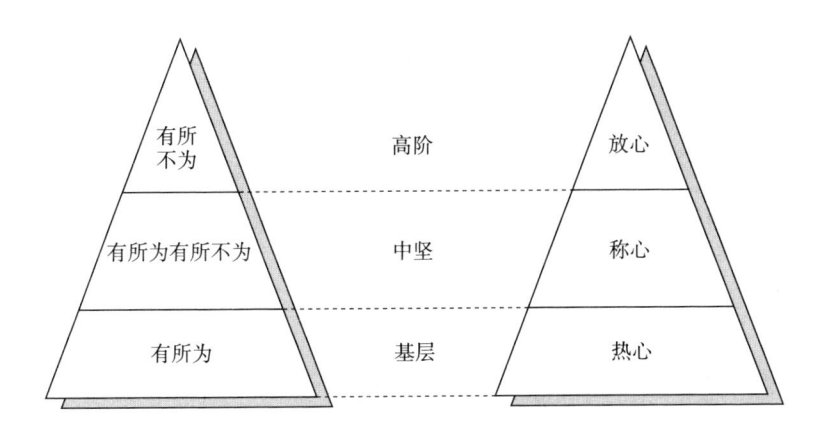

图 4-15 三阶层不同的角色

事实上，我们所看到的，大多是"高阶不放心，中坚不称心，基层不热心"，因为三阶层并没有弄清楚各自的特性，也不能切时扮演好自己的角色，以致互相争夺权利，矛盾对立，最终发生冲突，招致大家的不安。唯有组织三阶层各自调整，密切配合，才能获得整体的安宁。

高阶要清楚地含糊

除了前述的方式，人也可以分成四大类，分别为："含含糊糊地含含糊糊""含含糊糊地清清楚楚""清清楚楚地清清楚楚"和"清清楚楚地含含糊糊"。"含含糊糊地含含糊糊"实际上不足为害，因为他们就算加害于人，也不容易达到目的，而且这一类人通常在组织甄选人员时，就被摒弃了。其余三类人，都可能害人害己，并且他们可能出现于组织中，所以必须各自拿捏好分寸，表现得恰到好处。

高阶管理者，以"清清楚楚地含含糊糊"为主，紧急或必要时才"清清楚楚地清清楚楚"，尽量放开空间，使中坚主管得以施展身手，发挥潜力。

清清楚楚地含含糊糊

某公司企划部新近聘请了一位企管人才。他到职不久，便向高阶管理者提出建议，希望公司实施智能化。高阶管理者心里明白：人才不足，很难马上实施。但是满口答应，问他需要多少经费。他花一星期时间便提出了预算。高阶管理者一看金额，又表示合理，并且答应经费没有问题，问他要用多大空间。他到处观察，选好地点。高阶管理者表示同意，接着问他：由哪些人负责推动？他斟酌了好几天，终于报告高阶管理者，人才不够，必须招考或培育，才能够着手智能化。

如果高阶管理者在听到智能化的时候，马上表示人才不够，必须等到适当培育之后，才能够实施，这位提出建议的企管人才会作何感想？会不会认为高阶管理者保守，赶不上时代的潮流；或者认为高阶管理者不希望智能化，所以才推三阻四；至少也认为高阶管理者不愿意接受好的建议，以后少说为妙。不管如何，这对高阶管理者都相当不利。

高阶管理者先提出问题，让员工去摸索，寻找答案。这种处世的态度，看似含含糊糊，只有问题，没有答案，实际上是清清楚楚，胸有成竹。高阶管理者之所以成为高阶管理者，必然具有相当的素养及丰富的阅历。但是高阶管理者也最好明白：自己离现场愈来愈远，对于现场的一切，总归不如现场人员知道得那么清楚。何况现场在不断变化，自己当年的一些经验，如今是否完全符合实际情况，可能也是个大问题。

高阶管理者心里有数，知道公司现有人才不足以马上实施智能化，但是智能化终究是必行的，随时有可能，不能轻易放过。新来的人，往往勇气十足，要向现实环境挑战，这样才叫"新血液""生力军"。既然提出建议，不妨让他试一试。如果真的能够实施智能化，何乐而不为？万一像高阶管理者所料，他也会知难而退，并且不会盲目鼓动风潮，造成众怨。

高阶管理者心里固然清清楚楚，表面却装得含含糊糊，唯有如此，才能立于不败之地。新人尝试成功，高阶管理者开明支持，功不可没。新人突破不成，高阶管理者只要不紧迫盯人，大家便明白：高阶管理者有心智能化，碍于大家不争气，不便急急推动，更是体谅大家的好人。

但高阶管理者为了面子，往往搞出一副"比员工更了不起"的模样，因而"清清楚楚地清清楚楚"。他们认为唯有如此，才能为员工所敬服，这是一种十分危险的想法。

组织内中坚主管的素质偏低，就会令人担忧，称为断层。何以至此？原因多半在于高阶管理者"既提问题，又有答案"，弄得中坚主管不必动脑筋，照样可以过日子。久而久之，中坚主管脑筋生锈，反应愈来愈迟钝，显得素质偏低。

中坚主管愈不行，高阶管理者愈非常"清清楚楚地清清楚楚"不可，因此中坚主管所得到的答案愈多，便愈来愈"含含糊糊地清清楚楚"了。这种恶性循环，到底谁是真正祸首？高阶管理者"清清楚楚地清清楚楚"，表面看是恩，实际上是大害。高阶管理者什么都弄得清清楚楚，中坚主管只能奉命行事，形同基层，永远提升不起来，岂非大害？高阶管理者要清清楚楚地含含糊糊，对中坚主管、基层员工更有助益。

中坚主管有实力，高阶管理者才会轻松。轻松并不是偷懒，用不着害怕。高阶管理者轻松一些，不把自己困死在日常事务上，才有更多时间预测未来、评估现实，因应例外或偶发事件。

清清楚楚地含含糊糊的妙处

"清清楚楚地含含糊糊"当然有它的妙用。老子所赞扬的"大智若愚"，正是最好的写照。内心"清清楚楚"，却为了因应实际的需要，表现出"含含糊糊"，是不是更易于达到圆通的境界？"清清楚楚"地把握住原则，"含含糊糊"地东拉西扯，使对方弄不明白我方的真正用意，往往比较容易达到目标，这也是一种常见的战术。

高阶管理者怎样才能轻松起来？平常要多给中坚主管一些运作的空间，让他们自己去找答案。中坚主管时常获得自己寻找答案的机会，就会练成一身功夫，替高阶管理者解决很多问题，并且从中获得宝贵的经验。

平常时期，让中坚主管多多发挥；紧急时期，高阶管理者一声令下，中坚主管才知道这是紧急事件，丝毫不会反感，好好去执行。如果一切都依紧急事宜的方式来处理，中坚主管就没有什么紧急不紧急的差别，样样急等于没有一样急。

高阶管理者在紧急事件的处理上，当然应该"清清楚楚地清清楚楚"，以免中坚主管摸不着头脑，或者在紧急中做错了。但是，高阶管理者如果平常事宜也坚持"清清楚楚地清清楚楚"，中坚主管的心态将会如何？

第一，中坚主管认为高阶管理者既然事必躬亲，而且又样样了如指掌，何不全心依赖他？只要照着高阶管理者的指令去做，应该没有什么问题，因而养成高度的依赖性。

第二，高阶管理者样样说得很清楚，中坚主管对高阶管理者又有无比的信心，因此毫不迟疑，一切依令而行，中坚主管当然不需要多花脑筋，多费心思，逐渐成为"呆人"。

第三，高阶管理者清清楚楚地指示，自己负全部责任。中坚主管乐得遵守命令，对决策毫无责任。在这种情况下，即使中坚主管发觉高阶管理者有脱离现实的倾向，也不愿意明说，以免自己承担责任。

可见高阶管理者"清清楚楚地含含糊糊"，一方面可以促使中坚主管参与决策，分担决策责任，使其不敢不谨慎而行；另一方面，则清清楚楚地分辨中坚主管是否具有足够的观察力与判断力，对于中坚主管的意见，能够清清楚楚地判定优劣，进而给予适当的辅导，以增进中坚主管的实力。

"清清楚楚地含含糊糊"其实是我们常说的内方外圆，是一种很难达到的境界。如果高阶管理者无法具备这种素养，那么和中坚主管又有什么区别呢？内方是指高阶管理者必须坚持原则，外圆则是高阶管理者具有若干弹性，因应环境的实际需要。高阶管理者把握原则，让出一些空间，使中坚主管有弹性发挥的余地，才能真正地承上启下，完成沟通上下的任务。

中国式管理，离不开班底的运作。班底必须设法弥补高阶管理者的不足，而高阶管理者对班底，唯有清清楚楚地含含糊糊，才能激励班底全力以赴。否则高阶管理者十分精明，班底就成为唯命是从的跟班，变成"奴才群"了。

高阶管理者必须具备两把刷子：一把是"清清楚楚地含含糊糊"，另一把则是"清清楚楚地清清楚楚"。前一把用于平常时期，以训练员工；后一把用在紧急时期，以争取时效。

英雄型的高阶管理者，往往偏爱"清清楚楚地清清楚楚"来表现自我。这种"一将功成万骨枯"的做法，最后大概免不掉

"众叛亲离"的侵蚀，备尝"孤寂老英雄"的苦楚。

集团型的高阶管理者，比较能够"清清楚楚地含含糊糊"来欣赏员工的表现。群策群力的结果，当然较易得到大家的拥戴。即使退休告老，也将长久活在大家的心中。

这两把刷子，固然同等重要。但是，"清清楚楚地含含糊糊"对高阶管理者而言，乃是根本，"清清楚楚地清清楚楚"不过只是治标的手段。

高阶管理者"清清楚楚地含含糊糊"，中坚主管才能够"清清楚楚地清清楚楚"。高阶管理者"清清楚楚地清清楚楚"，中坚主管势必"含含糊糊地清清楚楚"，变成一群"应声虫"。让中坚主管发挥才能，高阶管理者就要尽力做到"清清楚楚地含含糊糊"。

中坚要清楚地清楚

中坚主管，力求"清清楚楚地清清楚楚"。作为上下沟通的桥梁，当然有时为了高阶管理者的面子问题，也应该稍微含蓄一些，表现出某种程度的"清清楚楚地含含糊糊"，以免过分唐突，反而误事。

什么叫作"清清楚楚地清清楚楚"？凡是依据"清清楚楚"的事实，说出"清清楚楚"的解释，便称得上"清清楚楚地清清楚楚"。

小心"君子可欺以其方"

"清清楚楚地清清楚楚"的人是不是最受欢迎呢？答案仍旧是"很难讲"。有时候很受人欢迎，有时候则相当令人厌恨。员工听取领导者的指示，清清楚楚地听出缺失，便清清楚楚地列举出来，然后又清清楚楚地提出修正。这时候，领导者同样会清清楚楚地没有面子，虽然不一定会清清楚楚地恼羞成怒，却必然清清楚楚地记住这一次的蒙羞，准备在适当的时机，清清楚楚地报复。

有些人既卖力又能干，总得不到领导者的赏识，原因多半在于过分"清清楚楚地清清楚楚"。就算整天怨天尤人，或者当面向领导者申诉，又有何用？

孔子的学说，主要在为中人讲解道理，所以儒家的主张，往往偏重"知之为知之，不知为不知"的真知灼见，很容易养成"清清楚楚地清清楚楚"的习惯，以至于过分正直而吃亏。所以孟子才告诫我们"君子可欺以其方"。"方"其实就是"清清楚楚地清清楚楚"，君子有时候会认为别人也是"清清楚楚地清清楚楚"，因此相信小人的话，以致吃亏上当而不自知。

成为高阶和基层之间的良好媒介

前面提及的那位企划部门的新人，如果希望公司实施智能化，根本用不着直接向高阶管理者提出建议。他还有顶头上司，为什么不向自己的直接主管报告，却要越级找高阶管理者呢？

中国人有一种不好的习惯，凡事要直接与"大头"交涉，似乎其他的人，都不够分量似的。究其原因，不外乎三点。一是高阶管理者有决定权，说话算数。其他人，就算答应得很干脆，但也可能被高阶管理者否决，十分不可靠。尤其是有的高阶管理者喜欢否决中坚主管对外的承诺，一方面表示自己比中坚主管大，另一方面警告中坚主管不可以未经请示便对外承诺。二是有的高阶管理者常常有惊人的法外施恩的举动，使众人认为找高阶管理者，成功的机会比较大。除了高阶管理者有此魄力，没有人愿意承担重责。三是高阶管理者最害怕的，就是面对来势汹涌的基层员工。为了争取大家的心，多半会表现得特别宽大，因此基层有事直接找"大头"比较容易得偿所愿。高阶管理者的权力最大，也最有效。

这种现象，便是长期以来高阶管理者过分喜欢表现个人权力而惹来的麻烦。如果秉持"分层负责"的精神，让中坚主管也能够说话算话，高阶管理者在这一方面的压力就会减少许多。大家平日对中坚主管有信心，便用不着样样找高阶管理者，反而会心存顾忌，万一坚持要见高阶管理者而得罪中坚主管，对自己更加不利。中国人最善于盘算利害得失，中坚主管有影响力，当然不敢轻视，更不能不表示信任。

中坚主管平日的表现，如果真的是"清清楚楚地清清楚楚"，那么基层员工有什么意见就会直接向他建议，用不着越级找高阶管理者。中坚主管遇事常向上推，不是"兹事体大，必须向上级请示"，便是"我非常同意，但是上级不知道会不会支持"。一心希望自己做好人，让上级充当坏人，结果自己得不到基层员工的信赖，基层员工只好凡事越级报告。

还有一种情形，就是中坚主管经常掠夺基层员工的功劳。有功劳往自己脸上贴金，有缺失则往基层员工身上推。基层员工也不是傻瓜，了解这种情形之后，有好的建议自然越级报告，以免被顶头上司半途截夺，成为他的功劳。

可见身为中坚主管，对基层员工的功劳或过失，应该"清清楚楚地清清楚楚"，使基层员工知道有功有过，固然瞒不过，也不会被扭曲。这样基层员工就不会担心好意见、好表现被中坚主管半途截去。一则安心和中坚主管沟通，再则不必处心积虑，设法在高阶管理者面前极力表现。

中坚主管清清楚楚地掌握整个事实，自然可以清清楚楚地向高阶管理者反映，再清清楚楚地与基层员工沟通，成为高阶和基层之间的良好媒介。经由具体的绩效，使高阶和基层对中坚产生无比的信赖，成为组织内坚强的中介阶层。中坚不但顺利承上启下，而且还可以解决许多问题，化解高阶与基层的若干疑虑，促进劳资和谐。

中坚主管必须认清自己的主要任务是沟通上下之情，而不是转达上下之间的意见。否则，在通信器材这样发达，通信工具如此便捷的今天，实在用不着中坚主管在那里传来传去。通上下之情的重要关键在于使得高阶和基层都听得进去，乐于接受，并且产生预期的行动。

中坚主管要清清楚楚地掌握事实

中坚主管要清清楚楚地掌握事实，必须重视资料的搜集。但是，搜集一大堆没有用的资料简直就是浪费，所以要确立目标，搜集有用的资料，按主题分类整理，并且分析、判断资料的内容，才能够充分活用。

中坚主管在资料分析的过程中，必然发现若干问题，进一步加深了解，听听现场人员的意见，汇集起来，再以个人或集体的方式拟定对策。有了腹案，带着它去向高阶管理者反映。获得高阶管理者的许可与支持，再回头和有关人员沟通，把问题解决。

这种"搜集资料→分析汇整→深入了解→拟定对策→请示上级→向下沟通→解决问题"的流程，要清清楚楚地依序实施，以便习惯成自然，建立自己的信誉。解决问题之后，中坚主管还要切实评估，作为下次改进的参考，才能够日新又新，一次比一次更迅速而有效。

基层员工看见中坚主管这种清清楚楚的实事求是精神，便不致怀疑中坚主管"只看上不看下"，一切唯高阶管理者命令是从，不顾基层员工的实际困苦，因此比较愿意接受中坚主管的意见，也比较愿意把实际情况告诉中坚主管，使中坚主管更容易获得有用的资料，也更容易实现圆满的沟通。

高阶管理者看见中坚主管能够主动发掘问题，并且深入探讨，拟定有效的对策，又能及时请示，尊重高阶管理者的最后裁决权，当然既欣赏又放心，大可以"清清楚楚地含含糊糊"，让中坚主管放手去做。在这种情况下，如果高阶管理者还不放心，还要否决中坚主管的方案，结果必定是两败俱伤，对彼此都相当不利。

但是，中坚主管的立场，对上而言，自己是员工，对下而言，自己则是领导。这种忽上忽下、不上不下、既上又下的变动性，自己更应该清清楚楚地随时做合理的调整，以免角色混淆，变得不清不楚，使自己受到最大的伤害。

同样的清清楚楚，中坚主管对上对下总归有其区别。一般说来，对上采取"中坚先说"的方式，比较有效，对下则反过来，依"先听基层"的原则来进行，才能够集思广益。自己如果先清清楚楚地说出看法，说对的时候，基层员工会认为这是应该的，甚至还要补充一番，或者故意做一些辩解。万一说错了，基层员工对中坚主管的信心就有所减少。

最了解真相的，应该是基层员工，因为他们最接近现场，或者根本就是亲身体验。中坚主管先听听基层员工的意见，发现可疑的问题再深入探究，这是掌握事实的办法。让基层员工先说，使其备觉可亲，因而更加信任中坚主管，也就知无不言了。何况基层员工对自己所说的话，不好意思不承认那是事实，根据这些事实来共商对策，也多半愿意就事论事，并且勇于负责。增强基层员工的参与感和责任感，让他们先说是一种有效的方式。

基层员工先说，再依据其所说的，研商对策。中坚主管拿着对策向高阶管理者请示，高阶管理者看见中坚主管一切都清清楚楚，就放心得多，因此变得很好商量，也相对尊重中坚主管的意见。

和高阶管理者商议时，中坚主管先提出报告。把事情的来龙去脉分析得清清楚楚，然后请示处理方法是否可行。高阶管理者若有疑问，必须清清楚楚地加以说明。中坚主管对于自己的方案，显现坚定的信心，而且能够合理地坚持。相信几次下来，经由事实的证明，必能获得高阶管理者的信赖。中坚主管有了良好的信誉，并且持续地维护，便是优秀的中坚。

妙用"清清楚楚地清清楚楚"

"清清楚楚地清清楚楚"必须注意立场的配合。有些可以公开，有些不能，千万不要混为一谈。对高阶管理者的建议，最好是个别的，私下清清楚楚地报告或提出问题，请求解决。若是公开的场合，必须想一想是否会让高阶管理者没有面子或下不了台。更严重的，自己固然抱着死谏的决心，不料爆发的后果，对整体的伤害远较预期的利益大，请问是祸是福？所以，注意立场的配合不是怕高阶管理者，而是顾全大局。

对基层员工的剖析，如果是技术性的问题，应该让他知道，并公开教导他，"清清楚楚地清清楚楚"，既不必顾虑，更不可含糊。假若是人际性的问题，就要视一般性或个别性而定。一般性的修养，可以公开；个别性的规劝，最好私下进行。虽然和高阶管理者性质不同，但基层员工同样也有面子的需求，应该予以同等重视。不给对方面子，自己永远最没有面子。

中坚主管可以不说，否则便要"清清楚楚地清清楚楚"，可见清楚的表现，仍旧有其范围。不该说的，愈清楚愈倒霉。站在不说的立场来说，乃是中坚主管的不移原则。什么都说得清清楚楚，活像一块破玻璃，谁见到都害怕，沟通的渠道反而不通，以后就会愈来愈不清楚。但是不说便罢，一说就应该"清清楚楚地清清楚楚"，因为这是中坚主管值得信赖的特质。

基层要含糊地清楚

基层员工，由于年纪尚轻、学识和经验都不足，最好"含含糊糊地清清楚楚"，相信那些真心关怀并且用心教导自己的主管，把他们交办的工作做好，以发挥有效的执行力。

什么叫作"含含糊糊地清清楚楚"呢？例如，看到"顾客的声音便是上帝的声音"，就断然肯定"顾客永远是对的"，正是把"清清楚楚"的"顾客永远是对的"观念建立在"含含糊糊"的"顾客的声音便是上帝的声音"的基础上，所以是"含含糊糊地清清楚楚"。具有这种倾向的人，一般说来，为数很不少。

特别是中国人，更应该提高警觉。中国话几乎都有相对的两句，如果随便抓住其中的一句，便指称中国人如何如何，很可能掉入"断章取义"的陷阱，成为"只知其一，不知其二"的"含含糊糊地清清楚楚"。

前已述及，有些人把"宁为鸡口，无为牛后"这一句话过分地夸大和强调，说成"中国人喜欢当老板"。殊不知中国话还有另外一句："大树底下好乘凉。""大树底下好乘凉"，使得中国人喜欢挤在大树底下，而不喜欢自立门户。中国人派系的观念相当浓厚，却又经常闹意气而分裂，便是在"大树底下好乘凉"与"宁为鸡口，无为牛后"之间的一种伸缩行为。说得不好听，叫作投机，说得好听，便是应变。

实地访问一些当老板的人："你真的喜欢当老板吗？"答案多半是："我哪里喜欢当老板？当老板很辛苦，做伙计多舒服，天塌下来还有'高个子'的老板去顶。说良心话，我是因为找不到好老板可以投靠，才不得已出来自己当老板的。"当然，不可否认，也有一些人，是自幼即有壮志，要自己独当一面的。有人认为，"中国人喜欢当老板"是"清清楚楚"的事实，而其原因，却无可否认地相当"含含糊糊"。

有条件的"含含糊糊地清清楚楚"

社会上有些人，喜欢"含含糊糊地清清楚楚"。把自己不清楚的事情，用好像很在行的样子表达出来。一方面欺骗他人，误导他人；另一方面自己愈说愈相信那是真的，因而也欺骗了自己。

孔子要我们"知之为知之，不知为不知"，便是不希望我们"含含糊糊地清清楚楚"，以免害己害人。然而，在企业组织之中，基层员工和中坚主管比较起来，无论是学识还是经验，基层员工似乎都有所欠缺。我们不能苛求其"清清楚楚地清清楚楚"，但深切期望基层员工能够有条件地表现出"含含糊糊地清清楚楚"。

1. 慎选公司

先决条件是基层员工要慎选公司。中国有一句老话："年轻慎择师，年老慎择徒。"年轻的时候，最需要的是老师的教诲。如果找错人，问道于盲，会害自己一辈子。年老的时候，最大的希望在把自己毕生的经验传授下去。若是传错人，把自己的学问曲解了或者用在不当的地方，也是遗臭万年，伤害自己。

年轻人刚刚踏入社会，前五年想跳槽便跳槽，不必有所顾虑。因为慎选自己愿意投入的公司，是一种正当的念头。所以跳槽的目的，不是多赚一些钱，也不是朋友一招手就过去了。我们反对为钱跳槽，更反对盲目跳槽。我们鼓励为理想而跳槽，慎选公司，希望在五年内找到真正适合自己、全力投入、好好奉献的公司。

为什么定为五年呢？刚刚就业，谈不上什么年资，跳槽不太可惜。年纪轻，多数尚未成家，负担较轻，跳一跳无所谓。五年是一个目标期限，提醒自己只有五年的时间可以自由地跳槽。五年以后，年资愈来愈重要，成家后有些事情比较不方便，同时也应该早日安定下来，专心投入，才能有较大的成就。

选定公司，要抱着"既然这家公司是我自己找的，就应把它当作自己的家，好好地学习，努力地工作"的决心，绝对不可以"在其位，却不谋其政"，浪费自己的生命，也对公司产生一定的负面影响。

2. 适当地定位

具有好好工作的决心，还需要适当地定位。身为基层员工，对于公司的措施，不见得样样明白为什么要这样做的道理，但是不可以因为如此而马马虎虎。基层员工应该确认"公司之所以这样做，必然有它的道理"，虽然这种基础是含含糊糊的，只有信心而缺乏真正的了解，但必须清清楚楚地"照着公司的规定切实执行"。能够用心去了解公司为什么这样做的道理当然很好，不可能了解或者了解得不够透彻的时候，便只好"含含糊糊地清清楚楚"。唯有如此，公司的决策才有真实的执行力，得到有效的贯彻。

任何事情总有弄不清楚的时候，无法明辨是非。中国人的判断标准在于"是谁说的"，如果张三说的，对；如果王五说的，不对。为什么？因为张三平日说话十分可靠，所以他说的话可以判断为"是"；王五经常乱开玩笑，说话缺乏真凭实据，他所说的话当然断定为"非"。同样一句话，张三说的大家会相信，王五说的大家心有疑惑，这就是"含含糊糊地清清楚楚"。

基层员工也应该这样。朱七平日十分照顾我，对我真诚地关怀，对于他所说的话，我会全力支持，尽力按照他的指示去办理。李四经常打官腔、摆架子，很少真心关怀我，对于他所说的话，我未必加以理会，也不一定按照他的话去做，就算做，亦不可能克尽全力。

基层员工盲目听从上司，当然很可怕，但完全不相信上司，只凭自己的判断行事，更加可惜。配合正直而关怀自己的上司，可能是比较妥当的方式。

站在不要顺的立场来顺

合理化管理，不应该要求下对上绝对服从，而是"站在不要顺的立场来顺"，以求"顺从得恰到好处"。下对上不可以当面顶撞，否则便构成犯上的罪状。但是，也不可以盲目地顺从，对于不合理的，可以用"不理会、不热心"来因应，这正是基层员工的制衡力量。

真诚关怀基层员工的中坚主管，通常不会假传圣旨，或者故意扭曲公司的政策，基层员工相信中坚主管，就算对政策的理解含含糊糊，也应该清清楚楚地去执行；不能真诚关怀基层员工的中坚主管，通常容易假传圣旨，提出过分甚至无理的要求，基层员工不必相信他们，也不一定要顺从。这种抗衡，可以促使中坚主管的要求合理化，一切依理而行。

对于中国人而言，对方是否真诚，我们心里有数。真诚不但被列为首要的考虑条件，而且很容易加以判明。我们不可能对他人全然不予相信，也不应该盲目轻信他人，所以凭着对方是否真诚待我，来明辨其是否可信，乃是一条合乎人性的途径。不是看他们这一次真诚与否,而是看他们历来的表现如何,因为信用是一点一滴累积而成的,不可能单凭这一次来判定他们的信用度。这种"人是旧的好"的道理,也使公司不得不重视年资,不敢一味以能力的考量为标准。

"基层员工为了维护自身的权益,应该团结起来,不要相信公司,更不能相信中坚主管。"说这种话的人,用意何在?是不是希望基层员工听信他的话,因而服从他的指使?如果是,那么他所提出的主张,是不是正确,又将如何判断?基层员工能不能放弃对中坚主管"含含糊糊地清清楚楚",转而对他"含含糊糊地清清楚楚"呢?就算说这种话的人起初动机十分纯正,确实为基层员工的利益着想,然而一旦挑起基层员工对公司或中坚主管的不信任,获得基层员工对他的支持之后,会不会转变念头,拿基层员工的支持力量做赌本,交换他自身的私利呢?

技术层面比较容易解决。基层员工的技术,必因学习与经验而逐渐由不会到会,由不熟练到熟练。而且技术的标准比较明确,多有客观的验证,可资印证,用不着太多的争执。所以基层员工在技术方面,很快就可以由"含含糊糊地清清楚楚",走向"清清楚楚地清清楚楚",成为真正的老手。

行政或人际层面就比较困难。有些事实并不是对不对的问题,而是在错综复杂的因素当中如何有效因应的问题,不但不是基层员工能理解的,甚至不是一般局外人能体会的。这时有人存心挑拨,或者纯粹好意却陷入偏见,很容易造成一些似是而非的言论,使人不知不觉中寄以同情,被其利用而不自知,或者同其偏见而不自觉。

基层员工由于种种限制，若干事项势必"含含糊糊地清清楚楚"，与其对某些人如此，不如对公司持有这种态度。公司为了顺利发展，必然重视经营管理与员工福利。特别是以安人为目标的公司，凡事顾及安股东、安员工、安顾客、安社会大众，更不敢掉以轻心。基层员工对公司要有信心，公司才能够安心地做好安人的工作。

尊重中坚主管的中介功能

不过，公司与基层员工毕竟有一段距离。所有旨意，必须通过中坚主管来传递。中坚主管有没有擅自变更或者故意曲解，仍待基层员工的细心求证。所以基层员工依平日的真诚关怀与否，来衡量中坚主管，使中坚主管在基层员工与公司之间，扮演忠诚的中介角色，做好内部沟通、协调的工作。

关怀并不是"讨好"，中坚主管用讨好的心态来对待基层员工是行不通的，关键是"真正为基层员工考虑，希望公司和基层员工同步发展，彼此都好"，以"大家好"为诉求重点。

基层员工对某些制度或措施，不免只有含含糊糊的了解，如果要求基层员工样样弄清楚再判断其是否合理，恐怕不太可能。理论上公司应该把话说清楚，实际上有些事情永远说不清楚，甚至有些事情愈说愈不清楚。我们绝对不主张愚民政策，但事实上人永远在某些部分非被愚弄不可。基层员工能弄清楚的，最好弄清楚，实在弄不清楚的，相信公司的决定方为上策。有时候基层员工"含含糊糊地清清楚楚"，不但可以促进公司的和谐，加速公司的进步，也能从做中学习，逐渐由不清楚而清楚，也是很有助益的。有条件的"含含糊糊地清清楚楚"，乃是基层员工发挥强大执行力的最佳保障。公司进步的基础，正在于此。

各阶层处事灵活应变

任何组织，实际上都由这三种人组合而成。当然，有人会质疑，难道没有"含含糊糊地含含糊糊"这种人存在吗？站在管理的立场，我们希望组织必须把这种人过滤掉。换句话说，在甄选人员的时候，务须切实挡住"含含糊糊地含含糊糊"的"呆人"，以免招来无穷的后患。

"含含糊糊地含含糊糊"显然和"清清楚楚地含含糊糊"不同，前者是标准的糊涂虫，什么事情都弄不清楚，当然什么事情也弄不好。后者是俗语所说的"装迷糊"，看起来迷糊，实际上一点儿也不迷糊。所谓小事迷糊，大事不迷糊，这种人"聪明而不精明"。精明的人，有一点儿过分"清清楚楚地清清楚楚"，聪明外露，聪明到大家都看出他很聪明，往往被视为目标，被当作靶子，相当不利。聪明而不精明的人，深谙"聪明到不让人家看出自己聪明"的道理，深谙"深藏不露"的精髓，比较容易立于不败之地。

事实上，我们每一个人，都可能在这四种类型中打转。有时候会"含含糊糊地含含糊糊"，我们姑且称之为"当局者迷"，其实是利害关系使我们变得迷迷糊糊；有时候会"含含糊糊地清清楚楚"，把不知当作已知，徒然贻笑大方；有时候会"清清楚楚地清清楚楚"，特别是牵涉到自己的专长领域，必然胸有成竹；有时候也会"清清楚楚地含含糊糊"，显露出自己"艺术"的一面。

可见一个人表现得清清楚楚的时候，可能有两种不同的背景。如果是含含糊糊的，实在相当危险；如果是清清楚楚的，就比较令人放心。而当一个人表现得含含糊糊的时候，也可能居于两种不同的背景。若是含含糊糊的，固然可怜；若是清清楚楚的，未尝不是另一种境界。

组织内的每一个人，假若明白自己具有这四种状况，便比较容易了解自己的作为，有了进一步的自知之明，对自己或者对组织而言，总是有利的。同时，我们也比较容易了解其他同事的行为，对于彼此之间的沟通与协调，有很大的助益。

一般说来，基层员工，以"含含糊糊地清清楚楚"居多；中坚主管，多半需要"清清楚楚地清清楚楚"；而高阶管理者，则最好能够"清清楚楚地含含糊糊"。

第五章

领导者要知人

知人要从个人的形象识别着手，所以观人术成为领导者的必修课程。不识人最可悲，这是领导者不可忽视的警语。我们从先哲的言论中，找出一些基本道理，最要紧的是，人不可貌相。不应该仅凭第一印象，就论断人，以免看错了，痛失良才。姜太公有一套看出本心的方法，最好多加应用。

我们不喜欢二分法，因为过分极端，容易走上偏道。三分法比较妥当，把员工区分成三类，应该是领导者常用的方法。当然，不论怎样划分，难免主观。有时候也会看错，从而定位错误。人有上、中、下三种，但是公司用人，通常都经过甄选，用的都是中上的人。领导者要将这些中上的人员进一步区分为三等，必须用心，不宜匆促评断。

先依出世观点，把员工分成"等死""怕死"和"找死"三类；再依入世角度，将员工分成特殊贡献、奉公守法及水准以下三类；逐渐转化为"没有你我会死"的核心人物、"有也好没有也好"的一般员工，以及"早走早好"的呆人废料三类。领导者摆在心中，不明白说出来，在不断调整三者比率的过程中，把人安顿妥当，以期各尽其能，而且充分配合。

领导者自己最需要遵奉达摩三律：一不急躁，二不生气，三不忧虑。用心体会"聪明的人，往往会做出愚笨的事情"，而"下愚的人，有时也会表现出上智的举动"。适时机动调整人事，以期无人不可用。

中国人讲求伦理，重视亲疏有别。考虑员工的任用调派，常常依据"亲亲、尊尊"，然后才"贤贤"的次序，看起来和西方的能力本位不一样，实际上都要求"适才适任"与"人尽其才"，只不过在方法和过程上有所不同。领导者要带头在职场中修行，提升自我的层次，就必须特别用心"救人"和"教人"，尽量减少"杀人"的措施。

知人必先善于观人

观人术不是一般的相人术

汉高祖刘邦年轻的时候,到吕公家中做客。吕公观看刘邦的相貌奇特,当时就决定把自己的女儿嫁给他。三国时著名相士桥玄,初次遇见曹操,便直断"从来没有见过像他这样的名士"。桥玄观察曹操的言行举止,心中明白"这个年轻人不简单",因而给予很高的评价。

中国自古以来,观人术十分发达,简直到了神乎其技的地步。观人不是相人,也不是民间流传的算命。它是以相人为基础,进一步分析眼神、表情和举止,获得综合性的判断。

三国时魏刘劭所著《人物志》,将人分成许多品类,分别研究不同的实质。其中有一篇《八观》,提供八种方法,以观察人的特性,很有参考的价值(如表5-1)。

表 5-1 观察人的八种方法

八种方法	详解
观其夺救，以明间杂	有的人在事不关己的时候，会说一大堆漂亮话，等到发现和自己的利益有冲突时，马上换另一副面孔。这种人反复无常，完全依自己的利益为取舍，不必期望他能够实际做出什么好事
观其感变，以审常度	有的人善于伪装，一副忠厚老实的样子，却往往包不住内心的虚伪。观人时必须仔细分析他所说的话，究竟有什么目的。遇到假意附和、勉强应付的人，千万不要被他的美丽言辞所迷惑
观其志质，以知其名	有的人颇有名气，亦即他的特质已经相当显著，为大家所认定。不论他以哪一种特质出名，都应该切实看看名实之间的差距是大是小。依他所得的名，来观测他所做到的到底有多少。凡是一点一滴累积起来的名气，比较可靠；突然冒出来的，就要再加以辨明
观其所由，以辨依似	有的人似是而非，例如轻诺的人，表面上看起来十分热心，实际毫无信用，当面表态尽忠，背后则恰好相反。但是，有的人似非而是，例如大智的人，看起来笨笨的，实际上对一切都很明白。到底属于似是而非，还是似非而是，最好观其所由，从他做一件事的动机加以详察，才能够察明是非。最好的方式，是从人际关系看他的爱心。真正有爱心，而且知道合理表现的人，应该比较可靠
观其爱敬，以知通塞	有的人爱少于敬，一天到晚老绷着脸，喜欢装腔作势，自认为行为廉洁，便看不起旁人。这种人缺乏领导能力，更不适合从事公关事务。但是，看得起别人，也得有充分的爱心，才能够打破人我的藩篱，建立良好的人际关系，以求与人相通而不自我闭塞
观其情机，以辨恕惑	有的人好胜心强，喜欢夸耀自己的长处，以刺激别人的短处。这种人不问自己的能力如何，总想胜过别人。如果不能获胜，就会妒忌、怨恨。故意让他尝尝败绩，便不难了解他的个性，会不会护短而好胜

（续表）

八种方法	详解
观其所短，以知所长	任何人都有长处，也有其缺点。我们欣赏他的优点，就应该同时容忍他的缺点。但是，有缺点的人，未必有长处，而有优点的人，必然有缺点。观人的短处来了解他的优点，不要看他的长处来指责他的缺点
观其聪明，以知所达	每个人的修养功夫，都是层层上升的。勤于学习的人，不一定有才能；有才能的人，未必就明白义理；明白义理的人，不一定有智慧；智慧足以处理事务的人，未必合乎正道。孔子提及的"十五岁立志求学，三十岁能够用学得的道理立身行己，四十岁不为异端邪说所惑乱，五十岁知天命，六十岁能知言，七十岁才能够随心所欲而不违犯法度"这种言论，告诉我们对人不要苛求，应该依层级来观人，才不致觉得人人都不如我聪明，以至乏人可用

观人要把握三大要领

领导者观人，至少要把握以下三大要领。

1. 从外见内

观不是泛泛地看，而是深入地体会、观察。观人要从一个人外在的表现，看出他的内在实质，这并不是一件简单的事。外在表现包括精神、筋骨、气色、仪容和言行，《人物志》列出九征，分别为神、精、筋、骨、气、色、仪、容、言，依据这九种外在的表征，可以看出一个人所具的情性，以了解他的平陂、明暗、勇怯、强弱、躁静、惨怿、衰正、态度、缓急。惰性的重点在情不在性，因为情由性生出来，受到环境的习染，人人几乎各有不同。人情的变化，相当繁杂，不管采用哪一种分类法来归纳，实际上都显得牵强而不够精细。但是，以简御繁，把人情归纳成简单的几种类型，仍然十分必要。例如《人物志》采用的十二分法，便是把形形色色的人，归纳成十二种不同类型，并进一步分析其利弊，以供知人善任者明辨慎用。

2. 由显见微

处事的原则，在由微见著。观人的要领，刚好相反，应该由显见微。有的人东张西望，有的人则气定神闲。前者常拿不定主意，后者可能是临危不乱的高人。一个人的气质，很容易从他的容貌和姿态上看出来，无论眼神、印堂还是眉目，都相当显著。但是，如何从这些明显的特征看出其微细的性格，就需要丰富的经验和学识。一个人即使先天的相貌和姿态十分良好，后天不知努力进取，好好磨炼自己的才能，也不会有多少重大的成就。领导者观人，看到一个人的大体形态之后，还要深入了解，从他的微细动作研判他的修为和言行，便不至于看错人。

3. 识同辨异

人看来看去，似乎只有那么几种类型。然后再细加分析，则同一类型的人，又有不同的情性。从同中发现差异，殊为必要。王莽和诸葛亮，有很多相同的地方，结果王莽篡位，而诸葛亮则鞠躬尽瘁。领导者若是不能识同辨异，把王莽看成诸葛亮，岂不是自寻倒霉？同样能言善道，有的人空口说白话，什么事情交给他，都没有结果；有的人说话算数，办起事来效果相当可靠；最可怕的是有的人缺乏定性，有时候如此，有时候又不是如此，令人捉摸不定，实在无法信任他。

领导者希望探知各种人的内在本质，必须掌握上述三大要领，对人的情性进行深刻的观察，同时依据八观的方式，看出人的优点和缺失。千万不要期待完美无缺，必须用其所长，让人才得以充分发挥他的才能。

观人要研究一些基本道理

1. 管仲的观人准则

管仲是助力齐桓公称霸的宰相，足智多谋。他在公元前七世纪就提出过"观人的十二准则"（如表5-2）。

表5-2　管仲的观人准则

十二准则	详解
訾訾之人，勿与任大	訾是毁谤，訾指赞扬不肖的人。訾訾的人，嫉妒心特别强。人难免都会妒忌别人，只是太强的嫉妒心，容易产生怨恨，甚至愤而谋叛。这种人不是良好的领导者，也不能委以重大的责任
譕臣者可以远举	譕是谋的古字，意思是谋划。譕臣就是远大的计划，能够顾及天下，而不局限于一家一国的利益。譕臣的人，眼光相当远大。有的人眼光短浅，只顾眼前利益，只能加以指使运用。要共谋大事，必须寻找有远见、能推测未来的人

（续表）

十二准则	详解
顾忧者可与致道	顾忧的人，善于自我反省。凡是明白知道自己所作所为的人，责任感大多很强，可以放心地把重要的任务委托给他
速而忧在近者，往而勿召也	性情急躁的人，大概只知道追逐眼前的名利。往往毫无计划，贸然采取行动。这种人最好赶快想办法远离他，以免受他的牵累
举长者可远见也	举长的人，能预测将来，注重追求长期利益。这种人外表看起来并不聪明，却常常大器晚成。要耐心对待他，期待他有良好的表现
裁大者众之所比也	裁大的人，能够果断地执行大事，当然受到大家的敬重和支持。有的人只能做小事，不能期望他办大事。不能因他小事办得好就把大事委任于他。领导者对于裁大或裁小的人，应该分辨清楚
必得之事，不足赖也	必得的人，轻易就断定没有问题。这种人判断事情过于草率，办事不牢靠。领导者对他所说的话，要特别小心，否则就会上当
必诺之言，不足信也	必诺的人，随口答应负责，结果不能完成使命，又找出许多理由来推诿塞责。这种轻诺寡信的人，不足以信任他
小谨者不大立	小谨的人拘泥小节，也贪求眼前的小利，所以不容易有大成就
訾食者不肥体	訾是嫌食的意思。訾食的人太过挑嘴，身体不会健康。思想太偏激的人，同样不会成大事。领导者发现思想过分偏激的人，千万不要重用他，以免胡乱惹事
有无弃之言者，必参于天地也	平常不太说话，一旦开口就能切中问题的核心，这种言必有中的人，谨慎小心，可以承担大任。站在不说的立场来说，比较容易做到言必有中

(续表)

十二准则	详解
能予而无取者，天地之配也	有的人在问题很小的时候，就把它解决掉；有的人却只能够解决小问题。这两种人，要通过长期的观察，才能够适切地加以分辨。真正做到无取的人，那就和天地一样伟大了

2. 姜太公有一套看透人本心的方法

太公望吕尚，东海人，曾经担任周文王、周武王的太师。兵书《六韬》可能是后人托名吕尚所作，不过其中所载看透人的本心有八种方法，实在很有意思（如表5-3）。

表5-3 姜太公看透人本心的八种方法

八种方法	详解
问之以言以观其辞	提出一些问题，让对方解答，可以观察他的理解程度。领导者最好养成习惯，遇到问题时，向员工征询意见。从他们的答案中，可以逐渐了解他们的真正实力，从而获得深一层的评价
穷之以辞以观其变	抓住一个问题，不断地追根究底，密切观察对方的反应。有些人相当自信，有些人则惶惶不安。从他们的表情变化，可以看出他们的真假虚实
与之间谍以观其诚	假意派遣间谍去引诱对方，看他是否忠诚。这种方法，迄今仍然是鉴定员工的参考。在他面前抱怨领导者，看他会不会附和
明白显问以观其德	故意问自己知道的事情，看看对方能不能同你和盘托出，对你有没有隐瞒。或者把秘密说给对方听，看他能否保密。有时也可以供给假情报，只要他泄露出来，马上知道他不能守口如瓶
使之以财以观其廉	让他经手钱财，看他是不是清廉。有的人喜欢接受贿赂，有的人则不清不楚，有的人甚至将公款中饱私囊。从试验中了解他，比较可靠

(续表)

八种方法	详解
试之以色以观其贞	不露声色地带他到声色场所,看他如何表现。沉迷于女色的人,就可能因女色而败事,不可不提高警觉
告之以难以观其勇	把困难的事情告诉他,看他有没有勇气承担。一般人对有挑战性的工作,都有些畏惧。如果有勇气面对挑战而又确实用心,可以委以重任
醉之以酒以观其态	酒醉容易失态,更可能乱性。酒品不佳的人,醉起来胡言乱语,行为轻浮。把对方灌醉,观察他的样子,对判断一个人很有帮助

3. 陈立夫的知人之道

陈立夫研究知人之道,提出"知人八原则"(如表5-4)。

表5-4 陈立夫的知人八原则

知人八原则	详解
观其气象	望之俨然,看起来十分庄重。即之也温,接近之后,却觉得祥和。威而不猛,恭而安,这是君子。若是令色足恭,胁肩谄笑,小头锐面,喜怒无常,即为小人
观其举止	举手投足,都是内心的表现。举止大方,才是正派人士
观其胸襟	胸襟恢宏的人,有容乃大,可以成大事。胸襟窄狭的人忌才妒才,终必私而忘公
观其学养	学养愈丰富,愈能忘我,愈能去除私心。这种人筹策只为公益,做事也不计己功
观其心性	依照前述姜太公所举八种方式,来观察一个人的心性。只要用心,必能观得明白
观其所处	人因所处地位不同,会产生不同的言行。最好从他所处的情境,审慎加以考察,以了解其本质

(续表)

知人八原则	详解
观其言谈	《周易·系辞》传说:"吉人之辞寡,躁人之辞多。"修养良好的高尚人士,大多沉默寡言。浮躁的人,却喜欢多话。荀子说:"口能言之,身能行之,国宝也。口不能言,身能行之,国器也。口能言之,身不能行,国用也。口言善,身行恶,国妖也。治国者敬其宝,爱其器,任其用,除其妖。"言行之间的配合,各有不同。领导者必须尝试从言谈中体会对方的心意,这非常重要
观其操守	操守指择善固执而言,所谓"达不离道,穷不失义"。不求非分之名,不谋非分之财。怀清白之心,行忠正之道。对公司不隐瞒事实,竭力从公。奉法推理,不避强大的压力,不偏袒亲近的人。操守良好的人,自然值得大家信赖

自古迄今,观人的原则大致相同。唯有细心、用心,才能真正知人之心。

公司里包括三种人——出世的观点

依出世的观点,我们把人分成三种,分别为"等死的人""怕死的人"和"找死的人"。

一天到晚,抱持着排队的心情,有队就排。反正排在哪一队,都不外一个"等"字,心想等久就能够得到,却不料等久便是死的来临。这种随时随地排队等待,一副没精打采的样子的人,即是"等死的人"。

清晨四五点钟就爬起来,打太极拳、登山、慢跑、晨泳、静坐,一心一意想把身体练好,期待着永葆健康,不要衰老病痛,这种人属于"怕死的人"。

至于"找死的人",则处心积虑,把自己的精力和心神都消耗在追求名和利上。不论为公为私,是居于公众的利益,抑或纯粹为了自己的权势,结果并无两样,都在"找死"。固然有重于泰山,也有轻于鸿毛,而找死的精神,实际上殊无差异。

组织的人员,同样包括这三种人。一般而言,"等死的人"最多,"怕死的人"次之,而"找死的人"最少,也最为可贵。

"等死的人"天天过着不迟到、不早退的"九五"生活,有规律地饮食、工作。等到满三十天领一次薪水,等到十二个月算一年。就这样一路等下去,等到退休,然后等到死去。这种人多半奉公守法,是组织的忠实支撑者,也是组织里比较不起眼的一群人。

"怕死的人"随时提高警觉,遇到工作能推即推,因为多做多错,不推死得比较快。有意见不敢说,由于经验的累积,深知先说往往先死,何苦来哉?有机会不愿意争取,唯恐争不到被打入反对派,常常争后被算账,不死也带伤。这种人大家厌恶,却又对他很无奈。怕死能不能不死,恐怕谁也没有把握。只是眼看着找死的人一个个接连死去,为自己的怕死提供强大的支撑力,以致怕死的人愈来愈多。

最有吸引力的,乃是"找死的人",企图心旺盛,行动力也十分强劲。不论是带头冲刺,还是鼓动风潮,都表现得一身是胆,而且浑身是劲。

领导者多半属于"找死的人"

一般说来，领导者很少是"等死的人"，因为按部就班，顶多晋升到中坚主管，不太可能成为领导者。也不是"怕死的人"，因为不敢冒险，毫无"赌"志，同样缺乏担任领导者的条件。身为领导者的，多半属于"找死的人"。安定的日子不过，偏要追求风风雨雨；固定的薪水不领，情愿起伏于生活稳定与三餐不继之间。尝尽酸甜苦辣，徘徊在名利的坎坷之途，不是找死是什么？然而领导者的数量，十分明显地有增无减。可见再可怕，也不断有人前来"找死"。

就算是抱定"钱够用就好，要做一些对社会公益有利的事"的信念，凭着强烈的社会责任感去"找死"，完成求仁得仁的愿望，也不能因此而粉饰自己，不再时时"找死"。

有人说，企业人不是生意人，不像生意人那样贪婪、短视、俗气。企业人具有日积月累的专业知识，坚定不渝、力争上游的事业理想。然而，从出世的观点来看，其为"找死的人"，根本毋庸置疑。

当然，领导者在事业有成时，唯恐自己体力日衰，不足以控制全局的时候，也会变成"怕死的人"。秦始皇、汉武帝以"找死"的精神，缔造了中国历史上"秦皇汉武"的功绩，都免不了相信神仙，企求长生不老的"怕死"心态。一旦由"找死"迈入"怕死"，就成为专制的魔王，而不再是明智的领导者。

领导者也可能变成"等死的人"，例如退休之后不能开始自己的新生活，经常怀念往昔的权势与威风，或者丧失健康的身体，不断埋怨以往的发愤忘食，都会自然而然地坐以待毙。汉高祖亲征黥布，被流矢射中，归途中发病，十分严重。他心里知道吕后的野心，竟然无法防患。这种"等死"的无奈，从他告诉吕后的话"周勃为人沉重宽厚而缺少学问，但能安定我刘氏天下的，必定是周勃"，可以略见端倪。

领导者要以平常心面对这三种人

尽管领导者本身，以"找死"为正常的状态，而公司内部则不论何时，都遍布"等死""怕死"和"找死"的人。领导者既无法排除其中的任何一种，也不能心存偏见，以致蒙上歧视的恶名，最好的方式应该是兼容并蓄，以平常心来面对这些员工。但是，领导者必须以不同的方式来领导这三种不同心态的员工。

1. 以"关怀"的方式领导"等死"的员工

对于"等死"的员工，要以"关怀"的方式，用合理的态度来对待他们。因为大部分的工作，实际上都依赖他们来完成。公司的安定与正常运作，他们有很大的贡献。如果没有这些为数较多的"等死"员工，例行性的事务由谁来推行？所以领导者千万不能因为自己偏重于"找死"，便看轻这一群"等死的人"。更不必期望他们统统变成"找死的人"，以免大家有志一同"找死"，一天到晚不是创新，便是革旧，反而没有人专心推动业务。

2. 以信他们的心情感化"怕死"的员工

对于"怕死"的员工，要以信他们的心情来感化他们，使其转变为"等死"或"找死"的人。通常"怕死"的原因，是提防领导者的不信任，亦即领导者愈不相信他们，他们就愈缺乏担当。如果领导者能够明显地信他们，用信任的态度来面对他们，那么他们就会逐渐放心地工作，慢慢由能推就推，变成勇敢承担。

3. 以诱导的方式引导"找死"的员工

对于"找死"的员工，要以诱导的方式，把他们引导到正途上，让他们去发现缺点，并且设法改善。不能让他们制造纷乱，或者引起无理的抗争，以免影响士气，导致无谓的纠纷与混乱，降低公司的整体生产力。"找死"的员工，充满活力与构思，表现在正面上，会提升公司的创造力；表现在负面上，则容易惹起事端，制造冲突，对公司的发展有害无利。领导者自己"找死"，对于同样"找死"的员工，却往往很排斥。是不是同性相斥？自己最好花一些时间，把它弄清楚，才能以更大的包容心来善待这些员工。

同时，领导者也应该发挥"怕死"的精神，重视员工的体能运动与保健，不要过分劳累大家。鼓励"等死"的作风，使大家遵守规范，重视纪律，以维持公司的伦理。至于天生具有"找死"倾向的员工，要个别加以辅导，使其步入正轨，以造福团体。

公司里包括三种人——入世的观点

从入世的观点来说，公司里通常存在三种不同类型的员工：一种是有特殊贡献的人，属于公司的"红人"；一种是奉公守法的人，属于公司的"黄人"；还有一种，则是低于水准的人，属于公司的"黑人"。

三种人的界定，都十分主观。其中领导者的判定占很大的权重。领导者对员工的观感，员工很快就看得出来，顺着领导者的心意，推波助澜，显得领导者眼光非常正确，于是红人、黄人、黑人，泾渭分明。

有特殊贡献的人属于公司的红人，大多获得领导者的特别支持。老实说，如果领导者不支持，甚至不给他们机会，就算是天才，也表现不出来。这些红人在员工心目中，多少具有特权，至少在领导者面前，说起话来比较有分量。

奉公守法的人属于公司的黄人，做得好是应该的，没有人会认为这是他们的功劳；做得不好就会挨骂，认为他们故意偷懒。这些人往往会自我检讨个性太直，不善于讨好领导者。其实不然，他们是不懂得人际关系，才弄得如此尴尬。

低于水准的人属于公司的黑人，大多自知是领导者心目中的"呆人"或"废人"，印象不好，做不做都会遭白眼。这些人心里有数，自己永远属于水准以下的员工，反正做什么事，都不可能获得上级的赞许，乐得混一天算一天。

防止白人产生

当今时代,有一种被大家哄抬而出,不知不觉地自以为正义凛然,而且广受大家支持的"白人"应运而生。这些人原本是红人、黄人或黑人,由于被捧得高高的,真的以为自己足以双肩挑重担,因而无论做什么事,都显得理直气壮。白人的形象,永远是"对就对,错就错",凭着选票的实力,似乎什么人都不放在眼中。红人、黄人和黑人当中,都可能产生一些白人。领导者平时用心把员工分成三种,事先防止白人的产生,应该是比较妥善的做法。当领导者的,必须慎重处置,才不致天下大乱。

1. 以公正的态度来评估员工

领导者要重视客观的人事评核资料,更要以公正的态度来评估员工。但是,完全依凭资料,又会造成许多投机取巧的伪君子,他们看似完全符合要求,却大部分在作假。领导者自己公正才最重要,必须真正做到大公无私。参考资料,加上合理的判断,这是"寓法治于人治"的中国式考评。

2. 只管实质上的考评

形式上的考核,由组织系统去运作,由人事评议会做决定,领导者根本不必去管它。领导者只管实质上的考评,在心目中,把员工分成"没有你我会死""有也好没有也好",以及"早走早好"三种等级。但是,千万不要说出来,有人询问,也绝对不要承认。"没有你我会死"的人，用英文来表达，就是"key man"，也可以说成核心人物，或者心腹知己。"有也好没有也好"便是一般员工——要留下，很好；哪一天想走，会慰留；若是坚持要离开，那就请便。"早走早好"，指那些领导者恨不得其早日离开的员工，简直看到就有气，不方便明示而已。

对于"没有你我会死"的员工：一方面，领导者要特别给予照顾，这才是真正的平等；另一方面，要让他们避免红得透白，亦即不能受众人利用，红得连领导者的话都听不进去，终有一天红得发紫，彼此闹翻，并无好处。

一般员工，大多是"有也好没有也好"，领导者要礼遇他们，设法激发他们的潜力，使其逐渐改善，提高生产力。所有薪资福利，都依据这一群人制定。在没有变成红人之前，实在无法特别照顾他们。

至于少数"早走早好"的人，领导者不能明说，也不可表现在自己的行动上。只能通过班底，想办法改变他们。实在无法改变，就要设法让他们离开。领导者在表面上，始终不要露出希望这些人辞职的信息，口头上也务必留他们，最好还要欢送他们，让他们有面子地离去。好聚不如好散，散得不好，很可能带来不良的后遗症，必须谨慎，以防患于未然。

领导者，心目中必须放弃红人、黄人、黑人的区分，尤其不可以受制于白人。在自己心中，只有"没有你我会死""有也好没有也好"和"早走早好"三种"不明言"的感觉。不管他是红人、黄人或黑人，领导者希望"早走早好"的人数愈少愈好，而

"没有你我会死"的人,也不能太多,以免危险性太大。大多数人居于"有也好没有也好"的地位,才能够以平常心来理人、安人。这三种人中,总有人会受人哄抬而变成白人,领导者在他初次表现出白人行为时,就要设法劝导制止。为了维护自身的权益,凡是心中没有领导者存在的人,一律要给予警惕。当然,何必明白说出来呢?

不要重用白人

白人最可怕的地方,便是自以为了不起。天底下的道理他们最懂,责任他们最重,而且行为他们最正确。事实上这种人根本不可能存在,可见凡白人都有些自以为是。大家为了利用他们,用选票把他们捧出来,他们便昏了头,自以为确实了不起,这是当今社会最为可悲的一幕。

公司难免出现白人,因为这是时代潮流,好像挡不住。但是,领导者不能重用白人,否则大家争先做白人,整天造势不做事,弄一些花样来蒙骗大家,放着正事不干,公司迟早要完蛋。

领导者对白人让步,白人就更加气焰高涨,因为这些人向来得理不饶人。公司愈鼓励有话直说,白人就愈多,于是领导者愈不像领导者,愈来愈无法受到应有的尊重。

衡量当前情势,我们发现白人所秉持的"自由、平等、法治"理念非常正确。可惜他们的真实行为,显然违反了合理自由,而过度滥用自由,曲解了真正的平等,而把自己变成新的特权人物，口口声声强化法治，却屡次以身试法，游走在法律边缘，败坏风气。

平心而论，我们不害怕真正的白人，因为他们果真为公理而奔走，应该令人钦敬；我们所害怕的，是假的白人，表白里黄、表白里黑，或者表白里红，表里根本不一致。这些人虚有其表，往往欺骗了许多员工，令人痛心。

领导者遇见真正的白人，要诚恳劝告他们："合情合理比单纯合理更重要，不要以为有理便可以无情。做事要紧，做人也十分要紧，会做事还要会做人，才会受到欢迎。"若是遇见假白人，要正色告诫他们："真正的平等、合理的自由，大家都会拥护。想利用自由、平等做幌子来招摇撞骗，公司绝对不允许。"

人有上智下愚之分

智力高低天生有所不同

从智力的高低来看，人的确有上智、中人、下愚的差异。但是，这是以整个社会作为探讨的对象，才可能划分得如此清楚。若是单就一家公司来分析，我们认为人的智力，实在相差无几。

社会上存在着很多自然人，依照自然的比率，不难看出天才很少，白痴也很少，大多数人都是中等智力。很少固然是事实，但依然存在，所以上智、中人、下愚三种人并存，乃是正常的现象。

公司的员工，经过甄选、测试，合格的人才给予录用。有了这一道关卡，已经把白痴过滤掉。天才很少，大家都是中人，为什么还要勉强区分，比画出谁高谁低呢？

甲因公出差时，一直担心自己不在公司里，同事一定感觉十分不便，若干事宜，可能大家无法处置。结果他出差返回公司，才知道并非如此。大家精神愉快，事情做得井然有序，有他没他，似乎没有什么差别。他这才顿然省悟，公司并没有非我不可的必要性，因而更加尊重同事，也更能虚心配合同事的需求，务求彼此互助，以利事务的进行。

领导者从来没有出过国，就会觉得自己任务重大，不能轻言出国。认为自己一旦离开公司，必然"天下大乱"，会招来很大的损失。假若非出国不可，第一次还提心吊胆，经常越洋电话遥控，唯恐员工心慌手乱。几次之后，逐渐发现自己似乎并没有那么重要，偶尔多逗留几天，顺道观光，好像对自己有益，对公司也并无害。于是心里明白："人很容易自负，把自己看得高，因而轻视他人，把别人都看得低。"

自负的领导者，认为"公司内我最行，不然为什么我当领导者"。这样的心态，就会造成无人可用的不幸状态。员工的智力，都不及领导者，其实并不是领导者的福气。

领导者不自负，知道人的智力相差有限，谁也不可以轻视别人。这样的心态，才有可能形成无人不可用的局面。员工都能干，领导者不必太伤神，这才是天大的福分。

领导者要奉行达摩三律

事业要成功，身体也必须健康。既然公司内部都是有用的人，领导者为什么还要用自负的态度来显示自己的特殊地位呢？如果不发火，员工就不尊重领导者，那是组织氛围有问题，也不是单凭发火就能够改变的。

领导者要明白，公司内部天才非常少，白痴根本没有，大家都是有用的中人，可以放心地奉行达摩大师的三条规律。

1. 不急躁

中国人常说"急事缓办"，并不是手足缓慢，而是心中不能急躁。领导者若是为了凸显自己的地位，显示自己与人不同，完全没有顾虑任何人的必要，自然就会表现得十分急躁。这不是个性，多半是心境使然。"我这么伟大，怎么不可以急躁""我就是这么急躁，看你们把我怎么样"，却不知道"人不能怎么样，天就会怎么样"。老天不说话，却默默地使急躁的人肝火上升，伤了自己的身体，毫不留情地使急躁的人思虑欠周全，常常顾此失彼，忽略了许多重要的环节，因而招致失败。等到这个时候再后悔，是不是为时已晚呢？

2. 不生气

领导者发脾气，主要也在表示自己和别人不一样。日本有一个自认生来脾气不好、容易生气的人，去请教盘珪禅师，应该如何改变自己。禅师要他把这种与生俱来的坏脾气拿出来看看。他老实地说:"我今天没有带来。"禅师告诉他:"可见你的坏脾气不是生下来就有的,是遇到某些事情,才会出现的。如果在紧要关头,能够克制自己,就没有坏脾气了,不是吗?"生气只能使原本会做事的人,不情愿好好去做,损害自己的健康,造成大家的不愉快,何苦来哉?领导者最好心里明白,生气不过是拿别人的错误,来惩罚自己,基本上是一种愚蠢的反应,丝毫不神气,更谈不上有什么威力。

3.不忧虑

君子不忧不惧,并不是什么事都漠不关心。反正天塌下来还有更高的人会顶住,怕什么?领导者忧虑,主要因为谁都不可靠,只好靠自己。领导者如果改变一下态度,对员工有信心,他们固然不是天才,也绝对不是白痴,为什么不让他们也分担一些责任呢?员工的表现,若是用恶意的解释,那就十分可怕,值得忧虑;若是用善意的解释,便又不觉得恐怖,也不需要这么多忧虑。领导者最好积极地使自己无所忧无所惧,不但自己健康,员工也敢于发挥有限的智力。

三种人往往是相对而言的

达摩三律并不是马上能够做到的。在努力的过程中,领导者最好发现一个事实,那就是聪明的人,往往会做出愚笨的事,而下愚的人，有时也有上智的举动。隔行如隔山，而且行行出状元。

甲在处理某些事项上，表现得可圈可点，而在另外一些事项上，却显得十分笨拙，几乎无法可施。乙在甲显得笨拙的事项上，虽然有其独到之处，但在其他事项上，却无论如何，都不如甲出色。这些都是常见的事实。因为人有所长，必然就有所短，很难达到全能的程度。

人各有专长，千万不能因为他在某些项目中出人头地，便认定他十项全能；千万不要由于他在某些项目中表现欠佳，便断定他一无所能。人往往有这种偏见，把诺贝尔奖得主当作万事通，以致问道于盲。领导者不能如此，否则就会扼杀人才，气死专家。

曾经听过这么一句话："问题可以用知识来解释，但是知识常常不能解决问题。"有知识的人，遇到问题，往往长篇大论，搬弄一大堆名词，却无从下手；没有知识的人，凭着丰富的经验，有时候妙手回春，解决问题，有时候也会阴差阳错，把问题弄得更加不可收拾。可见仅凭单一标准，便要判断人的上智、下愚，根本就是十分愚蠢。

公司内部，大多是中人。中人有时有天才的表现，叫作发挥潜力；也可能有白痴的举动，称为无言的抗议。不过，员工常常依照领导者的期望，表现出领导者期待的行为。领导者把丙看成白痴，他就几乎成为白痴；领导者视丁为天才，一夜之间，丁顿然高明起来。

人有上智、中人、下愚的区分，组织的员工只是特定范围内少数人的组合，彼此之间的差距不大，顶多在中人之中，勉强分为上、中、下三种中人。领导者机动调整自己的期望，如果相当正确，很可能发现，原来无人不可用。

亲亲尊尊还要贤贤

亲疏当然要有分别

有些人喜欢批评中国人特别照顾亲人，将其看作是一种自私的表现。请问：一个连亲人都不肯特别照顾的人，值得我们信赖吗？

自古以来，好父兄一直是大家称羡的对象。有好的父兄从旁提携，自然晋升得快。多数从晋升的行列中插队，然后成功的，仔细分析起来，大多和好父兄有相当密切的关系。只是有人得到便宜还卖乖，硬是不肯承认。对他们的父兄而言，不过是增添一项"不孝"的罪名，大家心知肚明，并不是片面否认便可以抹杀的。没有好父兄的，就尽可能建立一种类似"好父兄"的关系，或者肝胆相照，或者谊同兄弟，无非在加强彼此的"亲"密关系。有关系好办事，在这方面显然很有效果。

"父子同心，黄土变金。"家人如果同心一志，必定是富裕家庭的最佳保障。父子不同心，有时会陌如路人，甚至演变成父子反目成仇的悲剧。朋友翻脸，各走各的道路，大不了彼此不相往来；家人翻脸，由于互知底细，而且常常遭受外人质疑，因而更为凶残可怖。兄弟阋墙，向来被视为十分可怕的不幸事件。

不是亲戚，没有亲人的名分，彼此不至于有什么特别的寄望。一旦谊属亲戚，开口姑姑，叫声舅舅，就算有一些特别的需求，似乎也是人之常情。亲疏固然不可过分有差别，但是，也不能一视同仁到把自己的亲人，一律当成路人看待。

领导者如果把亲人当作特别苛求的对象，凡有奖赏，亲人一定放在一般人的后面，凡有惩罚，亲人必定优先而且加重，亲人当中有骨气、有才华的人，就会离他而去，留下来忍辱负重的人，多半是伺机报复或者待机造反的，小心为是。

亲亲之外还要尊尊

尊尊指尊重年资长的人，资深员工能够待得这么长久，必然有他们的贡献。如果嫌他们日久变呆，不如自问公司为什么把他们用呆了？想当初，他刚进公司，容光焕发，才气甚高，更为优秀。转眼这几年，人消瘦了，脑筋不管用了，成为大家指指点点的呆人，他自己固然不长进，公司何尝完全没有责任？

升迁有一定的标准，凡合乎标准的，以资深者为优先。绝对不能单凭一句青年才俊，便毫不讲理地把一群等待很久、刚要接棒、不幸等出了几根白发的人，集体扼杀掉。公司利用年轻人整肃年纪较大的人，是一种有效的政策，但从此动荡不安，一代凶猛过一代的后果，则将由领导者自己来承担。资深不是罪恶，不一定要赶尽杀绝。有时候领导者自己最资深，竟然也要发动年轻员工来气走某些资深员工，这时候司马昭之心，必定路人皆知，最好不要付诸行动，以免人人自危，造成不安。

亲亲是亲近值得亲近的亲人，尊尊是尊重值得尊重的长者。老板亲亲、尊尊，一方面可以增强亲人之间的凝聚力，另一方面可以增加资深员工的向心力。同时，公司的风气，才会正常而良好。何况重视亲亲和尊尊，并不会妨害贤贤，不需要担心会扼杀人才。

问题是原本值得亲近的亲人，久而久之，可能变得不值得亲近；本来值得尊重的老人，也可能日久而不值得尊重。这是双方的事情，并非单方所能够控制的。不过，领导者的主导力量，必须大于对方。所以平日拿亲亲尊尊的态度来促成亲人长久值得亲近、长者永久值得尊重，恐怕十分必要而且影响深远，值得领导者特为费心。

领导者率先不亲亲、不尊尊，建立的企业文化与中华文化这个大环境根本不能配合，万一亲人叛离、长者心寒，后患必定无穷。

生生不息需要贤贤

公司希望持续经营，生生不息，就必须贤贤。贤贤有点类似西方的能力主义，亦即重视有能力的人。公司当然需要有能力的人，没有人会否定能力的重要性。

亲亲、尊尊，实际上都以贤贤为基础。离开贤贤，谈不上亲亲，变成害人匪浅的亲情本位，迟早被亲人害死；也谈不上尊尊，形成众人怨恨的"老而不死"，年轻人不求上进，只希望保平安，活得久才有希望，公司也会完蛋。

前面说用人要有一定的标准，升迁也要制定一定的标准，便是实力必须达到某种需求，才能够亲亲、尊尊。能力达到标准，仍需重视亲亲、尊尊，这才是中国化。亲人优先，大家就会互相勉励，把家教做好。大家乐见好父兄，自然用心做好子弟。资深员工优先，大家就会安于本业，不敢见异思迁，胡乱跳槽。经验累积下来，新人当然用心学习，不会一天到晚想入非非。

选贤举能，企业才能永续发展。但是，亲亲、尊尊也是一种必备的修养。年轻人若是不能亲近亲人、尊重长辈，怎么算是贤能之士呢？年纪轻轻便恃才傲物，实在十分可怕。

领导者如何在亲亲、尊尊、贤贤之中，找到平衡点？

我们的建议是：一般性工作，以亲亲为重。亲戚嘛，给一碗饭吃不成问题，不过要往上升迁，就得自己努力。这种主张十分合理，鼓励亲人发愤图强，表现得比别人好，使大家没有话讲。在同等能力条件下，让亲人比较方便进来。进来之后，公司就像家庭，员工都是亲人，这时候大家的立足点完全一致，必须靠自己努力求上进，才能够顺利晋升。

特殊性工作，以贤贤为重。亲人当中，真正有特殊才能的，当然可以考虑，不过这时候把特殊才能摆在前面，通过这一关才能够考虑其他条件。

晋升的时候，以尊尊为重。一切条件相同，年资深的优先升迁，鼓励大家安心工作，专心研究所需技能。形成长幼有序的风气，大家才放心把经验传授给年轻人。

对人的综合判断，必须有原则、有分寸，大家才会心服。领导者亲亲、尊尊、贤贤的标准，必然融入企业文化。

领导者要学会修行

修行是积德的代名词

人死之后，如果什么都没有，则人活着的时候，就不必有所戒惧。反正大不了一死，而死后一了百了，有什么值得警戒、畏惧的？可见人死之后，事情还没有完，还有一些事情，似乎才开始。这辈子积善、为恶，必然有一张成绩单，亦即必须通过严格的考核。人死的时候，脸上的表情殊不一致，便是面对考核官的一种反应。就算不必面对考核官，自我考核的时候，也会感慨万千，有很多悔不当初的表情。要想死得心安理得、十分安然，生时非积德、好好修行不可。

如果有来生，来生那个人，才是自己真正的延续体。那个人的命运，决定于自己今生今世的所作所为，所以人的一生，必须为自己的未来负责，因而应该警惕、戒惧。

若是没有来生，那么死后的考核，可能把某些人分发到天堂，或者把某些人押解到地狱。究竟上天堂还是下地狱，也和今生今世的所作所为密切相关。为求死后不必下地狱受苦，人生的过程，同样必须知所戒惧，多多为善。

最可怕的人，就是什么都不怕的人，只要天不怕、地不怕，大家就害怕他们。敬天、畏天，并不是迷信，而是人应该畏惧自己良心的指责，才会时时反省，凭着良心处事待人。中国人特重修己，也希望我们多多积德，主要在提醒大家，要凭良心。

当然，修行绝对不是领导者的专利。所有的人，为了自己的未来，也为了自己的现在，都应该重视良心，好好修治自己，使自己心安理得，做起事情来心无旁骛，才会顺利进展。

领导者特别需要修行

不过，比较起来，领导者更需要修行。为什么呢？因为领导者大权在握，可以为善，也可以为恶。没有权力的人，一般说来，只能够建议，无法决定。员工做坏事，将来还可以辩解："不是我愿意这样做啊！领导者的命令，我怎么敢违背呢？就算我有错，也不过错在听话，不能怪我！"错在听话，应该不能算错。但是用来辩解，抵挡一番还可以，真正评核起来，还是自己的错：为什么连这种话都要听呢？

当领导者的人，做错事，能不能替自己辩护："都是那个没良心的员工，给我这种伤害天良的建议。"人家会不会冷笑："请问你为什么要听他的？你是领导者，有权可以决定啊！"有权的人，好像什么地方都有利，但是在承担后果上面，似乎相当不利。

俗语说得好："人在衙门好修行。"意思是说，一个人在政府机关服务，有很多权力可以运用，如果发挥出来，可以做很多善事。若是有意无意弃公权力而不用，然后大叹无力感，就等于造孽。一般人想修行却苦于缺乏力量，不得已退而求其次，自省自勉以独善其身。公务人员有法令可以依据，有公权力给予支撑，应该充分发挥以求兼善社会。否则有机会修行而不知修行，罪加一等。

领导者的社会责任，说起来也是一种修行的表现。领导者真心负起社会责任，员工自然具有坚强的使命感；领导者只是口头上说得好听，心里对社会责任漠不关心，员工也会受到感染，知道是一种为宣传而宣传的说辞，并未具有使命感。

员工修行与否，自己要负起全部责任。领导者修行与否，除了自己负起全部责任之外，还要为全体员工负起部分责任。领导者责任重大，如果不能好好修行，好像所受的惩罚，远比员工更为严重。譬如为富不仁，比贫穷而不仁，是不是更惹人怨恨呢？

领导者更容易修行

松下幸之助一再指出，一个团体或一个组织的领导者，果真具有领导才干的话，就可以带动团体全员进步，就是这个团体之福。反过来说，如果领导者欠缺这种才干，这个组织就无法向上发展，甚至不但无法发展，而且有崩溃之虞。可见一位领导者，是否具有适当才干对组织来说，是多么重要。

领导者妥善领导，组织全体欣欣向荣，对整体社会有良好贡献，这是最大的善事，也是修行的良好结果。身在其位，必须把应有的责任付诸实现。领导者像领导者的样子，做好领导者应该做好的事情，便是一种修行。

松下幸之助拿他自身的经验，告诉大家一个道理，经营上难免要遭遇种种困难，有时甚至陷入进退两难的局面。领导者在面对困境时，如果以坦诚的态度，接纳事态的严重性，再安静地思考情况发生的原因，往往发现有些原因是外来的，而大部分原因，还是产生在内部。这时候知过能改，也是善莫大焉。实际上事态固然严重，大多不致严重到无可补救的地步，假若能够当机立悟，破除难关就有办法了。

领导者面临困难，固然可以修行，身处顺境的时候，更为方便。问题是困难当前，领导者就找到借口："解决难题最要紧，偶尔不择手段，也是环境所逼，没有什么更好的选择，大概老天爷不致见怪。就算真的责怪，等问题解决了，再来补做善事，应该是可行的。"然而，身处顺境时，觉得日子好过得很，似乎什么事情都比不上赚钱重要，时机好的时候不多赚一些，万一时机转坏了，怎么办？何况等时机不好的时候，赚不到钱，只好做善事，现在赚钱都来不及，哪里有时间管这些。

人类是理由专家，一直寻找对自己有利的理由，即使不完全是自我安慰，至少也使自己振振有词，因而坚定信念、执迷不悟。这种情况，只有靠自己改变。别人就算旁观者清，看得十分清楚，也没有办法改变，只能徒叹奈何，成为亲者痛而仇者快的一种憾事。

有权是好事，但是有权而不修行，就常常变成坏事。这种道理，往往成为事后之明，大概要等到结果十分明显，才会悔不当初。事先再怎么说，一句"迷信"便挡掉了。聪明的人，最好把事后的后悔转变为事前的后悔，意思是行事之先，考虑一下"这样说，将来会后悔吗？""这样做，将来会后悔吗？"。如果会，可能带来哪些令人悔不当初的后果？领导者知道自己大权在握，而且分授不出去，最妥当的办法，便是切记"有权好修行"，多多行善，善尽社会责任。

第六章

领导者要善任

严格说起来，领导者的主要工作，其实就是知人善任。领导者如果真的很有把握，不但知人，而且能够善任，我们建议领导者其他的事情其实都不必做。这不是不劳而获，而是坐享其成。

当今社会，风、火、雷型的英雄豪杰很多，山型的反而较难得见。因为形成平淡、平实、平凡的修养，非常困难。领导者必须自己设定标准，到底要寻找什么样的人才？有了标准，相当于塑造领导者个人的形象识别。所需要的人才，就会闻风而来。

一般人多属于偏才，可以说只知其一，不知其二。领导者千万不要为偏才所惑，采用偏方来治百病，当然行不通。通才就是兼才，兼有多种不同的能耐。现代讲求专业分工，以致偏才多而通才难求。领导者如能自己培养通才，不需外求，当然可以带出一班能干而可靠的人才。在重视包装的时代，人人都或多或少在设法包装自己，领导者知人知面不知心，往往吃亏上当，连带拖累了公司。我们说最困难的事在知人，意思是提醒领导者，要先知己，然后才能知人。因为知己很难，知人更不容易。了解自己的个性，必然有助于领导者的知人善任。

善任是领导者最要紧的能力

领导者最难在用人

领导者自己是人,员工是人,顾客及所有供应、销售通路有关系往来的,也都是人。领导者的难题很多,需要人来协助解决;领导者的策略很好,也需要人来努力执行。可见企业经营,根本离不开人。而领导者的最大责任和困难,则在于如何有效地用人,即善任。

必须有一套良好的制度,作为选用人才的根本。但是,领导者是否英明,能不能拔擢精英,善于知遇人才,也非常重要。知人是用人的根本,能知人,才能用人。太史公在《屈原列传》中指出,楚怀王分不清楚忠臣和奸臣,以致内惑于郑袖,外欺于张仪。疏远屈原而相信上官大夫,便是不知人产生的恶果。

如今,权威式领导愈来愈不受欢迎,也愈来愈缺乏威力。组织民主化,使领导者用人更为重要而困难。领导者用人,贵在知人善任。知人已经不容易，善任更难。贤明的领导者，至少要具备知才、觅才、聘才、任才、留才、育才、用才和尽才的本领，才称得上真正会用人。这一连串与人有关的过程，才是领导者必须关心的。

1. 知才

知才便是知人之明。先确立人才的标准，再据以判明什么样的人才是真正的人才。否则像楚怀王那样，迷惑于"所谓忠者不忠，而所谓贤者不贤也"，找了半天，却找到空有其名或虚有其表的假人才。不但贻笑大方，而且害了自己。

2. 觅才

觅才是诚恳地寻找人才，亦即自动去发掘自己所需的人。每一时代都有很多诸葛亮，反倒是刘备难遇。领导者最好了解"什么样的领导者，带什么样的员工"的道理，使觅才的气氛、方式和过程符合自己的个性，以寻觅自己所希望的人才。

3. 聘才

聘才是礼聘人才，把寻觅到的人，诚心诚意地聘请到公司。当年刘备三顾茅庐，把诸葛亮请下山，至今传为美谈。刘备拜访三次，诸葛亮为他卖命二十七年，等于每拜访一次，换得九年的心血，非常合算。

4. 任才

聘来的人，能不能适才适任，即为任才。无论大才小用，或者小才大用，都不是量才而用，亦即任才不当。

有人才还要会用

人没有十全十美的，领导者聘用一个人，他的长才和缺失，也跟着同时进入公司，二者根本无法分离。人各有所长，意思是他只有某些专长，如果不能适才适位，就很难发挥他的长处。这种情况，便是知人而不善任，和不知没有什么两样，更平白浪费许多时间和精力。古今中外大企业家，无非能够任贤识能，然后成其大业，所以善于任才，非常重要。

会用人未必能留住人才，领导者往往费尽苦心，把人才请回来，过一段时间，人才又扬长而去，实在令领导者痛心。领导者合理留才，人才会自愿留下来。中国人很奇特，契约管不住，高薪也不一定留得住，唯一使他走不掉的，其实还是情。用正当的情来关爱员工，叫他开不了口要辞职，恐怕是留才的最佳途径。

留下来的人，就算是真正的人才，用久了也会变质，由于不进则退，竟然成为呆人。公司把人才变成呆人，便是缺乏育才。育才就是人力发展，唯有促使组织员工和组织同步发展，才不致造成公司进步而人员落伍的困境。这时再来大喊人才断层，实在悔之已晚。

时代的发展日新月异，进步得十分快速，现有人员如果不能随着时代而进步，很快就会落伍。他们进公司时是人才，至少不是呆人，在公司工作一段时间，居然呆得厉害，这就是公司不重视育才的严重后果。

育才是陶铸人才，使其精进不已。企业内训练或是保送到企业外受训，都是为了增进员工的才能，使他们觉得有长进，因此格外有信心，充满干劲。

所培育的人才，乐于为公司效命，便是用才成功。领导者由知才、觅才、聘才、任才、留才、育才，一直努力到用才，总算辛苦没有白费。但是最困难的一点，还在于所用的人才，愿意为领导者尽心尽力，做到尽才的地步。

尽才必须感之以德

当年诸葛亮不愿意接受友人的推荐到东吴去服务，宁愿等候刘备三顾茅庐而鞠躬尽瘁。最大的理由，莫过于东吴的孙权"能贤亮不能尽亮"，仅仅知道诸葛亮的才能而尊敬他、器重他，却不能放心地让他尽量去发挥。

尽才的意思，在促使员工竭智尽忠，全力以赴。员工尽不尽力，能不能感之以德，在于让员工体会和认知领导者对其推心置腹，使其不好意思不竭尽所能。

中国人最喜欢听的一句话便是："我支持你，你放手去做。"历史上齐桓公用管仲、秦孝公用商鞅、燕昭王用乐毅、汉高祖用"三杰"、刘备用诸葛亮，都是老板推心置腹，员工竭智尽忠的好例子。

俗语说："不识字不要紧，不识人最可悲。"领导者的成败，知人不知人是其关键。知人而不能善任，等于不知，所以知人是为了善任。知人的要领，在观察他的气象、举止、胸襟、学养、心性、处变、言谈和操守。善任的要领，则在量才而用，用其所长；专信不疑，俾展其才；尊贤敬能，切戒骄慢。同时，还要高其位、厚其禄，给予最大的支持和信任。

领导者的最大责任在用人，用得其人，万难都因而解决。无论何时领导者都自信"人才就在公司内部"，确信公司员工都是经过慎选，各具专长，而且能够因应环境，自发自动；公司也适时培育，提供相关的训练，使其与日偕进，不断成长。领导者有把握已经尽员工之才，自然心安。在这种气氛中，员工定能自动自发，乐在工作。

用人的最高标准在于平淡

中庸最为难能可贵

刘劭在《人物志》中，探讨人的质量，认为"中和"最为珍贵。他认为中和的特质，就在于平淡无味。

经常吃一些山珍海味，到头来觉得家常便饭最合胃口。道理好像是通的，聪明才智如果不能归于平淡，就会好名、好利、好权、好胜、好色，虽然可能轰动一时，却易招怨端，往往不易持久、善终。

孔子曾经质疑过自己，我是无所不知的吗？不是啊！有人诚恳向我请教，我只是从他所提出的问题，从头至尾加以反问，做一番追根究底的探讨。苏格拉底也说过："我所知道的唯一事实，便是我自己一无所知。"孔子和苏格拉底这两位东西方伟大的思想家，都认定自己没有知识，用意在提醒那些以知识自炫的人，让他们明白"笨拙的人最喜欢自以为是，而职位低的人，偏要凭一己的意思去做"的道理。

《中庸》也记载了一段类似孔子所说的话，人人都说"我是聪明的"，可是我被别人驱入网内、机槛中或陷坑里，却不懂得避开；人人都说"我是聪明的"，可是所有经过自己选择的合理方式，却连一个月的时间都守不满。这些事实可以证明那些以知识自炫的人，未必真的有知识。

孔子说过，人心比山川还要险恶，比天道更加难测。他认为天有春、夏、秋、冬四季的变化和早、晚的区别，比较容易分辨，人的内心却深藏在外貌之中，令人无法了解。

有的人外貌谨慎，行为却傲慢无礼；有的人貌似聪明，却满肚子愚鲁；有的人形貌顺从，内心却轻佻无比；有的人貌似坚强，内心则软弱得很；也有的人貌似沉静，内心却十分急躁。领导者主张要任用某人时，最好先远离他，看他是不是忠心；亲近他，看他是不是有礼；吩咐他做繁杂的事情，看他是不是有才能；突然问他，看他是不是多智；紧急和他约定，看他是不是守信；委托钱财，看他有没有仁心；告诉他危险的事，看他会不会变节；让他酒醉，看他是不是守法；处在繁杂的地方，看他会不会淫乱。

聪明的人，容易"各执一端以自炫"。庄子在《庄子·天下》中指出，耳目鼻口，都有它的功能，却不能互相通用。告诫一些只知其一，不知其二的"专家"，应该自忖虽有所长，但不兼备又不周遍。自谦只是偏于一端的人，因而自知不能拿自己的一偏之见，来否定他人的一切。现代中国人大多数很聪明，将自己的一孔之见、一察之明过分膨胀，拿多元化来掩护，以致各说各话，很难达到圆满的沟通。正应着当年庄子的感叹：可悲啊！百家往而不返，必定和道术不能相合！后世的学者不幸，不能见到天地的纯美和古人的道术，道术将要被天下所割裂。

平淡就是中庸而不偏执

平淡的人，并不是不聪明。他们在聪明之外，加上劲气内敛，所以显得大智若愚。孔子主张，一个人不必忧虑别人不知道自己，只需当心自己不能知道别人。现代人的毛病，就在于急切地求为人知，却不着力于知人。

孔子认为，世上好像有一些人，自己并没有什么知识，却装做什么都懂，他没有这种毛病。一个人能够多闻、多见而且牢记在心里，也就和有知识十分接近了。《人物志》记载："观人察质，必先察其平淡，而后求其聪明。"一个人懂得谦虚内敛，博学多问，才是真正的人才。世界上偏才的人比较多，有所长也有所短。只知道自己的长处，而不明白自己的缺失，实在相当危险。

平淡就是中庸而不偏执，有如"上天之载，无声无臭"中的意思，我们从"喜怒哀乐之未发，谓之中"这一句话，可以体会出它代表一种"未发"的状态。人都有喜怒哀乐，如果能够"发而皆中节"，一切表现得相当合理，那就是"庸"，也就是"和"的情况。

一个人能够从"未发之中"达到"中节之和"，他就会随时抱持一颗平静的心，做到在没有人看到的地方警戒谨慎，在没有人听到的地方恐惧护持，因而以平淡的态度，拿平常心来推行中和的道理。不但随遇而安，且圆满而命中目标。刘劭指出，凡是中和的人，必平淡无味，才能够变化应节。

平淡的人，会尽力实践平常的德行。平日说话时会力求谨慎，如果有不周到的地方，会力求改善。说话时要顾及能做到的事，做事也要顾及所说的话。这种人不但聪明，而且可靠，远比那些聪明却不可靠的人，要稳当得多。

合理设定用人的标准

我们常常被提醒："什么样的领导者，用什么样的员工。什么样的员工，跟什么样的领导者。"领导者的用人哲学，表现在他所采用的用人标准。我们只要看他们所用的人，便可以推知他们的用人哲学。

专门饲养恶犬来咬人的主人，本身必定也是恶人。历史上真正的暴君并不多，倒是凶猛的爪牙作恶多端，才使主人蒙上暴君的恶名。领导者好或坏，多半通过员工来表现。领导者希望员工有怎么样的表现，要从设立用人标准来加以控制。

平淡的人多半是聪明人，而聪明人却未必平淡。领导者当然喜欢用聪明人，办事比较有把握，然而聪明人若是不能平淡，就会偏执一端，而且稍有不满，便兴风作浪，弄得领导者苦恼万分。所以先求其平淡，再求其聪明，应该是比较合适的用人标准。

一般说来，心胸较为宽广的人，能够做到："人之有技，若己有之"，不嫉妒他人的才能，而且能欣赏别人的长处；"人之彦圣，其心好之"，对于表现良好的人，也能乐于向他学习，并且诚心地接纳他。若非平淡中和，恐怕很难达到这种程度。

心胸宽广的人，才会谦虚，因而多问、多听、多学习，逐渐使自己"知微知显，知柔知刚"。成为通才，不致偏执一端，见树不见林。

领导者自己明白平淡的重要，知道君子比英雄更持久，就会舍弃英雄主义而重视君子之道。具备这种原则，然后探求平淡中见聪明、平凡中见伟大的道理，从实际研判中增进自己的眼力，久而久之，便可以明判真伪。大概聪明外露的人，多半不是真聪明，至少缺乏平淡的素养，这一点是可以断言的。

不能重用偏才

一般人多属偏才

孔子认为，人的过失与其品性有关。人的品性，大多趋于偏道。就生存欲望而言，好生恶死，以致贪生怕死；拿合群欲望来说，交朋结友，乃至植党营私；以权力欲望而论，希望外来干涉愈少愈好，盲目扩张自己的权力，要求他人服从自己的命令。

由于中道品性不易修养，孔子才感叹不能得到具备中和德行的人，只好退而求其次，寻找志趣高大、不做坏事的人。

偏道性格容易造就偏才，喜欢自以为是。《人物志》把偏才的人，比喻为"一味之美"。企图拿自己的"一味"，放置在"五味"之中，自然不易沟通，很难协调。

偏才的人，有"能言而不能行"的，也有"能行而不能言"的；有"长于此而短于彼"的，也有"长于彼而短于此"的。他们臭味相投，就会以"非我同类"来排斥不同意见的人，因而搞成小圈子。一方面画地自限，把自己局限在小圈子里，另一方面则党同伐异，用小圈子来限制外人的参与，表现出强烈的排他性。有人重视组织，却不重视真实本领，便是拿组织作工具，排除异己，保护少数同类。

领导者重用偏才的人，逐渐牵引同类，其结果是整个公司文化失之一偏。但是领导者非用偏才不可，就必须理性地调和各种偏才，使其既知有己，也知有彼，彼此互相尊重，择善去恶，以收互助合作之效。

偏才不但促使个人不幸福，也会导致公司日趋混乱。例如滥用权力、营私舞弊，事实上都是偏颇的习性引起的。刘劭认为偏才最大的毛病，在主观太重，并且器量狭隘，只能够接纳赞同自己意见的人，却不能接受不同见解的人，一切以自己的好恶来判断是非，很容易招致失败。

八种偏才各有缺失

《人物志》列举八种偏才，分别为清节之人、法制之人、术谋之人、器能之人、智意之人、伎俩之人、臧否之人，以及言语之人（如表6-1）。

表6-1　八种偏才的缺失

八种偏才	缺失
清节之人	以正直为度量一切的标准，认为只要正直，便是好的。这种人很容易流于自命清高，不重视处事技巧，总嫌别人不够正经
法制之人	以法律为度量一切的标准，认为守法是最好的方式。这种人很容易流于刻板而不知变化，凡事死守规定，绝不通融，不够灵活变通
术谋之人	以思辨为度量一切的标准，认为应变是第一优先的表现。这种人很容易流于玩弄权术而不守成规，不愿意接受制度的约束，花样太多
器能之人	以办理、维护为度量一切的标准，认为实务经验重于理论。这种人很容易流于有技巧而缺乏理论，不知道基本原理的重要，不识本原
智意之人	以原意为度量一切的标准，认为自己这样想，别人也必然如此。这种人很容易流于拿自己的私意来猜测所有的事情，根本不客观寻求真相
伎俩之人	以邀功为度量一切的标准，认为结果比过程更要紧。这种人很容易流于为达目的不择手段，功利心过重，不重视道德的教化作用
臧否之人	臧否的意思，就是褒贬，对人做出善或否的评断。以伺察为度量一切的标准，认为区分善恶，是必要的动作。这种人很容易流于苛刻待人而吹毛求疵，虽然也严以律己，却缺乏亲和力
言语之人	以辨析为度量一切的标准，认为说明白、讲清楚才能够真诚。这种人很容易流于口快伤人而不知含蓄，能服人之口却不能服人之心

偏才的人，大多喜欢自我表现，抓住机会就要自我吹嘘一番。遇着有人赞美，就会更加自我膨胀。但是，我们跟他们说什么话，他们都会怀疑，只肯听取和他们相同的意见，不能接纳不同的看法，这是偏才最大的缺点。

　　刘劭把偏才的人，称为"一流之才"。刘劭认为以上所述八种一流之才，领导者只能够参考他们的意见，不应该过分依赖他们，以免为其所害。一流之才，如果能够扩大自己的胸襟，比较容易成为兼才。所兼的才愈多，愈有容纳异见的雅量。兼才愈广，愈见含蓄，足以担当大任。

领导者不要为偏才所惑

　　有些领导者，已经下定决心，不采用刚刚踏出校门的新毕业生。理由是这些人脑筋太硬，自以为了不起，又喜欢锋芒毕露，令人十分伤脑筋。一位获得硕士学位的毕业生在应聘时，领导者问他："如果你到公司来服务，最大的意愿是什么？"这位毕业生居然回答："最大意愿是替大家争取权利。"弄得领导者胆战心惊，连忙托词婉拒。

　　年轻人一踏进社会，便觉得到处都是不如自己的庸才，却不知这些深藏不露的先进正暗笑："看你神气到何时？"

　　也有些领导者，特别交代人事部门，密切注意街头冲突者或者校园肇事者，绝对不让他们进入公司，以免引狼入室，闯成大祸。虽然有人十分反对这种"锋芒恐怖症"的防卫措施，但是为了公司的安全，也为了减轻领导者的危机，这种作为，恐怕也是无可奈何的。

领导者让别人去清洗毕业生的脑，洗好了再把他们请过来，固然是如意算盘。但是大家都在等，问题如何解决？其实，偏才的人，应该了解其德行修养，是不是懂得自我反省，能不能不以锋芒来急求人知，最重要的是有没有谦虚的素养，即能不能容纳不同的意见。

拳头比别人大，嘴巴比别人凶，不过是一流之才；专业知识够，特殊技能精，也不过是一流之才。领导者在选用这些人的时候，心里最好明白，多称赞他们，少提示他们，千万不能重用他们。

通才的重要性

通才就是兼才之人

《人物志》一再提醒我们，要明确判断偏才和兼才。它告诉我们前者喜欢自我表现，对别人的长处不感兴趣，而后者见多识广，懂得欣赏各种人的优点。

兼才就是通才，本身平淡无味，才能够调和五味。领导者知人的能力不足，就会被偏才唬住，以为遇到了绝好高手，反而把深藏不露的兼才，白白地放过，万一为对手公司所重用，只能后悔莫及。通才的标准，依《人物志》所说应该是"兼有八种能耐"（如表6-2）。

表6-2 通才的八种能耐

通才的八种能耐	详解
聪能听序	一般人的毛病，喜欢说而不善听。善听并不容易，需要充分的历练，才能够做到声入心通，真正抓住对方的用意，做出正确的判断
思能造端	智商高并不代表创造力强，博学多问的人，如果不喜欢无中生有，也很难创造。喜欢动脑，而且有能力创造，必须知道自己如何思考才最有效果
明能见机	机指机会，一个人能够掌握先机，把握转瞬即逝的机会，才能够发展出自己的事业。机会来时，往往不容易看出来，所以必须明察力很强，才能见时机
辞能辩意	要建立良好的人际关系，必须加强应对力。现代社会，发言技巧相当重要。言辞能够充分表达自己的意思，不致辞穷理屈，才不会引起误解或造成缺失
捷能摄失	一个人的反应是否敏捷，主要看他能否适时权宜应变，以减少损失。有人善变，却未必命中目标。敏捷之外，还要看他应变的结果是不是合理而且有效
守能待攻	善守的人，会隐藏实力；善攻的人，会瞬间爆发，使人无从防备。守的目的，在等待有利的时机来进攻，以求自保而全胜。守能待攻，才是善于用兵的人
攻能夺守	《孙子兵法》上讲，攻势始可行动自由且掌握主动。将兵力集中使用，以形成优越的态势。善于攻击的人，必先立于不败之地，然后一举击败对方，冲破守势
夺能易予	凡是心思锐利的人，多半能够以子之矛易子之盾，抓住对方的矛盾，施以压力，使其不得不认错，夺能易予，才是谈判的高手

兼能八才样样皆通

任何人的耳朵，如果修炼到声入心通的地步，听到声音，立即听懂对方的用意；思想灵活，能够创造新的架构；眼光锐利，足以洞察先机，看准时机的征兆；口齿清晰，而且辞能达意，有良好的沟通力；反应敏捷，一看情况不对，马上能够随机应变，而且切合时宜；善于交互运用虚实，做到虚实无形；守时要守其虚，亦即守对方不来攻的地方，而攻时却应该攻其虚，也就是攻对方不守之地，这样攻能夺守、守能待攻，又能够适时逮住对方的矛盾，一举击中对方的要害。一人同时兼具以上这些才能，便可以视为通才。

刘劭认为，通才遇见通才，有如棋逢敌手，不需要多费唇舌，就能够一点便通。通才遇见一般大众，必须耐心体贴，慢慢把众人导入正途。通才除了耐性之外，还需要具备"察色顺性"的修养。通才虽然聪明绝顶，但不能够炫耀，以免引起众人的反感。道理说明白就好了，不可以一再强调，以免惹得大家厌烦。别人有错误，不必紧盯着毫不放松；自己有道理，也不应该得理不饶人。谦虚待人，才会得到众人的敬重；让别人也表现一些长处，自然容易产生好感。

有能力、有耐性，加上"无可无不可"，不拘泥、不固执的态度，才有足够的资格来担当重要的主管。

衡诸现实环境，领导者就算确实欣赏通才，由于通才严重缺乏，因而很难找到合适的人。但是偏才执着难通，只能炫耀自己，以及认同和自己见解相同的人。如果不能妥为诱导，勤加磨炼，终究不能成为大器。

领导者一方面不容易寻觅通才，另一方面又迟早会为偏才所害，因而势必尽心劝诱，使偏才逐渐自反、自省、自修，向通才的境界迈进。

训练通才三大原则

领导者要把这些人训练成为通才，首先就要摸清他们的专长，对他们说一些他们喜欢听的，使他们因受尊重而产生好感，拉近彼此的距离；然后按照下述三大原则，表示自己的观感，以逐渐改变他们的想法。

1. 是非、善恶实在很难明辨

一个人疾恶如仇，必须先弄清楚自己是不是真的找出了恶源。似乎每一个人对某些问题平日相当用心，就会肯定自己的心得，因而认定凡反对自己的，便是恶人。这种人如果再加上心直口快，往往制造更多的是非。自己成为是非人，如何来明辨是非？一般有才干的人，并不认为自己恃才傲物，而在旁人眼中，显然过分自信，也过分固执。领导者要注意员工是否骄气，员工不可因领导者的支持而更为骄矜，否则抗拒的力量愈来愈大，终必把领导者也一并拖下水，后果堪虞。

2. 有才干，还要经得起挫折

有才干的人，如果经不起挫折，便锐气全消。代之以惰气，时常自叹"无力感"。这种人徒有专业智能，缺乏"好谋而成"的修养。必须养成"无时不谋、无事不谋"的习惯，使行不通的变成行得通的，使效果差的变成效果良好的。成功的谋略必须从多方面思考，兼采不同意见的长处。凡是有才干而又成功的人，多数保持心平气和，时刻振奋以提起朝气，抱持"习勤可以医惰，善变可以去旧"的心态，扩大自己的视野，力求集思广益，使自己的理想得以顺利而正确地付诸实施。

3. 扩大视野

有机会轮调，利用工作汇报交换经验，参与专案小组学习新的业务，都是扩大视野的方法。领导者要培养通才，首先不要把一个人放置在一个职位上太长久，而应该经常调动，使其获得历练。如果遭遇困难，可以给予训练的机会，让他学习新知能。愈能够适应新环境的人，愈有成为通才的可能。领导者对于什么事情都能够潜心投入、尽力做好的人，要特加礼遇，不可随意摆布，以免引起"通才等于什么都会，却什么都不专精"的疑惧，使大家自限于偏才而沾沾自喜。

第七章

领导者的六大任务

领导者的任务很多，并没有固定的范围。现在列出领导者的六大主要任务：礼遇顾问、配合趋势、重视基层、训练中坚、注意公关、维护家庭。这六大任务各有不同的功能，其中的一些事情，可以交由他人去完成。领导者只要抓住要点，不定期地关心即可。

顾问的产生，大多居于领导者的实际需求。主要目的在帮助领导者做出合理可行的决策。如何礼待顾问？使其自动、及时提示，我们提出三大原则，仅供参考。

趋势的转移，并非个人的力量能够完全掌控。最好是领导者拥有坚定、明确的经营理念，以此为经，依据持经达变的原则，因应趋势的变化，力求生生不息。

基层员工最可爱，不宜要求太多。一切遵照规定：遇有异常现象，立即向上报告，并能累积宝贵经验，提出积极的建议。以不变为经，来接受上级的变。

中坚主管十分难为，要多加训练。使其能有效承上启下，并且互相支持。力求既不越权，也不失责。

公共关系一度被曲解，现在已逐渐恢复正常。必须以建立公众信心、增进公众了解为主旨。从领导者到接线人员、警卫、接待人员，都要谨慎小心，不要破坏关系。

至于维护家庭，我们认为领导者各方面再怎么成功，若是家庭不能和谐，子女不能成器，恐怕也是得不偿失。家庭的稳定性与安固性，是领导者最有力的支撑基础。

礼遇顾问

顾问自古以来就有

领导者的职业,追根究底,应该算是"决断业",一天到晚,在做不同的决策。除此之外,他们几乎无所事事。决断需要知识与判断,判断必须由领导者亲自下决心,别人很难代替;知识则由于专业分工,有赖于各种专业顾问的建议、评估与协助。

春秋战国时期,孟尝君、平原君、信陵君养士,不论哪一种专长,都能够谦恭有礼地和他们交往。这些被礼待的士,便是现在所指称的顾问。汉代以来,皇帝左右常有顾问,以供君王咨询,或者必要时主动献策。如今公司企业林立,经济发达,各色各样的顾问,更是名目繁多,以致令人产生只"顾"不"问",甚至"不顾不问,坐领干薪"的错觉。

企业界的顾问,除了企业自行聘请的以外,还有一些顾问公司,发挥集体的力量,提供综合性的顾问服务。

顾问的功能，在于以其专业知识、卓越见解与特殊技能，为领导者提供客观而正确的建议。当年秦昭王听说孟尝君的贤能，先派自己的弟弟泾阳君到齐国充当人质，要求孟尝君去见他。许多人劝谏孟尝君不要答应，都阻止不了。有一位名叫苏代的顾问，挺身而出，劝他不要去，才把他的去意打消，决定不到秦国去。

然而，齐湣王却主动派遣孟尝君赴秦，秦昭王马上拜孟尝君为相。秦昭王的顾问分析当时的情况说："孟尝君是位贤者，又是齐国王族，一切利益，无疑会先齐后秦。如果请他当宰相，秦国就危险了！"秦昭王接受顾问的建议，取消孟尝君的宰相职位，把他囚禁起来，打算找机会杀掉他。幸亏孟尝君有两位"鸡鸣狗盗"的顾问，一位潜入宫中，偷取天下仅有、价值千金的白狐裘，献给秦昭王的宠姬而得以获释；另一位则在函谷关学鸡鸣，欺骗守关的士兵，开门放走他们。有些最没有用的顾问，在紧要关头，竟然变成最有用的。对于某些酬庸性质的顾问，恐怕这是最合适的解释。

礼遇不要求立即回报

古代领导者之所以礼遇顾问，并没有立即要求回报的企图。平原君出使楚国的时候，希望从他的顾问群中，挑选有勇力、文武兼备的二十个人，组成使团。挑来挑去只找到十九个人，还缺少一人。这时候毛遂跑出来自我介绍："我毛遂听说您将去楚国出使，现在还少一人，希望您拿我充个数，让我一起去吧。"平原君问他："您待在我门下多久了？"毛遂回答："已经三年了。"当了三年的顾问，老板并不认识他，也未曾派给他任何任务，可见坐领干薪的人，历代都有！

不过，古代顾问的要求，好像也不高，除了衣食的供应之外，恐怕最重视的，就是"合理的尊重"。他们不一定按月支薪，却盼望有朝一日，为老板重用。有一次，孟尝君陪一位顾问吃晚饭。由于灯光被旁边的人遮住了，看不清楚，使这位顾问误以为他吃的饭比孟尝君差，便十分生气地放下碗筷，站起来告辞，孟尝君连忙拿自己所吃的饭给他看，并没有两样，这位顾问顿时觉得十分惭愧。

当然有一些顾问，会要求多一些物质方面的报酬。例如，冯谖抱怨吃饭时连鱼也没有，孟尝君就每餐饭菜，都加上鱼，按中等门客相待；感叹出门没有车子坐，孟尝君便给他车子，按上等门客相待。但是，要求多一些，将来的回报必然也要多一些。孟尝君被齐王废除职位的时候，一般顾问都远走高飞，冯谖却游说齐王，让他恢复孟尝君的宰相职位，除了保持旧有的封邑之外，又增加千户人家给孟尝君。可见付出愈多，将来回报才可能愈多。对领导者来说，有能力舍的时候，不妨多舍一些。将来需要回报时，才更有可能获得多一些的支持。

一方面领导者不立即要求回报，另一方面顾问随时准备报答知遇之恩，甚至为知己者死都在所不惜。这种领导者礼遇顾问，顾问适时为领导者效命的作风，便是"义"的投合。

对待顾问的三大原则

现代领导者面对各种变数，必须及时做出合理的决断。这时候需要可靠的顾问来指引明确的方向，提供可行的解决方案，帮助领导者做出正确的判断，达到合理的决策。

但是，顾问之中，不见得人人都有专业的知识、开阔的视野、正确的情报、合理的观念，以及前瞻的判断。领导者如何选择并对待顾问，最好参照以下三大原则。

1. 不要挟恩求报

信陵君礼待七十岁的穷隐士侯嬴，自己驾车把他迎回来，并且奉为上宾。后来秦王攻赵，信陵君担心胞姊在赵的安全，便率领众顾问，打算营救赵国。那时候侯嬴因为年纪太大，不想跟着去，对信陵君说："公子努力向前吧！老臣不能跟随您去。"信陵君走了几里路以后，心中觉得十分不快，说："我对待先生礼貌周到，现在我将要牺牲了，他竟然没有一言半语送我！"于是又带着车马回来问侯嬴。侯嬴笑着说："臣下本来就知道公子会回来的。"他支开众人，单独向信陵君献计。不论结果如何，信陵君这种挟恩求报的方式，并不值得仿效。施恩不求报，有时候反而获得更大的支持。

2. 不要问道于盲

有些顾问，并不自省到底有多大本领，但很喜欢胡乱为人出主意。领导者如果不辨真伪，以致问道于盲，实在是既倒霉又惹人笑话。平原君当年过分相信冯亭的话，使赵国在长平一战中，损失四十多万士兵，邯郸城也几乎被秦军攻占，这件事成为天下人的笑柄。太史公批评他"利令智昏"，说他不识大体。领导者应该对顾问所提的意见，做适度的回应，亦即明辨顾问的虚实，做出正确的判断，才不致受害。不论别人怎么说，做出最后决定的，毕竟是领导者自己。所以随便相信顾问，责任还是完全要由领导者自己承担。

3. 不要吝于礼聘

自古至今，高明的领导者，都不会因为长期礼聘顾问而觉得所费不赀，因而吝于礼聘。领导者投资在顾问身上，固然不能挟恩求报，却往往会收到士为知己者死的效果。领导者不但要多方礼聘各种顾问，而且要为他们提供良好的研究环境，让他们知悉相关资讯，才能够在紧要时刻，获得必要的提示。不过，顾问既然不从事实际任务，领导者的礼遇，必须尊重顾问客观的立场，双方以义相投合，才能开出光明正大的花朵。若是以利而结合，大多不会产生什么良好的结果。

配合趋势

必须有自己的理念

就领导者而言，一生最大的成就，并不是赚多少钱，或者养活多少人，不在于事业有多大，或者对社会有什么贡献。领导者最大的心愿，应该是把自己的理念表现在事业上。唯有如此，赚钱才有意义，养活人才显得有价值。事业不论大小，对社会都有正面的贡献。

松下幸之助说："我从事经营事业，前后有六十年的经验，因此深深地感到经营理念的重要。"一个公司为什么而存在？经营的目的是什么？要用什么方法来维持经营？关于这些问题，他认为必须具备正确的基本理念。有了正确的基本理念，才能具备正确的经营理念。否则走到哪里算哪里，做出什么算什么，只能说是碰运气，不算是经营事业。

开始经营事业的初期，松下幸之助并没有明确的经营理念。他和妻子、义弟三人，为了三餐从小规模工厂做起，虽然偶尔也想一些问题，却始终环绕着一般性的商业概念。后来，松下幸之助发现依靠普通的商业概念，不足以应付业务的开展，于是认真考虑，寻找更高层次的生产者的使命，并且向松下公司的员工发表，把它当作公司经营的基本方针，并一直坚持下去。虽然具体的经营活动，各时期都有所不同，但是松下公司的经营理念一直不变。唯有坚持一以贯之的经营理念，公司的政策才有持经达变的可能。以不变的经营理念，来因应万变的经营变数。这样以不变应万变，才能够万变不离其宗，使公司的经营风格，得以持续下去。

社会情势不断变化，各色各样的问题层出不穷，想要适当处理且少有差错，就需要有基本的依据和条件——企业的经营理念。松下幸之助的经验，让我们清楚地看到：能够使众多从业人员全心全力地投入，领导者必须具备正确的经营理念。这是时势所趋，是无法避免的。领导者若是缺乏经营理念，员工便各自为所欲为，有组织却产生不出组织力，也就是徒有组织的形式，却没有组织的实质内涵，难免限于一盘散沙的窘境。

松下幸之助的经营理念，从符合自然循环和真理的人生观、社会观和世界观中产生。他认为经营者必须通过人类的本质和自然的循环的相互对照，形成正确的经营理念。经营者要有高度自觉，才能产生自己的经营理念，从事有特色且持久的经营。

掌握现代的时势

企业是社会的公共器具，虽然在法律上，有所谓民营的形态，但是事业的内容，和整个社会有关，应该是属于公家的。民营企业必须从社会的观点来考虑自己的经营理念。所有权固然有公私的分别，但是应该负起的社会责任，则是一致的，并没有不同。

当今的趋势，整个社会朝向国际化、自由化、现代化发展。领导者的经营理念，同样要符合这三化的要求。不过，我们在考虑国际化、自由化、现代化的时候，往往忽略了合理化的重要性，以致国际化形成全盘西化，自由化变成金钱暴力的腐化，而现代化也成为中华文化的空洞化。这是身为现代的中华民族，更应该深一层思虑的重大课题。

有的人想到国际化，就要用国际化来取代中国，等于拿国际化来消灭中国，对我们中国人来说，究竟有什么意义，又有什么价值？

有些人看到自由化，立即想起"言论自由，行动自由"，于是"有钱能使鬼推磨""胳臂粗的声音就大"，滥用金钱和暴力，以获取令人不安的自由。在管理上，自由也取代了伦理。企业伦理低落，正因为人人有充分的自由，除了怕钱来收买，用暴力来威胁，谁还怕什么？

至于现代化，那就是"穿起西装，便以为自己是西方人"，有些人完全忘记了自己的脑袋毕竟是中国式的，说英语，吃牛排，看不起中国人，胡乱诋毁中华文化，好像就已经现代化了。

其实，国际化、自由化、现代化都需要合理化。领导者要确立合乎时势的经营理念，必须从合理的国际化、自由化和现代化入手。

调整合理的经营理念

1. 在国际化的潮流中，创造中国化的特色

同样经营企业，领导者能够发挥中国式的管理，使国际人士刮目相看，这才是领导者最大的光荣。中国领导者，应该具有这种眼光、这种气魄，而不是暗地里施展中国功夫，口头上却假托西方管理模式，徒然自欺欺人。

使自己有信心，并且光明正大宣示自己采用中国式管理，这

才是领导者在国际化潮流中应有的使命。国际化最需要各国的特色，世界才会多姿多彩，而不至于单调刻板。

2. 在和谐中求进步

企业管理，不要盲目追随社会风气，弄得企业伦理低落。领导者尤其不必相信所谓的自由民主，以免领导者不像领导者，而员工也不像员工。

合理的自由，应该是我们追求的目标。合理的不公平，也应该是企业管理秉持的一贯原则。千万不要为了盲目追求公平，弄得大家一肚子气，仍然解决不了任何问题。

摒弃"有本事就来拿，拿不到怪自己"的组织氛围，鼓励"以让代争"，在和谐中求进步，才是合理化的自由民主。把金钱和暴力的影响力减低，必须发扬礼让的作风。领导者倡导礼让，大家自然不敢什么都要争。

3. 注意不要陷入"得到现代化，失去中国"的困境

现代化不一定要西化，中华文化同样可以现代化。如果中国人愈来愈不了解中国人，愈来愈不知道中华文化，那将是中国人真正的悲哀，也是中国最大的危机。我们的现代化，如果失去中国人的味道，对中国人而言，有什么好处？塑造具有中华味道的现代化，是我们的重要使命。

身为领导者，再回想一下领导者的基本理念，做一个替天行道的领导者，为中国人争光，为中华文化做见证。把自己的经营

理念，贯彻在员工身上，引导所有员工，都成为堂堂正正的中国人，这才是合理的现代化。

重视基层

前面说过，组织内可以大略分为三个阶层，分别是高阶、中坚和基层。这"三阶"六字沿用已久，而且用字十分慎重，我们最好不要随便加以修改，反而应该深一层去体会其用意。高阶专指董事长和总经理，也是老板的代名词。基层专指作业人员和班组长，属于现场的一线人员。至于其余各阶层，统称中坚。不过，为了客气或方便，我们有时也将经理级主管称为高阶。但是，把自己视为中坚，上有老板，下有员工，通常最为恰当。

基层员工最可爱

基层员工，身居工作现场，乃是真正处理事务的一群人。他们任劳任怨，却也能自得其乐，实在是最可爱的人。

基层员工构成组织金字塔的底部，是组织发展的基础。基层员工是不是关心公司、用心工作，成为公司能否永续经营的主要因素。

在领导者心目当中，基层员工究竟占有多大分量，居于什么地位，乃是决定领导者事业规模大小、事业成功与否的重要事项。

领导者觉得基层员工十分可爱，便会真诚关怀他们。在公的方面，照顾他们的工作负荷，改善他们的工作环境，提高他们的工作地位；在私的方面，也会照顾到他们的家人和生活，关心他们的子女，以及考虑他们退休后的安排。希望基层员工以公司为家，领导者就应该分别从"进、退、教、养、老、死"等方面，给员工合理的关心和照顾。

对基层员工的要求

基层员工，不同于中坚主管。领导者对基层员工，当然不能像对中坚主管的要求那么多。我们建议领导者对基层员工，只要求他们确实做到下述三点。

1. 一切遵守规定

基层员工的经验，常常不足以合理地应变，因此希望他们时时都能随机应变，并不现实。何况基层员工擅自改变，品质就难以稳定，所以基层员工最好的态度就是一切照规定，千万不要擅自做主，任意改变。遵守规定，表现出合理的刚柔，才是基层员工务实的态度。

领导者是天道，基层员工则属于地道。天道善变而地道不变，求新求变应该是高阶层的事，对于基层员工而言，地道不变，不能乱变才是诉求的主题。

2. 遇有异常现象，立即向上报告

为了及时修正错误，基层员工在一切遵守规定之外，要特别注意遇有异常现象，立即向上报告。基层员工如果擅自应变，自动将异常现象调整过来，实在很不保险，万一分寸拿捏得不精准，如何补救？允许基层自行调整，无异于鼓励其自作主张，这样由小而大，往往造成难以弥补的后果。可是不许基准变更，如果遇到异常现象，基层员工也不向上报告，那就一错再错，最后铸成大错。两难之中必须兼顾，所以规定基层员工，除了依照工作规范做局部调整外，任何异常现象，都必须立即向上报告，以便及时会同上级，做好合理的补救措施。

为什么只笼统规定向上报告，却不明确指定向班组长报告呢？因为班组长在场，当然向班组长报告，由班组长及时排除处理；若是班组长不在场，也可以跨越层级，向上报告，以争取时效。

向上报告，基层就没有责任。不向上报告而隐瞒缺失，那么基层员工就要受到处罚，这种规定，务必切实执行。

3. 对中坚主管和对基层员工要求不同

领导者对中坚主管，可以要求他们有所变，有所不变，因此当中坚主管出错时，领导者可以指责他们"我叫你这样，你就真的这样"，然后问他们"我叫你去死，你为什么不去死？"。但是对于基层员工，只能要求他们确实做到有所不变，一切按照规定执行。因此当基层员工遵照命令去做却发生错误时，领导者绝不会问他们"我叫你去死,你为什么不去死?",毕竟基层员工不是中坚主管,必须坚持有所不变。

领导者最好利用适当时机,说明自己对中坚主管和基层员工的不同要求,以贯彻基层员工不可变的守法精神。基层员工稳固,中坚主管才能够应变。

高阶管理者"有所变",中坚主管"有所变,有所不变",而基层员工则坚持"有所不变",这才是组织三阶层的最佳配合。我们希望愈高阶愈有弹性,而基层员工则发扬务实的态度。

基层员工不可变

有人担心基层员工有所不变,会形成抗拒革新的严重后遗症,其实这是一种不合理的推论。所谓有所不变,是一切秉承上级的命令,自己不要擅自主张,乱加改变,绝对不是一切守旧,坚拒革新。革新是革新,因为基层员工对于上级新的命令,依然应该遵照实施。有所不变则是对于现行的规定有所不变,在上级尚未发布新的命令之前,确实依据现有的工作规范,大家才能放心。革旧布新和有所不变是两码事,不必混为一谈。

中国人善变,又好自作主张,加上基层员工在拿捏分寸方面,往往有过或不及之处。为了因应中国人的变动性,我们要求基层员工不要自作主张,擅自改变,乃是不得不如此的对策。实际上规定他们不变,他们仍旧会变,不过会较为慎重,不敢乱变。要求基层员工不可变，是高阶管理者和中坚主管有所变的可靠基础。否则上下都变，大家变得不一定相同，那就各行其是，很难实现整体配合。

训练中坚

中坚不宜改称中间

有些人喜欢盲目求新求变，把"中坚主管"改为"中间主管"，以致原有用意尽失，徒然显得不明事理。中间只能表明所处的位置，中坚才能够凸显独特的性质与艰辛的处境。若是不用心、不小心，必然承受不了上下夹攻的压力，所以非坚不可。

中坚就是中坚，因为所处的环境，"上压、下顶、左攻、右挤"（如图7-1），实在十分艰难困苦。中坚主管必须坚韧不拔，才能合理地因应，进一步开创佳境。高阶管理者压中坚主管，基

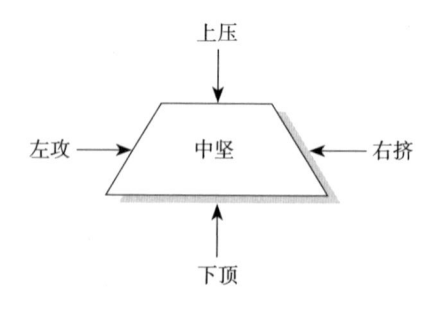

图 7-1 中坚的困境

层员工顶中坚主管，而同属中坚主管，却也本位主义浓厚，互相攻击排挤。这些常见的现象，固然令人烦恼，却也不离人之常情，应该给予相当的谅解。领导者应该重视中坚主管的训练，理由是中坚主管确实左右为难。中坚主管无论承上启下，或者左右协调，都相当不易，稍有不慎，立即陷入四面楚歌。

在上下之间，领导者最好要求中坚主管保持"不越权，不失责"的原则。越权就是"不当决而决"，逾越了上级的最后裁决；而失责则是"当负责而未负责"，应该做好的事情，竟然没有办妥。越权，领导者不放心；失责，领导者不安心。无论越权还是失责，都足以导致领导者心惊胆战，坐卧不安。但是两者的比重，愈高职位的中坚主管，越权愈可怕；职位愈低的中坚主管失责愈令人担心。

道理很简单，职位愈低，所负的责任愈小，要逾越权限，实在越不到哪里去。责任虽小，但不能失误，因为会因小失大，所以不能失责。职位愈高，所负责任愈大，若是任意逾越职权，为害极大。而责任虽大，工作可分割到下级各人分担，所以只要下级不失责，就不致有什么大碍。

"不越权，不失责"说起来容易，做起来很难。不越权的真意，应该是不逾越领导者的最后裁决权。不失责的真意，则在不忽略自己应负的责任。越权可能带来功高震主的悲惨结局，失责也可能产生不堪胜任的恶劣评价，两者都是中坚主管的致命伤，必须兼顾并重，力求两面都能够顾及。

中坚之间互相支持

至于中坚主管彼此之间的合作，领导者最好要求其互相支持，彼此分工合作，以发挥整体的组织力量。这样的分工，才能够真正地合作；这样的组织，也才有实质的组织力。

中国人并非天生的一盘散沙，根本不可能合作；也不是良好的集体主义者，时时都能全力配合。合作不合作是果而不是因，主管的领导合理与否，才是真正的因。我们经常倒果为因，很轻易而草率地认定中国人不可能合作，以致产生很多误解，使我们对合作丧失信心。心里有不能合作的念头，当然影响实际的运作，也就真的不合作了。领导者鼓励竞争，员工之间就会貌合神离，甚至笑里藏刀。领导者倡导互助，彼此才会不好意思不互相帮忙，因为至少也要做给领导者看。

处处重数据，就毫无人情可言。这时候各人眼睛里所看到的，除了数字还是数字，哪里有人的影子？于是全力冲刺，丝毫不顾虑别人的立场，自然谈不上合作。以"在和谐中提升业绩"为理念，大家才可能相安、互容，至少不敢斗争表面化。

有人批评中国人善于作假，台面上客客气气，台面下死命较劲儿。其实，用台面上的气氛来感化台面下的恶斗，刚开始就算是作假，假久了就会成真，有什么不好？

譬如领导者可以考核中坚主管，但不应该公开他们的排名。因为一旦考核透明化，就等于撕破脸，反正已经没有面子，还有什么好顾虑的？这时候演变成谁也不怕谁的局面，只好等到领导者翻脸，再来掀底牌。当领导者当到天天和中坚主管对质、讲理，恐怕有理也讲不清。不公开排名，大家照样心里有数，清楚得很。顾全了他们的面子，他们就会自己设法补救。于是左右之间，自然会自己调整，以求获得同事的支持，来挽救自己的落后。

中坚主管能不能克服本位主义，尽量互相支持，完全看领导者的领导作风。领导者不能领导中坚主管分工合作，就不必指责他们各走各的，只知分工而不知合作。

中坚要群策群力

领导者希望中坚主管真诚合作，至少要做到下述三点。

1. 表面上一视同仁，心里则有好坏之分

领导者绝对不要在口头上说明谁好谁坏，应该用实际行动来让大家看清楚谁好谁坏。

领导者嘴巴上说大家都是好员工，实际行动却有差异。前者的用意在安抚众人，使大家都有面子；后者则在激励表现良好的人，使其获得应有的奖赏。这样大家才会努力改善，乐于维护表面上的平等，用心来追求实质上的特殊位置。

在"不明言"的气氛中，让大家明白领导者善恶分明；在"不惹是非"的情况下，让大家清楚领导者很有是非。用不明是非表达是非分明，实在是一种高明的艺术。由于顾及大家的面

子，所以相当有效。

大家会竞争，以求取实质上的高低，却极力维持整体的和谐，以维护表面的公平。

2. 兼顾好分内和分外之责

对于全力支持其他部门的中坚主管，领导者要辅导他们把分内工作做好；对于全力做好分内工作的中坚主管，应该指导他们全力支持其他部门。总之，兼顾自己和他人，才是优秀的中坚主管。

然而在自己和他人之间，仍以"办好自己分内工作"为优先。任何人在没有把本分工作做好以前，分担主管的工作，或者支持别人的事务，都不免令人怀疑他是否在拍马屁或讨好他人。相反地，把自己分内工作做好，如果不能为主管分忧、为同事分劳，恐怕也是独善其身的自私分子吧。

3. 用心做功劳，和谐求进步

大家都不想有功劳，业绩从哪里来？有了功劳就居功，难怪招人怨、惹人嫉。若是大家用心做出功劳，并且不居功，那么在和谐中求进步，就不是什么不可能的事情。

领导者认清这三种理念，并且贯彻实行，大家心知肚明，便会追随在后面奉行不渝，因而提升中坚主管承上启下的能力。

注意公关

公共关系由来已久

自有人类以来,无论何时何地,聚群而居,或好或坏的公共关系就已经产生了。人类逐渐了解借由建立良好的人际关系,可辅助事业成功,因此很早就重视宣传和公关的技巧。商人和政客,大概是最先需要公共关系的人。

公共关系一度被曲解为讨好群众、蒙骗大家的手段,现在才逐渐恢复正常,被肯定为建立公众信心和增进公众了解的有关策略与行为。

对领导者而言,公共关系应该是企业经过自我检讨与改进,表现出良好的态度,借以获取员工、顾客和社会大众的好感与信赖。

我们常说企业形象,其实就是公共关系的具体表现。社会大众对某一企业产生信任与好感,证明这一家企业具有良好的企业形象。这一家企业能够顺利而真实地把正确的形象呈现出来,必然通过不断调整公共关系,才有如此令人欣羡的结果。

有些公司,领导者和员工都很有社会责任,无论产销哪一种产品,无不十分用心。由于公司不明白公共关系的重要性,不了解公共关系的途径,以致外界不清楚公司的真相,无法信赖,也无法产生良好的观感。

某些企业,深谙公共关系的技术,它们的公共关系部门已经从"扫除纷争"进入"广结善缘"的阶段，把解决顾客的抱怨变成引导顾客的脾胃，难怪企业形象愈来愈好。

公共关系离不开宣传，因而如何与媒体合作，成为领导者十分重视的课题。要求媒体捧场，基本条件在于企业自身确实具有实力。

公共关系自下而上

领导者的职责，一方面在聘任合适的公共关系人员，特别是公共关系室主管、电话接线人员、接待人员和警卫人员；另一方面则需要在品德修养和待人处事上以身作则，用言行举止来建立企业内外的良好关系。

合适的公共关系主管，在性格方面，最好具备和蔼可亲、善于沟通、仪态端庄、判断正确、态度客观、自动自发等特点，并且经常把结论报告领导者，而不是向领导者要结论。

接线人员、接待人员和警卫人员，实际上是公共关系的第一线人员。如果未经适当训练，往往无意间得罪来宾或顾客而不自知。领导者再注重公共关系，也可能被接线人员、接待人员或者警卫人员弄得企业形象很差。当然，业务人员的表现也十分重要，只是大家对业务人员的重视，已经远远超过接线人员、接待人员和警卫人员，所以我们才特别在此提醒。

公共关系的三大原则

至于领导者个人的公共关系，我们列举下述三大原则。

1. 不要随便曝光

除非必要，且经过周密的安排，尽量先让员工去处置。领导者曝光率太高，无论从哪一个角度来衡量，总是不利的。

领导者亲自接触，当然是必要的。但是千万不可随便出现在公众之中，必须事先计划周详，经过一番思考，给大家留下良好的印象。

2. 尽量利用私人书信

这是公共关系中最好的一种媒介。私人书信既属私人性质，又可使收信者产生比任何其他文件更为深刻的印象。例如，商店在每届年底之际，以领导者的名义给顾客寄发一封感激的信件，并且祝贺新年快乐；旅馆以领导者的私函，询问住客的近况，寄以最大的关怀；航空公司董事长寄给所有让出订座的乘客一封私人书信，以示感激之意。信不必太长，愈简明愈好。

书信最好能够产生鼓舞的作用，除了诚恳之外，还应该以肯定代替否定。公共关系专家告诫我们不要发出"关门"的信函，例如"拒绝工作请求"，最好改为"有机会容纳时马上联系"，不让收信者绝望，关系才可能延续。

3. 利用适当的机会发表演说

演讲词的内容不必完全以宣扬企业为主，有时候说一些与业务无关的有意义、有价值的内容，反而更能产生积极的影响。

领导者在学校、俱乐部或其他团体集会发表简短谈话，若是事先准备充分、内容恰当、表达技巧纯熟，往往收到积极的效果。领导者乐于参加各种社会活动，必须了解自己就是企业的代表，随时谨言慎行，以建立良好公共关系。

维护家庭

中国人的家庭相当特别

我们把家称为家庭，主要包含两件东西。一件是父母子女所构成的亲属团体，另一件是这个亲属团体所居住的房舍庭院。有亲属而缺乏固定的住所，家的意义与功能，就可能逐渐丧失。中国人喜欢炒地皮、买房屋，和家的稳定性与安固性，似乎有十分密切的关系。

把家人和寓所结合起来，主要意义在于一家人不能离散，否则就不成家庭。美国加州地区有一个小镇，居住着许多妈妈和子女，而爸爸在中国台湾经商。按照中国人的观点，两边都不够资格称为家庭。

领导者离家出外打拼，暂时性离家当然不可避免，长期性离家则绝对有害。一旦家庭破碎,事业成功的代价就显得实在太大,殊不值得。一家人居住在一起,领导者由于业务忙碌,经常早出晚归,有聚居之名,实际上独自离散,也很难发挥家庭的功能。

以往三代同堂,祖父母、父母和未婚子女构成主干家庭,父亲身为老板,就算早出晚归,还有祖父母可以代为管教和照顾子女。如今由一对夫妻和他们的未婚子女构成核心家庭,脱离祖父母自行成立小家庭,父亲身为领导者,一旦早出晚归,子女与母亲就算时常相聚,也有如单亲家庭,殊不理想。这就是为什么小家庭多了,大家反而怀念三代同堂的日子,希望借着"家有一老,即为一宝"的长处,来维护家庭正常发展。

领导者要求"财、子、寿"三方面兼顾,必须用心维护家庭。因为这三方面都与家庭的正常发展有非常重要的关系。

家庭是子女教育的主要场所

中国人的良好德行,一方面来自家庭教育,另一方面来自学校教育。

领导者以忙碌为理由,将子女送到最好的学校,充其量只能让他们受到完整的学校教育,依然没有家教。对子女而言,毕竟不能全面地发展。

今日社会的若干问题,直接或间接都和家庭教育有关系。青少年获得良好家教，在社会上大多表现出正当的行为。虽然现在青少年教育机构愈来愈多，但是家庭仍然是最基本、最重要的子女教育场所。领导者忽略家庭教育，纵使忍心将子女送入其他机构，如可以指导青少年行为的组织，也是事倍功半，甚至徒劳无功。

希望减少或改善青少年犯罪，必须先求家庭稳定。家庭稳定促使社会稳定，对工商企业的稳定成长，实际上也大有助益。现在社会风气——提倡权利平等，不尊重对方；强调个人主义，产生代沟，这些都是影响社会安定的不利因素。领导者如果不能加强家庭教育，使子女免于紧张、焦虑或迷惑，他们的一生辛劳，终将为子女所断送，而徒叹奈何！

一般婴儿，获得母爱的滋润与抚育，便会关心、爱护别人。若是婴儿得不到母爱，长大后也不知道怎样去关爱别人。随着年岁增长，父亲的地位愈为重要。由于父亲大多在外工作，和别人接触的机会比母亲多，因此常常成为子女选择伴侣时认同的对象。依据统计，在犯罪少年和正常少年中，父亲是不是"存在"，有很大的影响。

领导者身兼子女的父母，必须了解自己对子女的影响十分重大，才能在专注事业之外，仍然不放弃自己在家庭中的职责。有些领导者由于早年仅知专心事业，忽略了子女的教育，等到子女养成若干不良习惯，想要加以改变却非常困难，这才后悔自己的不是，可惜往往悔之已晚。

维护家庭的三大原则

教养子女,既然是维护家庭的重要一环,那么,怎样教养就成为领导者必须重视的课题。我们提出下述三大原则,以供参考。

1. 用爱心和真诚的关怀,常与子女恳谈

现代子女教育,固然不能够像往昔那样,训练子女顺从父母,一切听从父母的,却也千万不能溺爱或过分放任。如果不能适时加以合理的辅导,放任子女自由发展,往往就会产生不合礼俗的行为,引发社会问题。

父母通过商量的方式与子女恳谈,不妨先听听子女的意见,再适时予以辅导。把自己的经验和社会礼俗之所以如此的原因,解释、分析给子女听,使其知道如何选择与遵循。

2. 合理坚持父母的主张,使子女继承优良的家风

中国人最可贵的,能以家传祖训来教导子女,使子女以祖先为模范,修养积德,发扬家风。父母常对子女解说祖先的行事为人,告诫子女不可使祖先蒙羞。这种假借祖先的力量来维护家庭正常发展的做法,巧妙地规避了"要子女向自己学习"的个人主义作风。

父母的主张——假借祖先的主张,由父母合理地坚持,以维护优良的家庭传统。父母以身作则,再合理坚持,子女如有疏

忽，绝对不能轻易放过。

3. 不要在别人面前过分赞扬子女

现代父母最严重的过失，便是当着子女的面，在别人面前过分赞美自己的子女。一方面养成子女喜欢听好话的坏习惯；另一方面使子女信以为真，认为自己十分完美。

父母可以夸赞自己的子女，千万不要在别人面前宣扬自己子女的缺失；也可以私底下夸奖子女，给予适当的鼓励。父母不必当着子女的面，在别人面前过分赞扬子女，否则弄到只能夸不能指责的地步，那就无可救药了。

第八章

领导者应该做的

天看起来从来不做事，把所有的事情，都交给人去做，所以说事在人为，有人才有事。天无为，人才能够大有为。天把做事的空间和机会让出来，人才有可能做出很多事情。在这种情况下，人凭什么经常谢天谢地？稍有成就，便要对天表示谢意。天的恩惠，成为大家所熟悉的天恩，似乎和天威永久并存，令人十分难忘。明明是人在做事，却诚心诚意地感谢天，这是什么道理？

　　原来人有能力，也不一定能够表现。他们需要机会，更需要舞台。天不做什么，却默默地提供机会和空间，聪明的人，自然心知感激。只有那些愚蠢自大的人，才以为人定胜天，把天置之度外，迟早自己要吃亏的。

　　领导者扮演天的角色，却终究不是天，不能够完全像天那样，永远不开口说话，也不给人具体的帮助。领导者要替天行道，必须体会天给予人的某些启示，并且以实际行动，把它们表现出来，使其产生有效的成果。天无言，却有很多风云变化的暗示。领导者如果能够做到：不多说话，大家便能用心体会；不多做事，员工便能努力；不多管，大家便能自动；不授权，大家便能负责；不紧张，大家便能快速；不发威，大家便能谨慎，那就是无为而无不为，真正发挥天的威力了。

　　领导者应该做的事情，其实并不少。用心把自己应该做的事情做好，已经是了不起的卓越领导者，用不着处处和自己的员工竞赛，一定要胜过所有员工。否则以一己之力，要和这么多员工力拼，恐怕是折磨自己罢了。不如学学天的高明，提升自己的层次，使自己从容不迫地做好应该做的事情。

不多讲大家便能体会

权利由他人赋予

领导者有关怀、照顾、教导员工的义务，相对地也有一些可以享有的利益。一般人把利益看得过分狭窄，就会看成单纯的利润。实际上，领导者除了应得的利润之外，还有若干权利，包括依照自己的理念来经营，按照自己的兴趣来选择，以及传授自己为人处世的原则等。其中最鲜为人知的便是：拥有少讲话的权利。

我们已经明白，老板的"闆"字，表示组织大门内唯一具有三张嘴巴的人。然而从反面来想，便是一种警戒的信号：嘴巴太多，失误的机会也跟着增多。言多必失，一张嘴巴已经足够造成祸从口出的灾害，何况三张嘴巴？补救的办法便是：尽量少说话。一般员工并没有这种权利，领导者反而独自拥有。

少说话并不是不说话，所以不必紧张。少说话不过是"不可不说，不可乱说"，以求"不说则已，言必有中"，实在是领导者立于不败之地的要领之一。

但是，权利的本质，乃是由他人赋予的。如果领导者少说话，员工也全都沉默不语，就表示员工并未赋予领导者少说话的权利。若是领导者少说话，而员工之中有一些马上挺身而出，把领导者想要说而未说出来的话，一五一十地说出来，那就充分证明，这位领导者了不得，已经被员工赋予少说话的权利。他可以说，也可以不说了。

少说话不是没有说话的权利，而是拥有不说话的权利。非但没有损失，而且多一层保障。因为说话有说话的利益，不说话也有不说话的利益，两者各有利弊。领导者的权利，并不是单纯地一语不发，而是先不说话，让员工先开口，然后抓住重点，再开口说话，所以每发必中。最后才说话，实际上也是一种最后裁决权。想清楚，看明白之后，才做最后的裁决，更加安全，何必急于一时呢？

领导者有没有这种"叫别人先说，自己最后才说"的权利，要看员工是不是支持，愿不愿意先开口。可见，领导者如果未被赋予少说话的权利，想不开口都不行。三张嘴巴乱动的结果，势必说的话没有人听，发布的命令没有人奉行，而责骂的话也被当作耳边风，真是"说到死也没有用"，不过是多说一些废话而已。

要设法让员工先开口

领导者先开口，员工多半不喜欢说出相反的意见，一味以领导者的意见为意见，看起来百依百顺，结果领导者的责任愈来愈大，大到单独一个人要负起全部的责任。除非是神仙，否则谁有这么大的能耐？

员工先说话，领导者有不同的意见，才能加以比较，看看哪一种主张利多于弊？也想一想为什么有不同的看法。作为互相了解，彼此沟通的桥梁，员工先开口，领导者才有机会听到新的东西，才能够明白某些人的心声，才有办法掌握当前的动态。对领导者而言，员工先说话应该列为最有利的一种资源。领导者最担心的，应该是员工什么都不说，好像在迷雾中行走，令人十分彷徨。可惜领导者喜欢先开口，造成员工什么都不说，实在是自己找麻烦。

领导者先说，员工就遵照领导者所说的去做，就算做得相当彻底，结果也有所欠缺。因为领导者一个人，能说多少？中国领导者高明得很，一方面了解自己具有三张嘴巴，不知道应该用哪一张比较好；另一方面也明白自己纵然有三张嘴巴，所说的仍然有限。如果养成员工依照领导者所说的去做，那么说的部分做得很好，没有说的部分都不去做，如何是好？反过来说，既然领导者说不完全，没有办法把所有应该说的话全部说出来，为什么不能干脆少说？让员工自己说来说去，把责任分摊开来，以免把领导者累得半死。

其实，领导者真正的责任，在想办法让员工先开口。方法非常简单，多提问题少给答案，员工自然不得不开口。领导者心里就算有答案，最好也不要说出来，因为一旦说出答案，员工便不说话。也不可以显露出"我有答案，只是暂时不说出来，先来考考你们"的态度，以免引起员工的反感。要员工开口说话，原本已经相当困难，何苦再自己增加阻碍，使得员工更加不愿意把心里的话诚实地说出来。

领导者虚心地提出问题，用信任和期待的眼光来看员工，必然很快有人开口。领导者的下一个责任，是在员工开口说出答案之后，如何判定其正确性与可行性，以便有效地付诸实施。完成此责任，仍然要借助员工的说明和申辩，所以方法还是没有改变，尽量让员工说出心里的感觉和专业的知识。

少说话的三大原则

领导者少说话，有下述三大原则。

1. 平时先听大家的意见，紧急时领导者才先说

领导者必须坚持"平时先听大家的意见，紧急时领导者才先说"的原则，并且切实施行。员工习惯之后，才会在领导者提供时间让员工说话时，好好地表达自己的意见，又能够在领导者认为兹事体大或这件事十万火急时，不一定要表达自己的意见，专心而且用心地把工作做好。领导者手中执着两把刷子，一把刷平时"让员工先开口"，另一把刷紧急时"我先说，希望大家听我的"。由于平时尊重大家的意见，紧急时大家才会充分支持领导者。

2. 领导者提问题，让员工尽量分头去找答案

领导者要依照人际习惯规律，养成"领导者提问题，让员工

尽量分头去找答案"的习惯。换句话说，领导者提问题，员工如果不愿意找答案或者找不到答案，领导者也不能告知答案。因为这样很容易让员工养成"不必动脑筋去想，只要静待一会儿，就会出现答案"的坏习惯，而且此风气很难改变。员工没有答案，领导者要采取迂回的方式，提供参考资料或参考答案，让员工自己发现答案，并且勇敢地提出说明，才能养成"领导者有问，员工争取时效必答"的良好习惯，进而互相激励，蔚为优良风气。

3. 发现突破瓶颈的方法，培养不断精进的员工

领导者要激励用不争功、不讨好的态度，把应该说的话说出来，并且用意不在找出同事的缺点，而在发现突破瓶颈的方法，又能培养出"日新又新，不断精进"的员工。因为员工率先把问题的答案说出来，甚至在领导者未提问题之前，也乐意主动提出问题，并且附有可行的答案，对于公司的应兴应革，具有很大的助益。激励在圆满中分是非，正是领导者享受少说话权利的真正成果。

不多做大家便能努力

领导者的主要工作在安人

常听人说："我们的领导者真好，很会做人。"却很少有人这样说："我们的领导者很会做事。"万一有人说这种话，我们反问

他:"你们的领导者那么会做事,那你们在干什么呢?"他的回答可能是:"我们吃饱没事做,在旁边欣赏领导者做事,好像还做得不坏!"岂非令人为之气结?

领导者要行天之道。老天从来不做事,只是不停地替人安排这样,调整那样,我们把这叫作天命。天的命令,人可以顺从也可以不顺从。顺从的时候,便是天定胜人;不顺从的时候,成为人定胜天。不管顺从不顺从,天和人总是扯不开,所以说天人合一。

安人的工作做得好,员工就会像人顺从天那样顺从领导者的意旨。安人有所偏差,员工不安,也就如同人不顺从天那样不顺从领导者。领导者和员工的关系是一体的,天人合一的道理告诉我们:领导者必须推己及于员工,爱员工如自己,把人安顿好,大家才能一条心,共同努力达到目标。

事在人为,一切事情交由员工去做;成事在天,事情做不做得好,关键在领导者能否安人。所以领导者的主要工作,并不是把事做好,而是把人安好。

把事做好是管理,把人安好才是经营。聪明的领导者,首先分辨经营和管理的差异,然后把管理委托给员工,自己才能够专心经营。

站在经营的立场,企业能不能永生,完全在人。究竟"企业的成败在于人"这句话,其中的"人"是指领导者,还是员工呢?答案是员工而不是领导者。因为领导者一直把自己看成决定成败的人,就会看轻员工而自以为了不起。领导者提升自己的地位，扮演天的角色，看得起员工，把他们看成了不起的人，这样才可能客观、公正，并且宽容地对待所有的员工。领导者要先把人经营好，才能再进一步，把企业经营好。

领导者有权不做

领导者具有最大的自由，爱怎么想就怎么想，没有人会反对，也没有人能够反对。不过，想归想，不能做。有些领导者违反这个原则，坚持想到做到，结果常常造成收拾不了的残局，相当可怕。

想了之后，赶快接着想下一个问题，不是"行得通吗"，而是"找谁来研究"。可行性有多大，领导者不要自己去决定。自己有构想，自己思考可行性，往往不够客观，很可能愈想愈可行，掉入"一厢情愿"的陷阱而不能自拔。

找什么人来研究，这才是重要的决定。找错人全盘皆输，千万不可大意。胡乱交办，最后自己受罪。把合适的人找来，不是交代他马上办，应该以商量的口吻，希望他仔细研究一下，到底可不可行？

如果答案属于"不可行"，领导者可以请他继续找另外的人深入研究，看看有没有突破的可能。若是"可行"，领导者也不要兴高采烈地发布命令，或者自己去执行，先问问研究的人，"谁来做比较好？"共同找出最合适的人，由他去发号施令，并且督促执行。凡事都有合适的推动者和执行者，而且事在人为，必须由这些人去完成。

事实证明：独自决定一切事情的领导者，容易失败。领导者是经营者，经营者有三大职责：首先，为公司的将来，设定正确的方向；其次，确定适当的人才是否被安置在适当的位置上；最后，查证各阶层的每一个人，对于预先设定的标准与期望，是不是确实完成。

经营者不但要适才适用，而且要核查是否真的适才适用。除了掌握未来方向之外，领导者所要做的，无非是辨识人才，以便把合适的工作交给他去做。

为公司的将来，设定正确的方向。一方面要依据资讯和数据，另一方面也免不了诉诸自己的第六感，所以领导者不可以不想。由"想这样，想那样"来引发自己的第六感，想出来之后，交给合适的人去研究，然后查证他是不是尽心尽力去完成。

当心做一次就甩不掉

领导者想而不做，绝对不是为了偷懒，而是领导者自己做，其他人就会不好意思去做这件事，以致每一次都要领导者自己去做，那才是甩不掉的麻烦。

刚刚创业的时候，领导者并没有这种苦恼，也不必有这种顾虑。那时候以身作则，甚至身先士卒，都是当然的事。但是，人手逐渐增多之后，情况就有了变化。领导者随着人的增加，把一项项原本由自己处理的工作，分别交给合适的人去做，最后自己只剩下一项工作——当领导者。当领导者本身就是一件大事，有很重要的功能，实在不必过分热心再去做其他工作。

工作分配出去，事情并没有结束。领导者必须仔细核查，分配出去的工作是否顺利达到预定的标准与期望。然后在适当的时机，再把这种核查工作分批交办。

领导者最大的危机，就是对于若干原本自己在做的工作，恋恋不舍。"舍不舍得"这一句话是领导者必须常常自问的。把工作交出去时，会不会产生没有人能够做得像我那么好的感觉？如果是，那就证明领导者舍不得把事情割让给别人，因此常常藕断丝连，忍不住要插手，弄得做的人无法发挥本身的能力，虽然满足了领导者"没有人能够做得像我那么好"的心理欲求，但同时产生很大的危害，让领导者面临过分劳累的问题。

事情交出去之后，就不能收回。一旦收回，再交出去的时候，员工更加担心，不知道应该怎样做才好？领导者把工作交出去，可以逐步放手，让承接的人逐渐熟悉。但是，领导者不能走回头路，忽交忽收回，令人不知所措，当然做不好。

员工刚开始缺乏经验，领导者可以辅导他们，让他们逐步改进，并吸取经验。不可以经常"插手"，使他们觉得领导者不放心，是不是他们做得不好。领导者知人为先，能做的给他们做；做不好训练他们，而不是代他们做；做得好赞美他们，让他们更起劲。领导者多想少做，多做人，少做事，大家才会好好地工作。

不多管大家便能自动

天只帮助那些自助的人

人为什么感谢天？因为天常常帮助人。天究竟做了些什么？看起来似乎什么也没做。天并没有做什么，人就会感谢天，这真是十分奇特的现象。

领导者提供工作机会，让员工去表现，正如天提供空间，让人自己去成长。人自己成长，却感谢天；员工自己表现，同样会感谢领导者。

宇宙万物，都是自生自长。然而我们一直认为天生万物，万物受天的滋润而生长。员工自生自长，大家会不会肯定领导者的功劳，认为员工是受领导者的照顾而成长的？

有人说这是员工的修养问题，修养好的员工，自然心知感激，而修养差的员工，非但不会感激，还会自立门户，专门和过去的领导者唱对台戏。

其实，员工是领导者选聘或雇用的。领导者在遴选、甄试人员的时候，为什么不用心一些，把那些修养差的人挡在门外，只让那些修养好的人进来。如果说人员短缺，能够找到人就颇不容易，哪里谈得上精挑细选？我们就忍不住要问，在这种情况下，为什么还急于当领导者？

已经当了领导者，若是找不到合适的人，宁可不扩大规模，设法以机械化、自动化来增加生产或促进劳务，也不能盲目找人，因为盲目找人等于安置了一些定时炸弹在自己身旁，终究身受其害。

天并不帮助所有的人，只帮助那些自助的人。自助的人，成功时会感谢天，失败时会检讨自己。不知自助或不能自助的人，成功时自吹自擂，失败时埋怨天。

领导者只能聘用自助的员工。自助的员工，成功时会感谢领导者，遇到挫折时会反省检讨；不能自助的员工，工作顺利时趾高气扬，遭遇困难时怨天尤人。

公司要形成一种氛围，只帮助自助的人，以鼓励大家自动自发。领导者应该坚持原则，一切让员工自动自发，这也是一般公司最欠缺的东西。

员工自动才不会觉得承受压力

一般公司，领导者喜欢显示天威难测，让员工不敢不"领导者取向"，时常用心揣摩领导者的心意，因而觉得工作压力很大。"领导者取向"使得员工无法自动自发，因为领导者高高在上，员工唯恐不能生存，势必服从领导者之命或顺领导者之意，丝毫不敢加入自己的意见。在这种唯领导者之命是从的情况下，员工哪里可能自动自发？

领导者嘴巴上民主，实际上专制，员工就不敢自动自发。由于中国没有世袭的统治阶级，除了相当于贵族的士大夫阶级之外，也没有贵族阶级，要使这辽阔国度里的人民万众一心，必须仰仗老百姓之间的学者领袖来驱策督导。在中国成为一位领袖，必须教育人民，而且真正地领导人民。这是一种极难具备的才能，必须具备超人的才智和创造能力。

不过，中国人的民主，是以民为主，但是老百姓应该懂得尊敬领导者，感谢他们的德政。如果不是德政，当然用不着感谢，甚至还可以群起而攻之。若是德政，大家再不感谢，那算是人吗？以德服人，实在是中国领导者必须走的路径。

中国人的"恕"道，使我们懂得设身处地考虑别人的观点，有些人认为中国人过分懦弱，实际上是他们不了解"以柔克刚"的道理。

民主是互相尊重，但是不可能完全平等。领导者不必摆出权威，员工自然会让领导者三分。只要是他们自愿的，他们就没有压力，就会自动自发地敬重领导者。

设法让员工自动是领导者最大的功力

万物自然生长，是一种自动自发的表现。人为万物之灵，懂得的道理比万物多，所以知道感谢天。

员工自动自发地把工作做好，如果懂得道理，就会感谢领导者为大家提供正确的工作方向，以及良好的工作环境。员工自动自发，不但没有工作压力，而且也没有来自领导者方面的压力，自然身心俱感愉快，因而十分感谢。事实上，是感谢的心情使得员工身心愉快，而不是工作或酬劳能完全取代的。

但是，"多做多错，少做少错，不做不错"，乃是大多数人所经历过的惨痛教训，并不是单凭说几句话，便可以改变的事实。

员工心里明白，嘴巴可以喊"不做大错"，行动上却死守"不做不错"的铁律，能推就推，推不掉便拖。一推一拖之间，上面的命令下来了。这时依照命令办事，做到什么地步算什么，哪里有什么成效可言？

领导者慎选员工，一开始就塑造自动自发的氛围，让大家发觉在这个环境中，只有自动自发才能够共存共荣。那么，大家便不会坐等命令，养成推、拖、拉的坏习惯。

一个命令，一个动作绝对不是天的做法。人那么多，天要是一个一个去推，推到什么时候？人愈来愈多，天势必愈来愈累。天从来不推，人才会自动自发。

领导者喜欢发号施令，大家就会等待命令。领导者具备一些技巧，也就是熟悉"情、理、法"的运作，从"情"入手，导引员工做出合"理"的事，员工就自动了。所有制度、法规，当作行动的参考腹案，大家互相尊重，很有面子地自动依理而行，这才是中国人喜欢的民主。可惜我们长久以来，一直被误导，殊不知中国人的观点，另有一番用意。

不授权大家便能负责

中国人不轻言授权

很多人喜欢讲授权，而且讲得头头是道、条条有理。领导者听了之后，决心授权。可是权一授下去，苦恼就跟着接踵而至。因为有权的人，往往有弄权的倾向。如今领导者自己不弄权，把权授下去，却让别人去弄权，怎么算也划不来。

就算有权的人自己不存心弄权，员工也会挖空心思，来制造弄权的机会，以便从中取利。不见得有权的人都是不正当的，但有时不正当得连自己也觉察不到有什么不正当的地方，因为利害攸关的员工会粉饰太平，包装得好像什么都十分正当。

聪明的领导者，不可轻言授权。把权分授出去，看出不对劲的时候，再收回来，经常弄得大家很不愉快，而且减少自己对授权的信心，使自己更加专制而趋于独裁。

领导者自己抓住权柄，把责任分授下去，叫作分层负责而非分层授权，这样才能放心，也永远不会发生"授出来又收回去"的不良后果，使大家不至于反感。本来就没有授，当然不可能收，也不必收。各层主管不必有权，只要尽责任，不失责，也不越权，实在是最为理想的状态。领导者最害怕的，是员工失责或者越权。失责指应该做而未做，越权即为不应该做而做。领导者授权，员工就可能越权；领导者不赋予责任，员工便可能失责。领导者不授权而赋予责任，员工才可能既不越权，也不失责，成为领导者相当放心的好员工。

授权并没有什么不好，只是权授出去，员工便觉得自己有权决定，可以不必按照领导者的旨意，大可依据自己的想法。于是三天两头做出和领导者意见相左的决策。领导者一忍再忍，终于忍无可忍，明地里不好讲，便暗地里寻思整人的办法。有的是明升暗降，有的是借口加罪，有的是设法刁难，有的是冷嘲热讽……反正有的是办法，非整得员工不敢擅用所授的权，否则绝不停息。这种嘴巴上授权，实质上牵制的做法，不如不授权却只赋予责任，使得表里一致。

不授权对主管有很多好处

领导者授权给主管，表面上主管能够发挥自己的能力，在所授权限内快速做出决策，以争取时效。但是，伴随而来的苦恼，则是员工往往要求主管做出某些超越授权范围的裁定。主管如果表示这种要求已经超出自己的权限，员工不是要求破例，便是化整为零，把大的分割成小的，以符合主管的权限。主管遇到这些要求，起初可能严正地拒绝，毕竟他们和员工朝夕相处，一次、两次拒绝，也可能导致第三次顺应员工的要求，以致自己不经意或无意地逾越了权限。没有事的时候，大家十分愉快。一旦东窗事发，主管根本无法辩解，自己为什么要越权裁决。于是，久而久之，主管被员工抓住小辫子，也不敢明确指出不良员工的所作所为。

主管严格遵守授权的范围，员工就认为这是公事公办，依据中国人"彼此彼此"的道理，你们以公事公办的方式对待我们，我们也照样拿公事公办的态度来对待你们。于是能做的就做，不能做的便不做。主管痛在心里，也没有办法。中国人长久以来，认为有权的人，就有破例的魄力，要不然有权力而不会行使，与没有权力的人有什么不同？姑且不论这种观念正确与否，事实上有魄力的主管常常法外施恩，破格任用，而且口口声声"下不为例"。近来还有主管向员工表示要向领导者大力争取，听起来能不令人心寒？

领导者授权给主管，员工当然明白，心想"领导者既然可以授权给你们，你们难道舍不得把权授给我们"？如果真的分层授权，就演变为科员政治。主办人员的决定，谁也奈何不得，这种情况恐怕也不是我们乐于见到的。

理论上，主办人员依权限决定的事情，应该由他们负起全部的责任，即使发生差错，也和主管无关。员工有差错，主管可以置之度外，倒霉的必然是领导者。实际上，凡是员工有所缺失，领导者多半先找主管，问他们究竟是怎么管的？对中国人而言，"连坐法"不完全是历史上的产物，而是实际需要的一种互依互赖精神。

主管未获授权，至少可以让员工知道，他们一样是"只有责任没有权力"的人，彼此谅解，互相配合就是。

主管有责无权要好做得多

领导者有没有授权，和主管有没有尽责，其实正好是一体两面。主管尽责，等于领导者授权，只是多一层联系而已。主管凡事思虑周到，决策正确，而又适当尊重领导者的最后裁决权，领导者看在眼里，爱在心里，自然处处尊重他的决定，和授权并无两样。如果说这样可能耽误时间，实在是推托之词，因为只要拿捏得准，并没有大小事都请示的必要。

授权和尽责，差别在"明说"与"不明说"。授权是明说，大家都弄得清清楚楚，结果常常闹成僵局，不欢而散。尽责乃是不明说的授权，只要结果是彼此一致的，等于授权；结果并不一致，那就没有授权。中国人有些事情永远不说得很清楚，其奥妙处在此。

现在有些人喜欢说，我们分层授权，结果皆大欢喜。仔细检讨一下，不是把分层负责看成分层授权，便是领导者控制不了大局。领导者不得不暂时忍耐，等待机会再来改变这种令大家都不得安宁的局面。

主管的心里，何必一定要争权？凡事克尽责任，有什么不好？对领导者方面，我们尊重你们的权，不侵犯你们的权，我们只是尽责任而已，领导者就不会害怕。对主管来说，我们都一样，只有一大堆责任，根本就没有权。员工用不着费心思要求我们破例或搞鬼，也不必要求我们授权给员工，大家相安无事，共同好好把工作做好，这才是上策。

领导者不轻言授权，对大家都有好处。领导者有权，很可能被小人包围，不知不觉地授权，做出许多不合规定的事，这才是最需要小心避免的。授权解决不了被小人包围的问题，唯有时常自省，注重修己，才能够免此灾难。

不紧张大家便能快速

主管往往慢半拍

许多领导者，都自问"我并不希望管这么多事，也不希望做这么多事""为什么始终甩不开、放不掉呢？"。答案则多半归罪于主管能力不足或者他们不愿意负起责任，因而一拖再拖，领导者似乎不做不行，不管也不行。这种心里不情愿却不得不如此的念头，长久以来一直盘旋在领导者的脑海里，很难去除。主管处置事情往往慢半拍，在领导者看来，自然产生主管能力不足或不负责任的感觉。有现象，追究它背后的理由，这种推理方式，本来是正确的，现在却出现严重的失误。

主管办事慢半拍，固然可能和能力或责任感有关，另外有一种可能，那就是担心领导者的反应。主管犹疑一下，以致慢了半拍。

想想看，如果某一位主管，在处理事务的时候，丝毫不顾虑领导者的立场，一点儿也不在乎领导者的感受，便当机立断，放手去做。这时候领导者看在眼里，会不会急在心里？领导者在主管心目当中，分量已经贬低到如此地步，难道不会不安？真的不会恼羞成怒？

若是领导者不在场，主管很可能当机立断，放手去做。因为他们知道领导者十分相信他们，而且在自己分层负责的范围内，当然胸有成竹，毫不踌躇。但是领导者并不在场，不可能亲眼看到主管这种果断而快速的处理态度。领导者看到的，是他在场时，主管那种慢半拍的表现，并非真正的实际状况。

主管看见领导者在场，心里存着几分敬重，或者几分敬畏，于是在做决定或处理事务的时候，难免有所顾虑，不敢直截了当地表现自己的作为。这时领导者就会觉得，这么慢吞吞的，那还得了。这种判断，对主管来说，是不是有一些不合理呢？

领导者的眼睛，看不见主管"有能力，负责任"的一面，却经常发现主管"能力不足，不敢负责"的一面。事实上，领导者看见主管"有能力，负责任"的那一面时，会有什么反应，可能产生什么想法，更值得我们关注。

领导者忍不住要自己做

主管慢半拍，领导者就看不惯，忍不住要自己做。一切恶性循环，便由此产生。

首先，领导者"我并不希望管这么多事，也不希望做这么多事"的想法受到严重的怀疑。主管每次看到领导者在场时，总是领导者自己做决定、自己处置事务，多数不会检讨是因为我慢半拍的关系，而是窃窃私语："领导者嘴巴上不希望管事，实际上喜欢大小事情都管，才会舒服。"

中国人口头上说的话，谁也不敢断定是真是假。习惯上我们会依照孔子"听其言而观其行"的原则，来判断所说的话究竟是客套话还是实话。

主管耳朵里听进领导者"我并不希望管这么多事"的话，进一步由眼睛证实领导者实际上自己做决定、自己处置事务，便会肯定地告诫自己："原来他的话，是客套的，幸好我还算机警，让领导者一下，果然满足了他内心的需求。"员工的想法，刚好和领导者的想法相反，因为这种心态，很少拿出来沟通，最终形成"各是其所是"的死结。

其次，主管就算和领导者相处日久，彼此已经建立相当的默契，也了解"舌头有时也会被牙齿咬到"的道理，明白自己的看法，不可能百分之百和领导者一模一样，加上"如果领导者不支持我的做法"，主管在员工面前就会显得十分没有面子。既然领导者在场，而且他又喜欢自己亲自处理，我为什么不自我约束一下，让领导者去表现呢？

最后，中国人向来讲求长幼有序。凡是长辈在场，就要提高警觉，不要违背伦理，挨骂事小，叫人笑话才划不来。领导者在场，身为主管，更应该遵守伦理，做员工的表率。

种种缘由，使得主管不敢逾越。想不到领导者不作如是想，一味认为主管能力不足，或者不愿意负起责任，真是阴错阳差，主管着实也有一些冤枉。

领导者要忍耐几分钟

中国人常说："小不忍则乱大谋。"孙中山先生也说过："夫天下之事，其不如人意者固十常八九。总在能坚忍耐烦，劳怨不避，乃能期于有成。"领导者如果对员工能够"忍得一时之气"，相信必能"免得百日之忧"。

忍耐并非糊涂昏庸、麻木不仁。领导者当然要试一试看，主管究竟是真的能力不足，还是心有顾虑？究竟是不负责任，还是会错了意？

人，可以欺瞒一时，无法长期欺骗。主管有没有能力，能不能善尽责任，领导者用不了多久，便能够了如指掌。领导者希望主管快速处置事务，最好自己先不要紧张。

一般而言，主管愈紧张，员工便愈不敢急，顶多表面上加紧一些，很快又会放慢下来。这是员工的安全防卫机制，似乎大家都心里有数。主管紧张，员工就表现得快速。主管一看紧张有效，便会愈来愈紧张，结果员工也就愈来愈快速，最后愈来愈累。

高明的主管，都知道"自己急在心里，千万不要表现出来，好让员工去急"，更进一步，还会"心里也不急，因为员工已经急了"，那才是令人愉快的境界。

忍耐是相当痛苦的，领导者如果不能忍受这种"慢一点儿看主管怎样处置"的痛苦，就不能享受"不必紧张大家便能快速"的甜美果实。

古人说："忍人之所不能忍，方能为人所不能为。"领导者能够忍受"看着主管老是慢半拍"或者"主管似乎表现得比我自己更有能力，更有魄力"这种别人所不能忍的现象，才叫作"真的有耐力"。

人迟早会发火，这"迟"与"早"，便是修养的高低。领导者一看主管慢半拍，马上生气地自己抢过来处理，好像早了一些。若是忍一下，再等三五分钟，主管处理得很合适，领导者心里也十分舒畅，就可以因为稍迟一些而免去生气的烦恼。仔细算一算，迟比早有利。所谓"待人要忍耐，才能尊贤容众"，收到近悦远来的效果。

不发威大家便能谨慎

领导者要有树立权威

走进领导者的办公室，第一个感觉，就是他们的办公室比任何人的办公室都要大，好像地毯也特别厚，而最要紧的，则是办公桌的尺寸，必须是全公司最大的。

为什么要讲究这些呢？理由很多。办公桌特大号，才能够压得住各部门，使他们不敢造反；地毯特别厚，警告领导者必须站稳脚跟，步步为营；办公室最大，则在提醒领导者：你们是全公司最为孤单的人。

领导者不得不承认，公司人才再多，主管再忠诚肯干，也没有人能够代替他们做最后的决定。

想想看，领导者如果把最后决定权都交给亲信的主管，是不是好比豪华轿车的主人把车停在大路边，既不上锁，又把车钥匙插在钥匙孔里，引诱他人把车子随手开走呢？

某位领导者对我说过："我把部门的责任交给他，是不是可以什么都不管了呢？"

我也不客气地告诉这位领导："什么都不管，等于把部门送给他，而不是交给他。将来他把部门所有的重要资产都骗走，你就不能责怪他。"

凡是背叛领导者的人，必然有很多理由为自己辩护。其中最常用，也最令背叛者心安理得的，似乎就是："领导者怂恿我，然后回过头来骂我。"这也是"害生于恩"的道理。父母可能宠坏自己的子女，领导者也可能由于过分宠信主管反而陷主管于不义。

无论怎样分层负责，领导者永远要承担最后决定的责任。主管可以出点子，可以合理坚持，也可以分析利害得失。但是，最后的决定，仍有待于领导者的点头认可。

领导者不必多管，并不是什么都不管；领导者不必多说，也不等于什么都不说；领导者让分层负责，并不是把自己的最后决定权都放弃掉。领导者让主管自动，实际上也有很多促使自动的装置。

领导者不要和主管做朋友

我们常常建议，主管要把同事当作朋友看待，因为同事可能是暂时的，朋友才可能长久。把同事当作朋友，彼此不但不会斤斤计较，而且也比较可能持久互助合作。

但是，我们并不建议领导者把主管当作朋友看待。因为徘徊在友情和对所有员工负责之间，实在是一种十分痛苦的经验。

领导者就是领导者，和主管或员工不一样。员工只对他自己的家庭负责，公司如果不能满足他们的需要，他们大可以一走了之，另谋高就；主管只对自己部门的员工负责，经常面对面一起工作，很快便培养出朋友的情谊；领导者除必须对自己的家庭负责之外，还要对公司所有员工的家庭负责，他们几乎没有办法和公司里任何一个员工做朋友。

在实际的运作方面，主管可以用领导者做挡箭牌，用"领导者大概不会同意"或者"等我找机会探探领导者的口气"，来推、拖、拉一番。而领导者就没有这么方便，大家都明白领导者具有决定权，一声令下，便可以算数。

公司犹如大家庭，领导者好像家长，我们同样不赞成"父亲要做子女的朋友"。虽然"父亲要做子女的朋友"这种话听起来甚具现代感，也确实有一些人如此地再三倡导与推崇。但是，我们仍然认为，父亲就是父亲，不是子女的朋友。子女有他们的朋友，而父母的责任，仍旧在善尽父母的职责。

领导者也是人，凡人都需要朋友。领导者十分孤单，更加需要朋友，但是，千万把"建立友谊的念头"和"友谊对决策的影响"做一番仔细的比较，以避免因友谊而"必要时拉不下脸来"，弄得大家都痛苦不堪。

其实这两者可以兼顾

当然，我们说领导者不能和主管做朋友，实际上是指在朋友之外，仍然保存若干领导者的威严。通俗一些的说法，就是保留最后裁决的权势。

韩非"法术势"三位一体的方略对于现代来说，即为领导者若是失掉权势，主管就可能利用这种权势来获取自己的利益，使自己日愈做大，因而造成领导者被蒙蔽，甚至被打倒的危机。

孔子指出"君君，臣臣"的道理，也告诉我们君臣有别，领导者应该有领导者的样子，扮演好自己的角色。

刚刚开始创业的阶段，大多不可能有领导者，领导者和员工大都是亦主亦友的。随着逐渐制度化的脚步，领导者势必逐步调整自己的作风，也就是逐渐把公司内部三个阶层的距离拉开，并且让中坚主管来担当高阶管理者与基层员工之间的桥梁，做好承上启下的工作。人数再少的组织，事实上也可以分成三层，必要时予以适当的运作，才能顺利而有效。

初步拉开距离的动作，很可能是领导者开始把某些工作交给主管，主管高高兴兴地去做，却不知道把结果向领导者请示或报告。领导者若是不闻不问，主管就会养成自作主张的习惯。企业规模大到出现领导者以后，如果这种情况持续存在，领导者就会觉得不受尊重，于是开始彼此之间的冷战，大家都备尝苦楚。

还有，同事的聚会，领导者开始借口不参与。主管心里有些不自在，认为领导者忽然自大起来，可能产生某些不愉快的感觉，气氛上不免有些不协调。

领导者最好向主管说明："公司的员工增加，我一个人实在照顾不过来。从现在开始，就要拜托你们几位，多帮忙。有些事情，可能需要分层负责，在重要的决定阶段，大家商量一下，然后再放手去做。"

不能参加同事的聚会，领导者也要向主管说明："有我在场，大家会不会反而受到拘束？而且，就我来说，每一次聚会，我都不敢大意，始终把它当作正事来办。我自己过分严肃，影响大家的情绪，反而不好。请无论如何，代我向大家致意。"

领导者先树立威严，使大家心目中有领导者的存在，再来表现亲和力，做大家的朋友。这样，虽然领导者不必发威，大家也心存谨慎，时刻掌握自己的分寸，以求合理。

第九章

领导者不应该做的

天高高在上，好像不受任何拘束。其实不然，天还是受到天理的限制。换句话说，天如果违反天理，大家就会感叹：天理何在？可见天有应该做的，同样也有不应该做的，这才合乎"有所为而有所不为"的原则。所作所为不但合理，而且使人信服，大家都会认为公正无私。

领导者掌握大权，似乎可以为所欲为，丝毫不受拘束。实际上并非如此，领导者同样要受到董事会的监督。就算领导者独资经营，也要接受市场机制的考验。何况员工没有权力，至少拥有两条腿，能够用走路来抗衡。若是经常有人辞职走路，相信领导者再伟大，也会觉得心寒，认真思考为什么会这样。历经多次，领导者心中有数，也明白有些事情不应该做。

我们提出领导者不应该做的六大要项，分别为：不要独断独行，以免员工越来越没有意见，而领导者则越来越众叛亲离；不要事必躬亲，以免大家袖手旁观，只知道把所有情报，都往领导者身上堆积，弄得领导者疲惫不堪，容易忙中有错；不要纵容亲信，以免有人拿着鸡毛当令箭，到处招摇撞骗，假借领导者的名义，制造很多问题；不要鼓励对立，以免组织内部造成严重的冲突，破坏合作的机制，减少和合的力量；不要迫害功臣，以免其他员工纷纷设法自保，也使外界人士闻风却步，不敢前来共事，失去人心，势必为害组织的生存发展；不要冤枉好人，以免好人"早死"而恶人横行。

先把这六大要项抓住，再来考虑其他。大致上不应该做的，就不会去做了。

不要独断独行

事情会愈管愈多

许多领导者都在抱怨，尽管公司的员工已经很多了，可是一旦遇到事情，就感觉人手不足，非常伤脑筋。究其原因，在于领导者平日对员工的了解不够深入，无法掌握员工的学识与能力，遇到事情，当然不敢放手让员工去尝试。独断独行的结果，不但自己苦恼，而且有能力的人才，也会长期被埋没，甚至被迫离职。

领导者不放心让员工尝试，势必独断独行。员工不会责怪自己不行，反而埋怨领导者独断独行，而领导者不放心，也不敢放手让员工去做。员工为了满足领导者喜欢独断独行的心理，便会样样请示，用"我不敢做主"来推扛。领导者接受员工的请示，事情就会愈管愈多，愈来愈忙碌，愈来愈没有时间和员工商量，于是造成愈来愈独断独行的恶性循环。

员工请示领导者，领导者就做决定。员工会觉得领导者喜欢自己做决策，便愈来愈小心，大小事都不敢代决。员工请示的范围愈来愈广，报告的事项愈来愈琐碎，领导者迟早会被活活累死。

有些领导者乐此不疲，证明他们确实喜欢独断独行。这种领导者事业做不大，做大也不长久，持久那就终生劳碌。不论如何，总归咎由自取，怨不得别人。

不幸的是，更多的领导者并不喜欢独断独行，却造成员工的误解，使员工拥有完美的借口，把一切责任向上推给领导者。他们只要歌功颂德，礼赞领导者，便可以安度日子。领导者则伤透脑筋，还要背负不会用人的黑锅。

领导者原本不愿意独断独行，却无奈地走上这一条路，心中的不愉快，更增加身心的疲累。这种领导者，内心的痛苦，真是无可言喻。

避免独断独行，并不是说改变就能够改变的。领导者一向独断独行，忽然放手不管，员工更加害怕，弄不清楚这到底是怎么回事。是领导生气了，还是在赌气？大家议论纷纷，没有人敢接手，结果事情没人做决定，岂不是一团糟？

在工作中磨炼员工

台塑集团创始人王永庆先生，一再提醒他的员工："我们应该回想一下自己的经历，最初接手一件新的工作时，都会惶恐不安，不知自己能否胜任，抱着诚惶诚恐的态度，小心翼翼地摸索、努力，才逐渐由生手变得熟练而深入，最后做得胜任愉快，反而觉得别人是外行。"他认为人们的这种经验正好证明人才必须靠工作磨炼才能培养出来。

不希望独断独行的领导者，首先要调整自己的观念，了解唯有从工作中培养员工的能力，自己才能放下独断独行的包袱。

领导者尽量不要告诉员工做法，多多辅导员工去做，从辅导中了解员工的学识和能力，并且体会和认知员工的品德修养。领导者采取逐步放手的方式，来鼓励员工好好表现。

领导者如果不放心从工作中磨炼员工，生怕员工做错了伤害太大，也可以加强训练，特别是让老人带新人。关于这一点，王永庆先生说得好："老人虽然有经验，但是新人有脑筋，老人懂得事比较多，但要教新人，老人不教，新人还是不会，要把经验教给下一代，才不会错过人才。"把宝贵的经验传承下去，再加上新人的新方法，当然是加强训练的良好方式。

领导者能教的自己教。老人能教的，请他们出来教。训练配合在工作中磨炼，员工就比较有把握把事情做好。在做中学，一直十分有效，领导者可以让大家多试一试。

依据台塑的经验，任何新进人员，给予三天的职前训练，加上为期六个月的现场轮班训练，亲身体会基层工作，奠定稳固的根基，将来升为主管，大多能够胜任。六个月的轮班训练非常辛苦，除了参加生产作业，打包产品、搬运物料、保养机械，都要实际操作，总结出心得报告，并且经由主管考核。这样做的目的在考验新进员工吃苦耐劳的精神，磨炼他们的意志与耐力，同时培养正确合理的工作态度。

规模较小的公司，当然无法这样训练。但是主管边教边辅导员工去做，然后视其进步的情况逐步放手，必然是行得通的。

用坚决的意志来取代独断独行

有些人分不清楚，认为独断独行就是有魄力的表现。实际上领导者要有魄力，不需要独断独行。高明的领导者，要善用坚决的意志力促使员工贯彻命令，而不是独断独行。

第二次世界大战期间，英国击沉了德国俾斯麦号舰艇。这艘被希特勒视为"击不沉的战舰"，也是当时公认最坚固的"海上城堡"，就是被英国首相丘吉尔的坚决意志力击沉的。丘吉尔只给英国舰队司令传达他的决心：击沉俾斯麦号。随后，英国舰队派出了将近一半兵力去歼灭俾斯麦号，并获得成功。

领导者的魄力，显现在其坚决的意志上，以引起员工强烈的工作动机。丘吉尔如果软弱地和舰队司令商量，能不能设法把俾斯麦号击沉，舰队司令大概会表示"我们将尽力而为"，结果可能无法完成任务。丘吉尔以坚决无比的决心，宣示自己的决策，至于如何去击沉，则放手让舰队司令去决定。丘吉尔指示非击沉不可，使"不可能击沉俾斯麦号舰艇"，转变成为"轰动全世界的事实"，令大家惊讶不已。

在重大的决策上面，领导者显示无比坚决的意志，叫作有魄力。如果任何细小、轻微的事项，领导者都要自己决定，甚至亲自执行，那不是魄力，而是不要命的独断独行。

领导者明确地宣示希望达到的目标，不允许员工有任何疑问，这种明快的风格、果决的态度，使员工明白"这是重大的决定"，因而全力以赴。有魄力的领导者，不留给员工退却的余地，让他们觉得务必完成任务。

但是，领导者展示魄力之前，必须对员工的能力有充分的了解，平日也要提供机会让员工磨炼，以让其养成完成任务的信念，培养丰富的经验。领导者在显示魄力之前，也必须和有关员工商量，掌握决策的可能性，再毅然决然地下达毫不妥协的决心，因而不算是独断独行。

不要事必躬亲

领导者不必事事都参与

领导者要掌握全盘局势，不应该事必躬亲。高明的领导者，知道大部分事情，必须依赖分工合作，才能做得更好。唯有通过组织，运用组织力，把不同的人组合起来，产生一致的合力，领导者的功能，才算获得高度的发挥。

不过，组织员工的价值观并不完全一致。理论上，员工虽然应该接受主管的领导，而主管也应该遵从领导者的指示，实际上阳奉阴违的行为，甚至营私舞弊的勾当，所在多有。领导者为了便于防弊，通常要求各阶层主管，详尽地传送得到的情报。他们把不同来源的情报互相对比,以发现虚实;从不同来源报告的先后,核查员工的灵敏度与忠诚度。

各阶层主管,若是不分巨细,把所有的情报一律向领导者反映,就会造成领导者事必躬亲的弊病,徒然浪费很多时间、精力和资源。所谓事必躬亲,不但指领导者亲自参与大小事情,而且要求领导者无所不知。

领导者事必躬亲,主管就会耗费大部分时间和精力,来搜集情报并且向上传递。各部门竞相在情报方面大做文章,反而妨碍了正常工作的进行,也扭曲了原本建立情报系统的用意。

组织规模不大,员工可以直接向领导者传递情报,情况尚不至于十分严重。因为领导者能够亲自核查,虽然浪费时间和精力,还不致被人蒙蔽或欺骗。若是组织的规模庞大,请问领导者是否有时间逐一核查?为了防止单一情报网可能遮住领导者的耳目,于是复式乃至多层次情报网分别构成。错综复杂的互动,处心积虑的竞争,成为组织内斗的根源,说起来领导者受害最大。

公司的运作,正是情报传递与正确判断的活动历程。领导者为求全面掌握公司的实际情况,以便确实达到有效的决策,不得不力求了解各种情报。但是身为领导者,没有必要亲自接收、处理、传递及运用所有的情报。

领导者不必收集所有的情报

组织的正常运作,应该是分层负责,为领导者过滤、挡掉一些情报。领导者不需要获得全部情报,但一定有必要抓住重要的变数,以便掌稳企业的舵。

领导者用不着急于搜集所有的情报,应该注意调整组织以获取有用的情报。为了合理决策,组织必须经过用心的设计,将情报层层过滤,向上传递到各部门主管,再由各部门主管传给领导者。

各阶层主管,在传递情报之前,应该合理地加以筛选,把与决策无关的情报予以剔除。至于采用什么标准来筛选,则与企业文化息息相关,实际上也是企业成败的主要关键。

领导者的经营理念与经营风格,乃是各阶层主管筛选情报的标准。特别是中国人,个个心知肚明,并且很快以领导者的作风为导向,提供领导者所喜爱的情报,从中建立良好的关系,成为领导者心目中的重要情报站。

站在领导者的立场,怎样才能够判断各部门主管提供的情报是不是正确的?中国人的老法子,说起来很不科学,却简单好用。当领导者的,只要打断主管的报告,或者故意说出相反的话,便可以判断得八九不离十。领导者打断主管的报告,主管就不再找机会报告,领导者马上知道刚才主管的话,并非要紧的,幸亏没有让他继续说下去,否则不知道还要浪费多少时间。领导者说出相反的话,主管立即改变自己的主意,不敢坚持,领导者也就明白主管对自己的情报或主张,没有什么把握。不过先决条件,则是主管对领导有信心,能够接受不同的意见。否则主管就会存心迎合领导者,随着领导者意思,不坚持自己的看法。

如果缺乏默契，只好力求控制

可惜这一套简明有效的检验方式，被认为是落伍的方法，逐渐消失。有些员工，已经不了解领导者的心意，认为领导者不讲理，也将这种作风，当作如今社会的一种毛病。愈来愈多的年轻人，看不懂这种方式，却有意无意地任意加以曲解而沾沾自喜，委实可怜。

但是，领导者的心意如果不能为员工所理解，或者领导者本身行而不知，也说不出何以如此的道理，那么再好的方式，亦将失去效能，难以达到预期的效果。

领导者有办法让员工明白这一套简明的运作方式，当然最好。若是两情不通，彼此难以建立良好的默契，那就只好退而求其次，用组织来控制。理论上，组织会颁布许多规则，利用反馈系统来控制，检查所定的规则是不是切实被遵守，而整个反馈系统，也会依照预期运行。有些迷信游戏规则的人，的确作如是想，说起来有点天真。因为效果往往不如预期，常常令人失望。

就算规则制定得相当理想，反馈系统也建立得十分严密，实际情况却偏偏不按预期运行。在管理上，控制向来不可能绝对地收到成效，因为执行的人，往往会百分之百配合。

组织的好处，在便于分工。组织制定一套阶层制度，要求分层负责，并且彼此互通有用的情报。然而，我们的难题，在于领导者对很多领域不见得专精，请问如何了解各部门提供的情报？又如何加以正确的判断？

情报可以看成串联的信号，而且新的信号不断产生，领导者固然应该努力学习接收信号，但是更重要的，仍然在判断信号的正确性上，以避免事必躬亲。

有人建议干脆用询问的方式，其实这是行不通的。领导者问员工："你的情报是正确的吗？"相信员工必定不假思索地回答："正确。"心中却又甚不愉快："领导者居然不相信我。"接着可能会想："话已经说出口了，无论如何要把它弄成真的，以维护自己在领导者面前的信用。"于是串通作假，领导者被蒙蔽。

控制是对的，但是人的因素仍然十分重要。游戏规则定好之后，如果没有够水准的裁判，游戏规则还是可能成为具文而收不到效果。有没有够水准的裁判，根本在人。急急摆脱人而归于法，原本就是一厢情愿的念头。领导者希望不必事必躬亲，便要用心训练一批有默契、能体会的员工，否则完全诉诸控制，仍然不见得可靠。

不要纵容亲信

亲信的必要性

领导者的事业，如果愈做愈大，由于管理幅度的限制，不可能事事亲自去管。这时候，适当地委托别人来协助自己管理，应该是顺理成章的做法。然而，委托什么样的人呢？冠冕堂皇的答案可能是"有能力的人"，内心却甚感犹豫，"他靠得住吗？"

在"有能力"和"靠得住"之间，我们建立一套选择的标准：第一等人，有德有才；第二等人，有德无才；第三等人，无德无才；第四等人，无德有才。

同样有德，有才高于无才；若是不幸无德，无才就比有才更为优先。这是因为无才无德的破坏力比较低。中国人"德本才末"的观点，值得领导者用心体会，换句话说，可靠比有能力更要紧。

领导者当然要用有能力的人，但是有能力的人未必个个靠得住，这是领导者的烦恼，躲不掉的。有人说："把制度建立好，就不用怕。"这种轻松的话，当作参考无所谓，一旦认真，恐怕会后悔莫及。

事业做大了，自己管不了，摆在面前的，似乎只有一条路：建立班底，形成心腹知己的管理。其实全世界都如此，没有什么值得害怕的。

班底听起来很可怕，帮起忙来却相当可爱。心腹知己看起来十分可靠，万一造反，往往更加恐怖。领导者要了解"水能载舟，亦能覆舟"的道理，妥善建立班底，合理对待心腹知己，才能够趋吉避凶。

在工作中培养亲信

领导者要自然建立班底，丝毫不能勉强。凡是抱着同乡、同宗、同门、同学、同好、过去老同事等强调"同"字的条件，来物色心腹知己的，结果多半为"同"所害，不可不特为戒慎。

最好的办法，是抛弃"同"字。不管他们是不是同乡，是不是同宗，反正在一起就是有缘，而一切感情，要以真诚来培养。只要同心协力，其他条件，并非十分重要。如果一定要讲求"同"字，那么"同心"最为可贵。

经营管理的主要过程离不开工作。在工作中互相了解，彼此沟通；在共识中培养情谊，以求心有所同。领导者在工作中考验员工，员工在工作中经得起考验，于是两者的距离愈来愈短，彼此的心愈来愈近。这样建立起来的班底，才是真正靠得住的心腹知己。

班底有两种：一种是私的，领导者为了自己的权势而建立，甚至是为了营私舞弊，不但害人，终究必定害己；另一种是公的，领导者为了整体发展而建立，一切为达到组织目标而努力，不但可贵，而且十分可爱。

心腹知己必须是良好的工作伙伴，可以把责任放心地委托给他们。既然是得力的员工，进一步发展为心腹知己，就没有什么障碍。

亲信指领导者亲近信任的人。领导者一方面赏识他们的工作能力，另一方面相信他们的品德修养，因而视同自己的家人。有些话不便对别人说的，可以对他们说，有些事不敢交代别人做的，可以让他们去做。

遗憾的是，有的亲信起初兢兢业业，谨言慎行，慢慢会狐假虎威，甚至欺下瞒上，搞得乌烟瘴气。亲信弄权，大家敢怒不敢言，原本好好的局面，常常被搅得一塌糊涂。

领导者要信任亲信，发挥亲信的优点，尽量避免滋生弊病，同时不纵容亲信，大家才会心服。亲信不被纵容，也不致"拿着鸡毛当令箭"，胡乱作为。在责任范围内，亲信表现得有为有守，领导者自然安心。

对待亲信的三大原则

领导者要合理对待亲信，必须掌握下述三大原则。

1. 要树立信赏必罚的观念

领导者平日和亲信在一起，要凭着自己的见解，用诚恳的态度、婉转的语气，在说明或讨论中，使亲信彻底了解自己的主张。这时候，领导者不妨有意无意叙述《三国演义》中"诸葛亮挥泪斩马谡"的故事，来说明自己信赏必罚的观念。

马谡是诸葛亮好友马良的弟弟，诸葛亮派他守街亭，一再指示他要固守。年轻好胜的马谡则在山上设阵，企图击败魏军，想不到反被魏军包围，以致街亭失守，牵动全局，使蜀军不得不退到汉中。诸葛亮追究战败责任，将马谡依军法判处死罪。将领们纷纷求情，诸葛亮固然于心不忍，但也挥泪将马谡问斩。

即使是亲信，也要有罪必罚。一方面使大家信服，另一方面对亲信也是一种约束。据以自律，彼此都有好处。

2. 要严守上下的分寸

亲信如果不能守分，就会滥用职权，以收揽民心。如果到了目无法纪的地步，再来设法挽救，往往已经太迟。

领导者对亲信，也应该保持适当的距离，并且培养其独立人格。亲信对领导者，理应尊敬，凡事不可隐瞒。两者各有分寸，才不致"以上克下"或"以下克上"，终因利害冲突而离散，甚至反目成仇，严重影响事业的进展。

严守上下分寸，领导者保留重大事项的最后裁决权，是维护亲信在既定范围内，既不失责亦不越权的根本办法。

3. 要用真诚的情来感化

俗语说："姜太公钓鱼，愿者上钩。"意思是领导者和亲信之间的关系，应该是一个愿打一个愿挨，彼此间毫不勉强。《论语》记载："君子和而不同。"领导者和亲信要"和"，却未必皆"同"。"和"指真情，"同"为利害。凡事由情出发，拿真心来对待亲信，他们才会排除邪念，产生与领导者合一的意识，因而自我约束，不做逾越本分的事情。领导者不独占利益，能与员工同享。亲信受到感动，自然也以"公天下"自重，不太好意思弄权，也不太好意思见利忘义。

不要鼓励对立

对立会造成严重冲突

钱穆研究中国民族性，认为我们的国民性，是"和合"多过

"分别"的，亦即和合性大于分别性。中国人的脑子里，喜欢合，不喜欢分。

钱穆指出，中国人认为，在同一政府下的君和臣，应该和合，不应该分别。就连社会民众，亦应与政府亲切和合。君、臣、民三位，是不宜过分分别的。古代看君、臣、民的分别性，不如近代人观念这么强。有人批评中国历史自秦代以来，只有造反，而没有革命。其实中国人造反亦是不得已，最好是不要造反。中国人妙在不造反，也不革命，却依然有自己的主张和意见，这也是一种合的表现。

中国人的看法，正如孔子所倡导的：你依我的条件，我就帮忙；你不依我的条件，我就不帮你忙。所谓"合则留，不合则去"，便是中国人最好的制衡方式。

制衡可能有两种心态：一种是站在合的立场来制衡，希望大家好，属于和合性的；另一种则是站在分的立场来制衡，希望你死我活，属于分别性的。分别性的制衡，只知为反对而反对，根本就是对立的性质。

领导者的心腹，如果只有一人，意见很容易沟通，但也很难听到相反的意见，因此班底需要多一些人，以求集思广益。但是这样一来，意见就不免有分歧，领导者一不小心，就会造成员工之间的派系。中国人一旦形成派系，便会愈争愈烈，终于闹成对立，招致严重的冲突，甚至绝情地分裂。由合而分，派系的关系至为重大。

俗话说："合字不好写。"意思是有缘千里来相会，却未必容易百年好合。合伙很难，领导者与班底长期不闹翻也很难，必须把握"可以制衡，不能对立"的原则，绝不鼓励对立。

譬如某些大公司设置好几位副总经理，若是各自建立派系，闹成对立，请问总经理如何能够安心？

吸取历史上的教训

春秋末期，田常担任齐简公的宰相。为了收揽民心，征收租税的时候，用小升收粮，而在借粟给人民时，使用大升。他的声望日高，很受老百姓的欢迎。

但是，齐简公相当信任另外一位宰相监止，田常一再动脑筋，都无法打动齐简公的心，将监止放逐。齐简公固然有自己的主意，却未能适当劝阻田常，以致田常与监止愈闹愈激烈，终成对立。监止十分讨厌田常，有意将他排除。不料田常先下手为强，不但杀死监止，连想逃亡的齐简公都被田常的手下刺杀了。

有些领导者，喜欢员工互相制衡，以求放心，当然不无道理。不过，制衡到对立的地步，员工就会不择手段，甚至连领导者都受到牵累，一定要预先防患。

钱穆指出，朋友相交，要讲义气。我的生命就是你的，我同你不和合，你杀我都可以，这看似是一种反抗性的，实则还是一种和合性。孟子和孔子一样，走到这里，这里不用；走到那里，那里也不用。不是不看重他，也不是不想用他，而是由于意见不合，他不为人所用，自己跑掉了。

领导者以和合性统领员工，也要鼓励员工讲义气，大家可以有意见，却不应该闹意见。换句话说，领导者为了达到组织的和合性，有责任确保员工站在和合的立场彼此抗争，不许可为排除对方而对立。

楚汉相争，不如三国鼎立，中国人不适合两个派系势均力敌，比较适合多派系吵吵闹闹。前者很容易陷入对立，造成你死我活的僵局；后者反正吵来吵去，谁也不会把谁怎么样，对领导者主持大局，反而较为有利。

及时培养第三势力

领导者如果发觉员工逐渐形成对立的局面，应该警觉地及早培养第三势力，使对立的情况发生一些变化，至少不会那么紧张，影响到工作的进行。

话说回来，派系纷争必然造成混乱，对于领导者有害无利。领导者倡导以和为贵，不允许员工树立派系，才是管理的正道。我们这里所讨论的，是防不胜防，让员工有机可乘，或者劝阻不果，仍然彼此对立的时候，只好出此下策，以资对应。

换一个角度，员工意识抬头，各公司纷纷设置工会。若是与资方互相制衡，一切合理解决，领导者就要面对现实，顺应潮流，主动协调。如果工会气焰高涨，渐见对立，这时领导者便应该及早图谋，预先想好对策。

高压政策已经十分落伍，最好不予考虑。因为一旦诉诸压力，彼此形同敌人，只增加了员工的不满，而不可能消减他们的怒气，领导者必须明白众怒难犯的道理。

那么，培养第三势力，以求合理中介，应该是良好的方式。劳资双方僵持不下，中介人士从中斡旋，往往可以达成协议。但是，外界的中介人士，很容易借机作秀，甚至图谋私利，把原本单纯的事件，弄得格外复杂。结果，劳资双方均蒙其害，这种实例很多，值得我们警惕。外人毕竟是外人，没有切实的利害关系。反正成就成，不成也不要紧。这种不负责任的态度，经常造成相当不利的后果。

最好的中介人士，反而是自己公司内的中坚主管。他们平日在公司负一部分实际责任，对公司状况十分了解；和领导者、员工都有往来，相当熟悉；加上自己也在公司服务，对公司整体利益必然关心。在这种情况下，作为劳资双方的媒介，应该非常合适。

然而，领导者如果没有及早培养中坚主管这一支领导和员工之外的第三势力，临时才要他们担任中介人士，恐怕员工不会乐于接受，大家很可能怀疑中坚主管代表资方来压制他们，根本不予理会，那就徒劳无功了。

领导者平日用心培养中坚主管，使员工对中坚主管深具信心，可以化解劳资双方的对立。但是，最重要的，还是领导者的理念，必须以"可以制衡，不能对立"为最高原则，绝不容许对立，以免危害事业的进展与生存。

不要迫害功臣

有人喜欢过河拆桥

汉高祖刘邦，击败楚霸王项羽之后即帝位。第二年，他假借游历云梦湖的名义，把诸侯召集到楚国边境，目的在捕拿功臣韩信。他将韩信押到洛阳，削去王位，贬为淮阴侯，以致韩信果真谋反被杀，诛连三族。汉高祖这种举动，引起诸侯的不安，以后不断地发生叛乱的事件。

早在春秋末期，越王勾践消灭吴国，功成之日，范蠡立即引退，因为他知道越王只能共患难而不能共享乐。同时他还劝告另一位臣子文种说："飞鸟尽，良弓藏；狡兔死，走狗烹。"文种收到范蠡的信，立即假装患病，请求免职。但被勾践下令捕捉，以叛乱罪名处死，应了"鸟尽弓藏"的警语。

太史公评论韩信，假如韩信学一些道家的谦让之道，不夸耀自己的功劳，不骄傲自己的才能，那么他对汉家的功勋，真可以上比周公、召公、姜太公等对周代的贡献，子子孙孙都可以一直享受殊荣，获得祭祀。可惜韩信不朝这方面去努力，却在天下大局已定，才来阴谋叛逆，全家被杀，不也真是罪有应得吗？

曾经和若干领导者闲谈，也都觉得汉高祖非杀韩信不可。刘邦以巩固新朝为第一要务，不择手段地屠杀功臣，可以解释为居于国家安危，不得不出此下策。

至于勾践，依据范蠡写给文种的信函，说是"越王这个人的长相，脖子很长，嘴像鸟一样尖。这种人只可以共患难，不能够共享安乐。"有些领导者照镜子看看自己的相貌，并没有这些特征，便放心地说："勾践是天生要杀功臣的性格，看来也没有办法避免！"

其实，不论是后天的使命或先天的性格，杀功臣毕竟不是好事情。老子认为，大自然无所偏爱，将万物都当作刍狗；圣人也无所偏爱，把老百姓都看成刍狗。刍狗是祭神时用草扎成的狗，祭祀完毕就丢掉了。

领导者有必要把功臣当成刍狗，大功告成之后，便任意加以迫害吗？

最好预先化解矛盾

凡是功臣，和领导者之间，免不了存有若干矛盾。例如韩信，曾经在闲谈的时候，和刘邦讨论到将领们的本领，各有不同。刘邦问："像我的才能，能带多少兵？"韩信回答："陛下最多不超过十万人！"刘邦又回："那么，你呢？"韩信仍然不知警觉，说："臣是兵愈多愈好。"刘邦答着说："既然是愈多愈好，为什么还会被我捉住呢？"韩信赶快辩解说："陛下您不善于带兵，却长于用将。这种才能是天生的，不是人力做得到的。"可惜已经种下矛盾的因，刘邦心中的不愉快累积到相当程度时，便像火山一样爆发了。韩信的朋友蒯通最先警觉到这种矛盾，劝告他说："从情势上看，您这个臣子有使君主感到压迫的威势，我真为您感到不安。"韩信自己缺乏警觉，终于引发了杀功臣的悲剧。说起来刘邦固然气量太小，韩信的警觉性，也实在太低。

那么，身为领导者的刘邦，难道没有其他办法吗？刘邦如果能够冷静一些，不要操之过急，首先借故削去韩信的兵权，给他崇高的地位来加以笼络，然后用好酒、佳肴、美女，逐渐消磨他的志气，韩信就算真的想造反，恐怕也将无能为力，又有什么好害怕的呢？

领导者对于某些"功高震主"的功臣，难免会又怕又恨。他们能够放宽肚量，当然最好，实际上耿耿于怀，不如设法化解矛盾，促使功臣自己反省，彼此各让一步，长久合作，对大家都有好处。

迫害功臣的五点害处

刘邦的举动，固然令人同情。但是他的残酷少恩，也为他带来十分严重的后遗症。韩信被杀之后，紧接着梁王彭越谋反，淮南王黥布也告叛变。刘邦亲征黥布时，被流矢射中，以致只当了八年皇帝。领导者迫害功臣，至少有下述五点害处。

1. 使其他员工心寒，纷纷设法自保

领导者迫害功臣，当然可以找到许多正当的理由，而员工表面上也会赞成，甚至协助领导者。但是，员工内心毕竟是害怕的，唯恐有一天会轮到自己头上，因此小心翼翼，处处有顾忌，这对组织的正常发展，可能构成很大的阻碍。

2. 使真正的人才闻风却步，不敢前来共事

领导者迫害功臣，传扬出去，同行业之间，更会添油加醋，说得恐怖万分。原本有意前来投奔的人才，打听之下，赶忙调头他去。而且一传十、十传百，整个企业形象都会被破坏。人才不敢来，企业的前途必然黯然无光。

3. 小人会趁机兴风作浪，把领导者弄得失去理智

小人一向唯恐天下不乱，如今眼见领导者迫害功臣，自然不会放弃机会，于是趁机制造矛盾，使领导者疑神疑鬼，无法专心做事。他们甚至为小人所包围，除去功臣，招来更可怕的奸臣，今后的日子，势必更加动荡不安。

4. 人人自危，终究造成领导者众叛亲离的困境

刘邦崩逝之后，经过四天，吕后仍不发布丧事消息，只与谋臣暗中盘算，计划杀尽将帅们，幸亏有人劝阻，才没有酿成大祸。但是刘邦一生劳碌，弄得众叛亲离，哪里是他当年"安得猛士兮守四方"的壮志所能比拟的？

5. 失去人心，就会危及企业，难以生生不息

企业希望永生，必须得人心，人才才能不断进来。如果企业为了迫害功臣而失去人心，人才也不敢前来，那么就会遭遇数年之间倒闭的命运。

现如今，领导者固然不能杀害功臣，但是迫害功臣的案例，

仍然不在少数。功臣自身当然有其应得之罪，领导者也将得不偿失。贤明的领导者，最好设法化解与功臣之间的矛盾，或者采用缓和的方式，以资调节，切忌横下心来，毫无顾虑地鲁莽从事。虽然气魄很够，却后患无穷。

不要冤枉好人

学会明辨是非

楚怀王时，十分倚重官拜左徒的屈原。他学识渊博，记忆力特别好，知道的事物很多。又擅长辞令，对内发布政令，对外接待各国使节，都很得体。

同僚上官大夫，既嫉妒屈原的才华，又极力想争取楚怀王的宠信，常常抓住机会，就毁谤屈原。楚怀王误信谣言，竟然怀疑屈原自夸其功，心目中没有楚王的存在，因而疏远屈原，许多事情不再交由屈原办理。屈原备受冤枉，感到痛心，经常忧愁苦闷，把内心的苦闷写成一篇《离骚》，表达自己遭遇忧愁的心思。

绝望的屈原，终于抱着石头，投到汨罗江，结束了悲愤的一生。自古以来，好人常常早死，实在令人觉得惋惜。上官大夫陷害屈原，如果楚怀王不予采信，就不致发生这种悲剧。可见领导者冤枉好人，要比同事互相斗争，更为可怕。因为领导者通常握有大权，可以决定一个人的去留、荣辱、甚至生死。

太史公指出，任何君王，不论智或愚，贤或不肖，都希望能够找到忠臣和贤士来辅佐自己，把国家治理好。但是，亡国破家的事例却不断发生，而仁圣的君主和政治太平的国家，则多少世代以来，极少出现。这究竟是什么原因呢？主要是君王认为的忠臣实际上并不忠贞，他们认定的贤士，实际上也不贤能。像楚怀王这样，分不清楚好人坏人，所以在内被郑袖迷惑，在外又被张仪欺骗。他疏远屈原，却信任上官大夫，以致军事挫败，领土被占领了六郡，自己也流落在外，死在秦国，为天下人所耻笑。

作为领导者，如果不能明辨忠奸，往往会冤枉好人。等到有一天清醒过来，则悔之不及，难以挽回。虽然说好人被冤枉，难免有其不是的地方。一个好人，除了表现良好之外，还应该有使自己活下去的本领。尤其是当今时代，本来就是好人同坏人斗，如果好人斗不过坏人，那么坏人就会耀武扬威，到处作秀。但是，当家做主的，不能够想办法让好人出头，却只能对坏人低头，显然也是没有尽到应负的责任。

切莫心生妒忌

领导者妒忌员工表现得好，因而有意无意冷落他们，或者故意找他们的麻烦，甚至借故找他们的差错。这是领导者的修养问题，我们不便置评。孔子认为，一个人不必担心没有职位，要担心怎样才能够在职位上站好；一个人不必担心别人不知道自己，要先使自己有足以使人知道的东西。便是劝告我们不要害怕别人出人头地，应该自己努力奋斗。特别是已经当了领导者，还有什么必要妒忌员工的表现呢？若是反过来想：员工表现得好，就是证明自己领导有方，同时也表示自己宽宏大量，岂非大家都愉快？

但是，同事之间，妒心喋喋，处处呈现着韩愈所描述的"忌者畏人修"的情况。

领导者就应该以"怠者不能修"来劝告那些故弄玄虚、毁谤同事的人。让"不能修"的人肆意破坏"能修"的人，以达到"畏人修"的不正常需求，乃是领导者必须有效遏阻的行为。

《孟子·万章》记载，万章问孟子说："我听别人讲，孔子走到卫国的时候，曾经住在卫国一个专治无名疮毒怪病的外科医生家里，走到齐国的时候，就住在齐国一个宦官瘠环的家里。究竟有没有这回事？"孟子回答说："不，没有这回事，全是好事的人编造出来的。"万章又问孟子："我听别人说，百里奚自己卖身给秦国养牲口的人，得到五张羊皮，就替他放牛。他想趁这个机会要求秦穆公起用他做官，这些话是真的吗？"孟子说："不，不是真的，是好事的人捏造出来的。"好事的人，为什么这么喜欢造谣生事呢？谣言止于智者，完全在孟子的身上获得印证。

有些人由于妒忌，常常编造一些无中生有的故事来诬陷别人。孟子的启示，使我们提高警觉，不要随便听信旁人的话。尤其是领导者，更应该细心求证，尽量查明事实，做到既不冤枉好人，也不纵容坏人。

要有好人的修养

前面提及当今时代其实就是好人同坏人争的时代，好人如果争不过坏人，就会变成坏人当权，好人倒霉。所以好人为了胜过坏人，实际上也应该有一套生存的本领。领导者是好人，不轻易听信坏人，有时坏人也会转而把领导者当目标，加以攻击。领导者一方面要鼓励好人，好好应付坏人，另一方面自己也要加强这方面的修养。

好人对付坏人，首先要记取唐代两位高僧寒山和拾得的对话。寒山问拾得："如果有人侮我、辱我、慢我、冷笑我、藐视我、毁伤我、嫌恶我、欺诈我，那么，我该怎么办？"拾得告诉他说："最好的办法，就是忍受。用依他、让他、敬他、避他、苦苦忍耐他、装聋作哑、漠然置他、冷眼看他，倒要看看他怎样收拾这个场面。"

现如今，做官的第一修养，说起来十分可笑，正是大家所嘲笑的"叫骂由他叫骂，好官我自为之"，要不然，活活被坏人气死，还不是活该？

《论语》记载曾子的话——虽然有充实的心得，自己觉得好像很空虚；有人冒犯他，他一点儿也不计较，就是这种"大事化小，小事化无"的功夫。对付坏人，请问除此之外，有更好的办法吗？

屈原若是具备这等修养，上官大夫就没有那么容易击败他。屈原持心端正，行为正当，虽然竭尽忠心和智慧为国服务，却由于小人的挑拨离间，楚怀王因此疏远他。屈原如果有这样的修养和智能，当受到冷落的时候，不发牢骚，也不到处抱怨，只默默地到学校去教书，等待一切误会过去，重新出任要职，就不至于投江自尽了。

　　当然，让被冤枉的好人自求多福，也要配合领导者不受小人的蒙蔽，不一时冲动，便置好人于死地。有些领导者，为了确保自己的职位，顾不得员工受到冤枉会产生什么后果，就横下心来，毫无顾虑地处置，实在是残忍的行为。楚怀王死于他乡，恐怕也不是他愿意的。当初不冤枉屈原，又何至于如此可怜！

第十章
领导者立不败之地

反败为胜的毅力，固然令人钦佩。但是所付出的代价，往往难以估计，更不易承受。不如未雨绸缪，凡事力求立于不败之地，以免不幸失败，还要特别艰辛。

领导者为求立于不败之地，所采取的因应方式，各有不同。我们尊重各自的抉择，这里只是提供一些方案，让领导者自行参考选用。它们包括掌握形、势、情的变化，有效领导促成团结，促使大家同心协力，关怀导向以得人心，两难之中必须兼顾，时时保持合理心态。时常注意，多加小心，才能确保不败。

两难、兼顾、合理，这三个项目、六个字，已经有很多人在实际运用之后，将其称为六字真诀，意思是运用之妙，存乎一心。只要用心体会，领导者应该可以立于不败之地。

掌握形、势、情的变化

领导者不能失败

我国历史之所以治少乱多,一般人都怪罪于小人当道,君子有志难伸。似乎都是坏人的责任,而好人没有什么罪过。其实不然,太平日子少,动乱的时间长,主要的原因,应该是好人常常失败,而坏人大多成功的结果。这种和天理相讳背的事实,并不是天理错误,而是好人没有善尽责任的不良后果。好人如果没有办法使自己活下去,并且发挥好人的力量,那么,好人并没有提供好的贡献。对组织而言,也就没有实质的意义。这样说来,领导者必须掌握形、势、情的变化,确保立于不败之地,才不致为坏人所趁,而自招失败。

《孙子兵法》记载,古时善于作战的人,都先造成敌人不可胜我的态势,然后等待敌人有可战胜的虚隙或机会,再发动攻势把敌人歼灭。领导者只要做到"敌人不可胜",即使永远找不到

"可胜"的机会,也不会失败。

就管理而言,领导者必须设法立于不败之地,然后才可能谈及其他。我们养成处处谨慎、步步为营的习惯,不容许产生任何差错。我们深切体会和认知,一步错满盘皆输。毫发之间,实在没有什么反败为胜的可能。

其实反败为胜者已经尝过了失败的苦果,心理上遭受严重的创伤,即使有幸反败为胜,在心理上或人格上已经有了重大的改变,也难以保持原有心态,愉快地享受胜利的滋味。反败为胜可以当作失败时的鼓励,绝对不是领导者应有的座右铭。

善于掌握形、势、情

领导者要立于不败之地,正如汉代荀悦所说,要点有三:一是形,二是势,三是情。形是得失的成数;势指进退的应变;情为心志的情况。领导者确实用心,力求突破当前的形、势、情,便能够立于不败之地。

为什么管理所用的策略相同,施用对象的性质和状况也相同,功效却未必一样。究其原因,即在于形、势、情各不相同。

1. 形——评估可行性,以盘算得失的成数

先就形而言,领导者必须评估有多大的可行性,以盘算得失的成数。做决策时,首先确认问题所在,然后寻找可行的措施。如果发现有若干答案,便要找出最合适的决定下来,成为决策的

定案。但是，领导者在寻找最合适的答案时，怎样衡量得失，所持的标准则殊不一致。有些人重在利润，以利润的多寡来决定得失的成数；有些人重在未来的发展，主要考虑其能否进一步有所开展；有些人重在安全，关心能不能确保自己的地位；有些人则重在安人，亦即"己安人亦安"，务求股东安、员工安、顾客安、社会大众也要安。

同样安人，其得失也不同。有多数人得到安宁的众安，也有少数人蒙受好处的寡安；有长期的久安，也有短暂的暂安；有实际的实安，也有虚假的虚安；有实质的整体的大安，也有表面的、部分的小安。

有时候，得到的是虚名，而实际所得却是祸害，这就是事实相同，而形不一样，所获致的不同结果。

2. 势——一个策略的成败，取决于执行时的临时制宜

拿势来说，一个策略的成败，和执行时的临时制宜，有十分密切的关系。领导者做决策时，固然要预先考虑可能发生的变数，然而未来毕竟是变化莫测而且不易预测的，所以就算能将所有变数全部纳入考虑，也无法逐一切实掌握。《资治通鉴》记载，权谋不能预先设立，通变无法事先筹谋。最要紧的是随着时机而转移策略，顺应事物的变化而更改方式。

中国人善于因应变化，常常喜欢变更原有的企划。如果出于因势利导，那是十分正确的举动。企划时，必须用心好好企划。但是心理上要有准备，容许执行企划案的同事，合理地改来改

去，以适应势的变化。

譬如，新产品的试销，未必关系到公司的存亡。它的势既然不能急切地决定公司的成败，那么有利时就趁势推展，无利时便暂停生产，再行调整，以等待有利的时机，重新推出。然而，新产品的问世，也可能举足轻重，影响到公司的存亡。成功的话，公司继续营运，失败的话，只好停止营业。这时候时间迫切，根本不可能等候时机。可见新产品的事实相同，而其中所含的势并不相同。

3. 情——决策的结果，决定大家的预期心理

再以情来看，关于决策的结果，可以说决定大家的预期心理。领导者有无比的信心，执行者也有坚强的决心，相关人员，也都乐观其成，当然结果良好。否则众人预期失败，缺乏信心，哪里有成功的可能？

自古以来，要瓦解敌国的力量，常用的方法，正是拿出数万斤黄金，施行反间计，离间敌国君臣之间的感情，使其内部相互残杀，然后伺机消灭。

事的成败，无不系于一念之间。孙中山先生说："吾心信其可行，则移山填海之难，终有成功之日；吾心信其不可行，则反掌折枝之易，亦无收效之期也。"我们可以说：决策成功，此心成之也；决策失败，此心败之也。

同样的策略，同样的时机和形势，由于执行人员的心理不同，很可能产生不同的后果。执行者遭遇困难就想退却，没有排除万难的决心，自然容易放弃或轻易修改原订的策略。相反地，

执行者士气高昂，不怕困难，抱着必定成功的决心，就会勇往直前，因而获致良好的效果。情不同，结果当然不同。

兵法说得十分清楚："攻心为上。"情的力量，非常重大。按理情的突破，亦即建立坚定的信心，应属首要，为什么反而摆在形和势的后面呢？

领导者的信心，并不是盲目的。乱下决心，不问事实断然赋予无比的信心，根本不是正当的做法。为了立于不败之地，任何决策，都应该谨慎为之。首先要知己知彼，了解自己的实力，判断有关的形势，明白胜败的关键，然后知其"不可胜"，这才坚定信心，遇到任何危险、困难，都没有畏惧不前的心理。

坚定信心之前，先判断形，即就整体而言，可能有几成的胜算？形有有形与无形之分。孙子认为，众人所看得见的胜利，或天下人所称赞的胜利，好比人人能见光耀的日月，人人能闻隆隆的雷鸣，实在不足为奇。这是有形的形。他还指出，善战者所获得的胜利，既无足智神算的威名，亦无勇冠三军的战功。无形的形，一般人不容易看出来。

企业并不是闹革命的场所，任何决策，若是闹得惊天动地，人心惶恐，或者紧张忙碌，疲惫不堪，即使得到成功，也已经注定日后失败的命运。

最要紧在择人任势

有形的成功，固然明显而轰轰烈烈。但是劳师动众，日夜加班，造成无形的损失，将来也由公司偿还。领导者盘算胜利的成数，必须将有形与无形的成数合并计算，才知道真实的形。有形的成数，逐渐可以交由电脑来处理，无形的成数，仍有赖于领导者的智慧及远见。所以人脑的运用，在今天依然有其不可取代的重要性。

形的成数，与时机有密切的关系。时机不可能创造，必须等待，所以主张"度小月""候时机"。看似消极而保守，其实，积极地预先看出时机来临的征兆，才是领导者善于把握时机的表现。

孙子希望我们"先为不可胜"，然后"以待敌之可胜"，便是及时看出时机的到来。领导者事先由各种状况判断，提前准备。一旦时机有利，马上主动发起攻击，自能攻无不克，战无不胜。

时机未成熟，要耐心等待，以免徒劳无功。时机一旦成熟，便要立即付诸实施，不可犹豫，以免坐失良机。可见策略施行之前，时机很重要，不可等闲视之。策略施行之后，时机不重要，不能因时机变更而半途中断。这时势的应变，才最要紧，必须随时制宜，以确保良好的效果。

势有优势和劣势之分。优势要加以利用，劣势要设法规避或改变。这个责任，主要在执行单位的主管，所以说："千军易得，一将难求。"优秀的执行主管，既要善于领导员工，更要足智多谋而任势。因为执行策略的员工，就算素质良好，能力高强，但领导者指挥不精，运用失策，也将招致失败。孙子认为"善战者，求之于势，不责于人"，执行主管，必须在势的应变上获胜，而不苛求人员的多寡及素质的强弱，亦即不把失败的责任推给员工。领导者明白择人任势的道理，能够慎选智慧与毅力兼备的执行主管，以期能随机应变，因势制宜，使原本具有成功可能的策略，发挥预期的功效。

势的因应，和执行者的心理有很大关系。"安则静，危则动"，员工不能自动，就静悄悄地等待主管的命令，推一步动一步。好像军队安而静，那是"安而无势"，失去应变力。员工自动自发，有如军队战危时为保全性命，产生无比的勇气，叫作"危则势动"，不过危急之际，也可能心生畏惧而动摇。

心里的情，有至情，也有虚情。领导者平日多多关怀员工，凡事洞察先机，能够未雨绸缪，比较容易收获员工的至情，亦即员工的信心与向心。若是平日威胁利诱，任意运用大棒，那么员工虚情假意，明迎暗拒，也就无可奈何了。

领导者要求立于不败之地，必须形、势、情三者并重。把握重点，突破当前的形、势、情，必能适时应变，在同心协力的情境下，克服一切困难，有胜算地设计策略并且逐步实施，收到预期的效果。

有效领导促成团结

中国人也能够精诚团结

中国人到底能不能合作？主要看领导者的领导方式是不是合

乎中国人的需求？历史上中国人精诚团结的事例，不胜枚举。可见正确领导，照样可以促成中国人团结一致、合作无间。领导者不反求诸己，却天天骂员工不团结、缺乏团队精神，最没有效果。

梅花坚贞耐寒，永远不向逆境低头。它愈冷愈开花，象征中国人坚韧不拔的精神。单独一朵梅花，实在看不出有什么特别的地方。甚至有人说它一共五瓣，却是一瓣一瓣地开，也一瓣一瓣地谢，好比中国人的性格，在团队中保有各自独特的作风。

满树梅花，朵朵向上开放。有如中国式管理，员工朝上面看，希望揣摩领导者的心意。往往形成"看上不看下"的逢迎心态，因而产生欺下怕上的官僚作风。事实上，一朵梅花五个瓣，没有哪一朵是五瓣一齐向上的。一方面表示中国人崇尚谦虚的美德，不敢五瓣朝天，必须略为倾斜，以免遭受天谴；另一方面也在告诫我们，领导者的赏识固然重要，员工的支持也很要紧。最好能够做到上下兼顾，才能万事顺成。

一朵一朵看梅花，不免想起孙中山先生"一盘散沙"的警语。中国人听到"一盘散沙"，无不十分伤心，人那么多，就是不知合作、不能合群，你说气不气人？

其实，中国人并不是真的不能合作。我们首先要分辨清楚：能不能合作是果，怎样领导才是因。千万不可以倒果为因，一口咬定中国人不能合作！

孙中山先生早就指出，现代中国人对于平等、自由，有相当的误解。因为我们中国人讲平等自由，乃是"无论什么人在哪一种团体之中，不管团体有没有平等自由，总是要自己个人有平等自由"。学生闹学潮，理由是：先生管理不好，侵犯学生的平等自由，学生要自己的平等自由不被先生侵犯，要争回来归自己保留，所以才开会演说，通电罢课。工人闹工潮，不外乎认为，资方管理不好，侵犯工人的平等自由，工人要自己的平等自由不被资方侵犯，要争回来归自己保留。所以工人也通过开会演说，串联集体休假，以资抗衡。

孙中山先生说："并没有什么特别主张，只知道争个人的平等自由；甚至于在团体之中，并没有什么详细规程，凡事都是杂乱无章，由各人自己意气用事，想要怎样做，便是怎样去做，所谓人自为战。真是强有力的人，或者能够做成一两件事；大多数都是一事无成……""因为大家都是为个人争自由平等，不为团体去争自由平等；只有个人的行动，没有团体的行动，所以团体便为思想所打破，不久就无形消灭。"

各自为战，有组织却管制不了乌合之众；意气用事，有团体却是在吵吵闹闹中各说各话。这些是果，而且是一种不良好的果。究其原因，则在根本误解自由平等，而且缺乏正确的领导。

中国人如果领导得正当，必然可以产生团结一致的果。历史上多少可歌可泣的故事都证明中国人合作的力量，真是所向无敌。中国人领导得不当，也不可否认地有其不合作的果。所以说中国人可以合作也可以不合作，完全看如何领导，这才是真正的事实。

以整体目标为重

孙中山先生指出，某些发大财的公司，在组织之初，各股东都做了很大的牺牲，投入很大的资本，好像先拿出个人的平等自由，来成全公司的平等自由。然后公司发达了，股东才能够多分红利。同理，员工也应该把自己所有的平等自由，贡献给公司，让公司得以全权处理，然后公司才有成功的希望。等到公司经营成功，员工当然可以享有自由平等的权利。

每一朵梅花，都守分地散布在梅树上，把自己的自由平等奉献出来。梅树长得好，花开得多，看起来每一朵梅花都十分可爱，分享了自由平等的乐趣。

梅花要从整体看，才显得艳丽动人。梅树照顾每一朵梅花，梅花也不带英雄性，只是如君子般地各尽其力，这正是中国式管理"集团中有个人的特性"的梅花气息。

满树梅花，如果每一朵都显得零落而没有精神，岂非惨不忍睹？每一朵梅花，都竭尽己力，表现出自己的独特作风，又彼此兼顾，让整体得以表现出优美的形象，这才是我们所切望的"在团队中表现自我"，亦即"在整体中完成自我"。

领导者重视每一位员工，员工都应该尽力把工作做好，然后鼓励彼此之间的和谐与互助，大家都以整体目标为重。主要的汇集力量，在于最高领导者的大公无私，亦即通常所说的公正。心存公正，然后分层负责，各司专职而又互相协助与支持，全体员工向上看，必能上行下效，蔚然成为良好的风气。梅花不能一朵一朵分开看，而要整体观看，这是领导者必须具备的修养。

领导者的心态，直接对员工产生影响。他们认为员工根本不可能团结，大家便活像一盘散沙，各做各的，互不支持，也不愿意合作。若是认为员工彼此分工，却非合作不可，大家便会放弃本位主义，随时将心比心，站在整体的立场，彼此力求密切配合，达到合作的效果。

正确领导的三大原则

领导者的正确领导，包括下述三大原则，缺一不可。

1. 分工是为了合作

领导者要树立"分工是为了合作"的信念。分工是不得已的，因为它带来许多不合人性的缺失，使得工作单调乏味，容易产生疲倦，而且彼此不便联系。领导者自己必须了解"如果不能合作，分工就变得毫无意义"的道理，并且进一步把这种讯息传播开来，让每一位员工，都充分明白合作的重要性，因而培养合作的态度，时刻自勉。为合作而分工，最好不要本位主义，盲目分工而不能合作。

要贯彻这种信念，领导者自身便不能够表现自己的英雄性。因为领导者喜欢英雄性，就会不自觉地鼓励自己的员工做英雄，以致英雄斗英雄，当然不容易合作。

换句话说，领导者应该鼓励集团性，使大家了解"我自己要成功，也要让同事有成功的机会。唯有各部分都成功，我这一部分的成功，才能够获得确切的保障"。

凡事勿忘推己及人，一切要在团体中成就，这是梅花要做整体看的精神。领导者绝对不能压抑有能力的人，但是一定要明确表示，真正有能力的人，必须表现得让大家都有面子，才能够使大家心悦诚服。能力除了专业性以外，还应该兼顾普遍性。做事的能力，加上做人的技巧，便是真正有能力。

2. 各司其职之外更能互补

领导者要养成"各司其职之外更能互补"的习惯。"不在其位，不谋其政"是专业分工，为分工合作必不可少的原则。然而，仅仅专业分工，很容易形成各人自扫门前雪的不合作行为。"各人自扫门前雪"原本不错，只是不能不管"他人瓦上霜"，因为他人瓦上霜压下来，同样会妨害到自己。

打棒球分内场、外场。球掉下来，好像在内场，这时候外场手最好坚守"不在其位，不谋其政"的分工原则，不可以跑到内场去接球。若是外场手热心过度，虽然眼见球落内场，仍然不分彼此，跑过去接，由于双方的眼睛都注视着球，不一定能够看到对方。万一外场手和内场手撞在一起，不论是把内场手撞倒或是被内场手撞倒，造成人倒球落地的漏接事件，大家必然痛骂外场手多管闲事，妨碍内场手的正常作业。但是，内场手若是不小心跌倒了，外场手就要全力以赴，把球接在手中，否则也要挨骂。明明是内场的事，如果内场手做不好，外场手就应该补上，以求整体立于不败之地。

满树梅花都凋零，唯有一朵独秀，看起来令人伤感。朵朵正常，并不特别表现突出，这一树梅花，最为尊贵。

3. 一定要尽力把工作做好

西风东渐以来，许多人总认为一切都是非此即彼的，很难做到兼顾的地步，似乎不当英雄，便是狗熊。其实不当英雄，照样也可以不做狗熊。让大家有面子，自己也可以爱面子，更可以有面子。排除本位主义，仍然应该尽力把自己的工作做好。任何人不能因为不存心出风头，便不尽力工作。

尽力把自己的工作做好，就不必计较他人的妒忌和打击。这种看法，其实并不周全。我们最好更进一步，做到一方面尽力把自己的工作做好，另一方面也能设法不引起他人的妒忌，不招惹他人的打击。只要稍微用心，不难了解他人的妒忌和打击，实际上也是我们自己引起的。中国人常常说有本事，很少说有能力，其差别即在于此。只知道尽力把工作做好，不过是有能力的表现，进一步做到不引起他人的妒忌和打击，才算有本事。

促使大家同心协力

注入生生不息的树状组织精神

领导者要促使大家同心协力，必须在组织上注入生生不息的树状精神。让每一位员工，都在上级主管的支持下，放手去做。毕竟中国人最喜欢听的一句话，并不是"你好好听我的，我不会叫你吃亏"，而是"你放心去做，我一定支持你"。前者迟早形成"奴才集团"，后者才是真正的同心协力，可以灵活地随机应变，因时制宜。

个人单打独斗的时代，已经成为过去。现代所重视的，乃是聚集群众、纠合众力，有效地打组织战。

三人成众，有计划地协调众人的活动，就叫作组织。然而，有组织并不能确保具备打组织战的能力，即使勉强可以打，也未必能够有效地打出漂亮的胜仗。

我们常见的金字塔组织，重视科层结构。其主要用意在防止人类私心、偏见、冷酷，以及反复无常等主观判断的不良影响，不得已才严谨地层层节制，希望大家小心谨慎，尽量不要出差错。这种防弊重于兴利的做法，使得员工谨慎有余，而应变力不足。

孙子认为，善于用兵的良将，其用兵可以"率然"比之。原来常山有一条蛇，名叫率然，以灵敏著称。有人袭击蛇头，这条蛇立刻折起尾巴，予以攻击；袭击蛇尾，蛇头马上反噬而来；袭击蛇的身躯，那么蛇的头尾一起折返过来。

科层结构很难首尾呼应，无法像常山之蛇那样灵活地因应外来袭击。因为它具有高度的复杂性，相当形式化，一切运作都依赖固有的程序和规范，采取集权管制，对于不熟悉的情况，当然很难快速地反应。

这种机械性组织，通常都把直属员工和幕僚划分得十分清楚，彼此的职权分明，不容逾越。划分部门时，以效率为主要诉求，按职能、制造过程或管理程序来区分。而控制幅度狭窄，工作专业化程度相当高，在企业内外环境稳定的时期，尚不失为一种有效的方式。迄今大多数组织，具有庞大的结构、重复的工作，以及稳定的环境，仍然采用科层组织，因为它便于集权控制，能够有效地运用组织人力与技术。对于权力拥有者维持权力控制，更是有利。

提起常山之蛇，就会联想到组织初期，工作较不标准化，沟通较不正式化，一个领导者足以掌握整个组织的活动，随时做出重要的决定，以便快速地因应变动的环境。那时候的组织结构，属于简单型，垂直分化少，复杂性低，而且权力集中，一呼十诺，彼此紧密相应。

组织逐渐扩大之后，即使员工非常信任领导者，把所有权力都集中在他的身上，继续维持简单型的组织结构。大家心里愈来愈害怕，这位独揽大权的领导者，固然是一位强人，但他毕竟不是神。强人的时间和精力，都是有限度的，一旦照顾不过来，或者被某些人蒙蔽，那该怎么办？于是垂直分化加上水平分化，部门和层级增加了，结构高度复杂化，似乎不可避免地又变成机械的科层结构。

不同于机械化的有机结构

当然，有人在科层组织的结构上动脑筋，把共同功能的员工集合在同一部门，因而垂直分化为制造、营销、会计、人事、研究发展等功能结构，减少人力、物力的重复。同时背景相似的员工在一起沟通、协调，也比较容易，对于增进工作满足感，颇有助益。

这种功能结构，适合于单一产品的组织。因为产品不同，产品部门或生产部门的员工势必学习新的技能，以资因应，而其他部门人员也将因产品多样化而受困扰。

于是有人主张，在功能结构之外，还可以依据产品的类别来区分，称为产品性结构。每一位员工，各有其所属产品单位，每一产品单位都是一个独立的责任单位，主管负起全部责任，拥有自己的营销，可以单独应变。

就整个组织而言，不同产品单位之间的沟通与合作十分困难。每一产品单位各有自己的生产、营销等功能，人力重复，也是一种浪费。

这样看起来，常山之蛇永远是一条小蛇，才会那么灵敏呼应。一旦成为巨蟒，恐怕就会行动迟缓，反应不灵敏，好像一条机器蛇，只能表现计划性的动作。

组织学者终于想出一种不同于机械结构的有机结构，不明确划分直属员工与幕僚，不清楚理清职权线；区分部门时，不以效率为主要诉求，强调弹性创新，拿产品、顾客、通路，或者地理区域等目的来划分；工作专业化的程度降低，力求工作扩大化，以符合人性的需求；控制幅度加大，并且采用分权制，以快速因应环境的变化。

这种有机的专案结构，为了某些特殊需要，集结不同的专业人才，不拘形式地共谋生存与发展，组织富有弹性，而且适应力很强。工作完成，专案随即解散。若是出现新的需求，再重组新的专案。

在率然这个故事中，有人问孙子："军队的运用，可以使其如同率然一样灵敏吗？"孙子回答："当然可以。"并举例说明，吴人与越人原本互相仇视，但是当其同舟共渡时，突然遇到狂风暴雨来袭，动荡将覆，这时吴人、越人必然忘记生平的仇恨而协力合作，彼此互相救援，好像人的左右手交互施应，同样灵敏。

有机弹性结构，借着解决特定的问题，把一批具有专业技能的人员，组成一个合作系统，不但减少彼此之间的冲突，而且同舟共济，易于促进结构内的同心协力。

专案组织能不能像常山之蛇率然那样呼应呢？人物和意志是战力组合的要素，专案结构集结了哪些人，这些人的意志如何，真正决定了这一专案组织的合作与应变。

其实，科层结构同样可以脱离机械性而转化为有机性，只要把它颠倒过来，加以不规则的发展，便能够从"倒金字塔"转变为活生生的"树状组织"。

树状组织精神的三个要点

树状组织最主要的精神，在于每一位员工，都在上级主管的支持之下，放手去做。人可各自为战，但不会在紧密相应的阵形中，迷失了自己。

管理学者在组织中的"专业知识"与"权威统制"两个变数之间不断调整，希望具备专业技能的人，在合乎人性需求的权威统治下，发挥自己的潜力。我们认为任何形态的组织，必须达到"治众如治寡"的目的，才是真正的同心协力。组织要像常山之蛇那么灵敏，至少应该注意下述三点，以充分发挥组织力之效。

1. 任何组织，都不要强调哪一部门最重要

业务挂帅、生产第一、开发领先，或者财务导向，统统不正确。不但在形式上，而且在内心里，都要认定每一部门同等重要，彼此休戚相关。整个组织的运用，有如身之使臂，臂之使指，无论身、臂、指哪一部分，都不能发生任何差错，才能灵活有效。再进一步，认定组织内每一个人都同等重要，缺一不可。站在这种平等的立场来评估其是否恪尽职责，并且分出优劣，大家才会心服。

2. 视组织的性质和规模，随时机动调整，以因时制宜

中国人喜欢常常调整组织，看似因人设事，实际上是因应此时此地的情况，不得不如此措施。这种人治气氛相当浓厚的作风，并没有错。不过领导者的公正与否，是成败的关键。领导者的行为公正，大家自然有信心；如果用人一切依照制度，组织的灵活性势必大受影响。两者权衡轻重，领导者究竟要何去何从，应擅自抉择。

3. 采取民主集权制，以迎合时代潮流

在人方面，主管的产生，尽量尊重员工的意见，虽然不一定经过选举或推举，总要诚恳征询大家的看法。在法方面，对于各种规章，尽量放手让员工去创制或复议。但是，主管既经决定，员工必须服从，使命令有效贯彻。法规既经制定，大家都要遵守，不可阳奉阴违或故意违犯。上级如有过失，可循正当途径提出申诉，在未判定之前，仍应服从。大家应养成少数服从多数、多数尊重少数的习惯，使组织成为一个有机体，彼此紧密相应，灵活制宜。

关怀导向以得人心

得人心者昌

领导者必须将工作导向改变为关怀导向，因为中华文化重视通情达理，而且中国人普遍感情丰富。凡事如果能够以情为先，然后才由情入理，往往可以收到更好的效果。我们常说"得人心者昌"，而得人心最简便有效的途径，即在关心。所以领导者采取关怀导向，得众人之心，才能够领导有方。

近百年来，中国人自信心低落，盲目地轻视自己的文化。实际上，站在科技的立场，向西方学习当然可以获得很多好处。但在哲学和文化方面，中国人自有其独特的见解，也不容忽视。比

较哲学教授吴森先生留美多年，便坦诚说明："愈研究西方文化，愈发现中国文化的伟大处和可爱处。"其实，这也是若干真正了解东西方文化的人士，共同拥有的见解。

吴森先生深入比较中西文化，发现"好奇"（Wonder）和"关心"（Concern）正是西方和中国文化差异的根源。他认为西方人对自然好奇，产生了科学来征服自然；中国人重视关怀，成为世界上讲究人情、了解人性的民族。

蒋梦麟先生在美国时常常发现："如果有人拿东西给美国人看，他们多半会说：'这很有趣呀！'碰到同样情形时，我们中国人的反应却多半是：'这有什么用处？'这真是中国俗语所谓'智者见智，仁者见仁'。心理状态的不同，所表现的兴趣也就不同了。"蒋先生认为，中国人对一种东西的用途，比对这种东西的本身更感兴趣。

西方人喜欢探究，爱好新奇，所以对东西本身觉得很有兴趣。中国人对一切事物的观察都以对人的关系为基础，居于对人的关心和照顾，来看这些事物有没有艺术价值或应用价值。换句话说，看它们是否富于诗意，是否切合实用。中国人对于管理的研讨，大多数也以应用为目的。

领导者向员工讲解管理理论，一定会觉得并没有什么人爱听，也很少有人相信。领导者有本领把大家动员起来，使大家自动发挥潜力，而且主动合作，大家自然会肯定管理的效果，对领导者产生很大的信心。这是中国人"先看到水流，再去找源头"的作风，与我们的心态相吻合。

蒋梦麟先生指出，中国学者的座右铭就是"学以致用"。这里所说的"用"，必须有益于世道人心，有益于国计民生。中国人依据这两个实用的原则，随时留意管理是不是对人有益，当然，免不了进一步关心对自己是不是有利。

领导者的管理理论是不是高深，相信员工并不在乎。但是，领导者能不能以实际的关怀，唤起员工的斗志，动员大家把工作做好，这才是员工欢迎的。

不能以牺牲人来完成工作

领导者舍弃工作导向，采用关怀导向，便是让员工觉得管理对他们具有实际利益。管理不是牺牲人来完成工作，而是关心人、照顾人的一种活动，大家自然乐于接受，不致心存怀疑而排斥或抗拒。

有些领导者表面上关怀导向，实际上念念不忘工作，使得管理的效果始终不理想。中国人相当聪明，一眼看穿领导者的糖衣政策，即把工作的苦药包裹在关怀的蜜糖里面，心里一阵反感，工作就会受到不良影响。

真诚关怀，必须抱着"大家坐在同一条船上，彼此的利害息息相关"的态度，相信"只要我凭良心，你也会凭良心"，因此，但求自己尽力，不问对方是否回报，反而容易引起合理的反应。

再说，中国人不轻易相信别人，动不动就互相提醒"防人之心不可无"。员工对于领导者的关怀，起初未必尽信，至少也采取相当保留的态度，不会贸然给予太积极的回应，以免上当。这时如果领导者立即自行揭开关怀的假面具，流露出工作导向的神情，使员工觉得原来对我关怀，乃是迫我就范，那就更加无效了。

中国人深知，人情不讨，永远存在，对方一辈子也还不清；人情一讨，便全部讨回来，对方就不再欠人情。领导者在这一柔一刚、一松一紧之际，已经把关怀的人情完全勾销，自然产生不出合理的回应。

关怀的动机必须纯正，"既然你是我的同事，我便应该关心你、照顾你"，对方才会毫无抵制地接纳，因而在自己的心中埋下回应的种子。若是居于"我关心你，你立刻要有良好的表现"，或者"我照顾你，你应该凭良心把工作做好"，对方观察这种压力，自然不领情，甚至以不感谢的心情来承受，产生反效果。

中国人关怀的原则，一向秉持"己所不欲，勿施于人"。有些人批评这是一种消极的做法，必须改变为"己所欲，施于人"的方式，才算积极。蒋梦麟先生认为："中国人基于实际的考虑，还是宁愿采取消极的作风……我也许觉得大蒜味道好，别人却未必有同样的感觉；他们也许像太太小姐怕老鼠一样怕大蒜。如果你不爱好臭味冲天的大蒜，难道你会高兴别人硬塞给你吃吗？不，当然不。那么，你又何必硬塞给别人呢？这是消极的，可是很聪明。因为坚持积极的办法很可能惹出麻烦，消极的作风则可避免麻烦。"

关怀并不是讨好，讨好领导者叫作奉承，讨好员工则是溺爱，都不是正当的行为。关怀是了解他、适应他，并进而改变他，使他走上正道，好好做人而又好好做事。不错，最后还是希望他把工作做好，但那是一种自然的结果，不是唯一的目标。领导者具有这样的心态，最容易增强感应的力量，在重视人的精神下提升生产力。

领导者明白人际疏离的可怕，当然不会倡导个人主义。为了增进员工之间的情谊，必须重视伦理，并且珍惜人情，在关怀导向的指引下，使员工产生有如一家人的感觉，才能同舟共济。

领导者要善尽文化责任

领导者的社会责任，在理智地导引员工走向正确的人生大道，让每一阶层的主管，由自己的小单位发出耀眼的光芒，影响整个公司。再由公司发出耀眼的光芒，影响整个社会。领导者最大的成就，应该是把自己的理想和公司的目标结合在一起，同时得以完成。不应该为了达到公司目标而暂时忘却自己的理想，用自己不愿意或者并不喜爱的方式，来对待自己的员工，美其名为顺应时势的变迁。

有些领导者把利润的一部分，甚至于大部分捐献出来，以回馈社会。他们平日压榨员工，不把员工当作人看，却又把压榨得来的金钱，用来充当慈善事业的基金。这好比教徒在星期一到星期六尽量做坏事，星期日才全心全意地忏悔，想来神也不会原谅他们的。领导者关怀员工，等于把企业经营和慈善事业结合起来，同时完成，何乐而不为？

大家都知道企业伦理十分重要，特别是当今社会更需要树立正确的伦理观念。企业伦理应该由管理来带动，而不是在管理之外另外建立企业伦理。领导者首先认清自己的爱究竟是探究的、好奇的，还是关心的、照顾的。强调一切求新求变，便是不关心人的表现，新比人更重要，根本就是错误的观念。不论新旧，对人有益的才要紧；要不要变，依人的需求来决定。这才是真正的善。

领导者的关怀导向，乃是孔子"知其不可而为之者与"的积极精神。既不可一开始就认定员工都是没有良心的，也不可对员工抱很大的希望，个个都会凭良心办事。领导者认为应该关怀员工，便热心去做，只问耕耘，不必问收获，把成败得失置之度外，最能产生良好的感应。

领导者的社会责任，应该由物质的回馈，逐渐提升到文化的层次。因为物质层面，通常只能算是经济责任。要善尽社会责任，必须对当地的文化有一些贡献。

领导者要对文化做出一些贡献，必须先对文化有一些了解。有些人过分崇洋，而且误以为科技足以代表一切。所以想起文化，就想起西方文化，好像中国人一定要全盘西化，才算是有文化。用西方的标准，来审视我们自己的文化，当然不了解我们的文化特质，也就无从做出贡献了。

两难之中必须兼顾

一切莫非两难

孟子曾说过：鱼是我想要的，熊掌也是我想要的，如果这两样不能兼得，只有舍弃鱼而取熊掌。他所列举的"鱼"与"熊掌"，当然比较容易取舍，实际上我们所碰见的，并没有鱼与熊掌这么明显的差距，这么易于抉择。

管理所遭遇的问题，多半不是鱼与熊掌的选择，却往往类似生命和义礼的选择。虽然孟子认为：生命是我想要的，义礼也是我想要的，如果这两样不能同时具有，只有舍去生命而取义礼。他的理由是：生命固然是我想要的，但我想要的还有比生命更重要的，所以不肯苟且偷生；死亡是我厌恶的，但我厌恶的还有超过死亡的，所以不肯苟且避患。不过，好像叫别人如此去做比较简单，要自己实实在在如此去做，的确相当困难。

人如果真的从生死关头看破富贵利达的私欲，那么管理还有什么办不到的难题？所以中国管理一直重视修己的道理。如果再不讲求修己，"万钟的俸禄，就不辨别是否合于义礼而接受了"，正应了孟子所说的"丧失掉原有良心"的事实。

人，难免有私欲；人，不免有成见。管理的措施，说起来有如"舍去生命而取义礼"那么方便，实施起来，却很难避免"舍去也不是，不舍去也不是"的两难之苦。领导者最好心里有数，任何措施，事实上都是两难。

1. 中国话差不多都有两句

如果认为两难不是中国人的问题，而是中国人当中某些不正常主管的问题，未免太不切实际。由于中国人的性格具有相当明显的变动性，所以中国人的道理几乎都随着时空的变迁而有所不同，形成十分有趣的相对性。事实上中国人几乎都可能遭遇到类似的两难。

中国话差不多都有两句，有"礼让为先"，便有"当仁不让"，前者要让，后者则不让，究竟要不要让？构成一种两难的局面。

我们一方面主张"人定胜天"，认为人为万物之灵，可以襄助天地来创造、革新，使宇宙更为美好；另一方面却承认"天定胜人"，指称人本来就是天地的产物，当然应该顺天而不是逆天，所以听天命是没有错的。

究竟是"人定胜天"，或是"天定胜人"，聪明的中国人根本用不着花费时间去探究，一想便知两者都对，我们不否定"时势造英雄"，也不致否认"英雄造时势"，充分表现出中国人的相对性。

2. 请示的两难

员工不请示，领导者很不高兴，认为员工心目中没有自己，居然自作主张，长久下去，总有一天闹成越权的危险；员工请示，领导者也可能很不高兴，心里暗自怀疑："这种事情也要请示，是不是怕负责任？一请示就把责任推到我的身上，可真巧诈。"这样的领导者，根本就已经失责。

员工请示也不是，不请示也不是，这就叫作两难。有时候请示的结果，换来一顿冷嘲热讽；有时候不请示的结果，也惹来一阵莫须有的责骂，真是不知如何是好。

3. 听话的两难

员工完全依照领导者的指示，百分之百听话，结果把事情弄得很糟。这时候领导者很不高兴，指责员工为什么不知变通，理直气壮地说："我告诉你的，不过是原则。原则应该坚持，但是实际情况也不可以忽视，当然应该配合实际情况有所应变，怎么可以这样死脑筋？你看，事情都被你弄糟了，怎么收拾这个残局？"

员工擅自改变领导者的指示，显得不听话。无论结果是好是坏，领导者都可能很不高兴，结果很好，领导者会冷笑地说："好是好，可惜你并没有完全按照我的话去做。你如果不擅自改变的话，我告诉你，结果一定比现在更好。我希望你以后还是虚心些，不要自以为比别人聪明。"结果很不好，领导者就会说："你看，好好一桩事情，到了你的手中，就变成这样。没有把握嘛，听话一些岂不更好？人家的经验是从苦难中磨炼出来的，得之不易，现在免费送给你作参考，你居然还不要！"

听话也惨，不听话也惨，也是一种两难，可见中国人不见得"一切听话就好"，也拿不准"不听话便没有问题"。

4. 主动的两难

部门有一件新的工作要做，身为员工该怎么办？主动表示意见，万一领导者不高兴，责怪为什么不专心做事，管这种"闲事"干吗，岂非自讨没趣？不主动表示意见，也可能引起主管的不满。主动不好，不主动也不好，两难！

5. 接受的两难

领导者交办一件新的工作，员工到底要作何反应？接受，还是不接受？不接受便叫作"推"，一推领导者就不高兴，认为"推"是不好的习惯，也是不良的态度；接受，后果也很难测。首先，领导者心想，我分派新工作给你，你推都不推一下，可见还有时间和余力，是不是原有的工作太轻松了？其次，接受了新的工作，如果做不好，可能会惹得领导者的批评。最后，接受新工作，势必有一些新问题要找同事帮忙或协商，大家不热心，便又是一个新的问题。接受不好，不接受也不好，同样是两难。

6. 有两难的念头，失败的概率比较低

依据实际情况，凡是具有两难念头的人，知道"这样不好，那样也不见得好""这样会挨骂，那样也会挨骂"，因而抱持"不可以大意""不能够轻率地决定这样或那样"的心态，做起事情来，失败的概率比较低。我们最害怕的，是那种"一看事情，就说没问题""不经大脑，马上就决定"的人。我们最担心的，则是那些"这样做，一定对""不必犹豫，一定是这样"的人。

一个人了解两难的事实，才会用心去突破这种左右为难的困境。一个人如果没有两难的顾虑，很可能"大意失荆州"，造成不可弥补的损失。中国人常常能够立于不败之地，便是我们非常明白任何措施都是两难的道理。孔子说："无可无不可。"天下没有非如此不可的事情，任何事情都有例外，不可不防。

两难必须兼顾

孟子舍弃鱼而取熊掌，有一个先决条件，那就是"如果两样不能兼得"。换句话说，假若两样可以兼得，不妨同时尝一尝这两样不同的美味。

1. 喝咖啡，还是喝茶？

我们请问一位美国人："喝咖啡，还是喝茶？"他多半会二选一，而且很快就下定决心"咖啡"或者"茶"。同样请问一位中国人："喝咖啡，还是喝茶？"他通常会回答："随便。"意思是："我怎么知道这里的茶比咖啡好喝，还是咖啡比茶好喝？你如果知道，就请你把比较好喝的那一种端给我。"中国人向来懂得兼顾，也容易做到兼顾的地步。

中国人特别灵巧，足以同时面对不同的人，回答不同的问题，解决不同的困难。我们常常利用一件事情进行中的空档，办其他事情，所以如果愿意的话，中国人的效率会出奇地高。现代化中国人，除了排队以外，似乎应该分心照顾一下，那些急待争取时间的例外人士。处理得不公正，便是特权；处理得公正，才是真平等。

2. 以公正的心兼顾各方

孔子希望大家断绝任意测度、期必于人、固执一端，以及自私自利的毛病，用意在以公正（不自私自利）的态度来弹性运用（不固执一端），才不会以己意强人所难（不期必于人），而其先决条件，则在不要凭空测度（不任意测度），以免防弊重于兴利，形成管理上的诸多障碍。

防弊的心态，使大家公事公办，一切以办公的态度来处置，用不着顾虑那么多，也不关心后果如何。大家都知道这是不好的，却居于把一切人当作坏人看的任意测度，不得不如此地固执一端。

以公正的心，来各方面兼顾，敢于弹性运用可行的变通办法，才是办事的精神，也才能够兴利。

3. 两难不兼顾，可能断章取义

中国话大多有两句，只强调其中的任何一句，都可能断章取义。"遇事要多请示"，这是不错的，然而"凡事要有担当"，也有道理。在表现担当中来请示，才是兼顾。"听话，上司才会喜欢"很好；"有一些高明的意见，上司才会另眼看待，觉得你有脑筋，肯用心"也不错。这两句话兼顾，有时候听话，有时候有意见，或者用一些意见来表达自己的听话，才不致偏于一隅。

嘴巴长在别人的身上，爱怎么说就怎么说，我们既然无法加以控制，只要反躬自问："我这么办，安心吗？"这是领导者应该具备的素养，特别是言论开放时期，中国人喜欢"对也说，不对也说；懂也讲，不懂也讲"，领导者不但计较不完，而且会气得半死。

4. 用不请示来请示

请示不好，不请示也不好，中国人兼顾的方法，便是用不请示来请示。请示不会让领导者觉得员工在推卸责任，而不请示让领导者觉得员工很尊重他的意见，于是领导者便会放心地支持员工去做事。具体的做法是：第一步，接到工作之后，马上动脑筋，想一想怎么处置最为合理；第二步，带着自己的腹案，去请示领导者；第三步，尊重领导者的最后裁决权，让他做决定。

领导者看见员工并非脑袋空空，全无腹案便来请示，就不致怀疑员工不负责任，"用问的比较快"，而且"一问自己就没有责任"。同时，员工先提出自己的看法，表示不是"来考考上司的能耐"，因此领导者乐于共同商量，然后下一个判断。就算赞成员工自己决定，领导者也比较乐意全力支持员工。不完全请示，也不根本不请示，才是兼顾。

5. 用不听话来听话

听话不好，不听话也会挨骂。中国人善于用不听话来听话，亦即站在不听话的立场来听话。

领导者发现员工不听话，当然很不高兴，认为存心和他们过不去。虽然不是有意捣乱，至少也是不尊重领导者。反过来说，领导者发觉员工极其听话，一切唯命是从，可能诱发两种不良的后果：一是领导者认为员工不会抗拒，遇到任何事情，第一就会想起这类员工，马上交给他们办；二是领导者怀疑这类员工有意讨好，因而提高警觉，看出他们是口是心非，答应得快却未必做得到，显然轻诺寡信。无论如何，总是不利于过分听话的员工。

员工站在不听话的立场来听话，领导者不敢随便交办不合规定的工作，因为担心员工会拒绝接受，弄得自己脸上无光，甚至把这些事情张扬出去，对自己更加不利。员工听话，领导也觉得自己有面子，毕竟自己有两把刷子，不然员工不会那样轻易地听话。

6. 用不主动来主动

员工主动向领导者争取新的工作，领导者很为难：不给，好像不鼓励主动积极的态度，而且，不给主动想做的员工，却一味硬塞给不主动的人，是不是有一些反常？会不会引起无谓的猜疑？

员工如果主动争取新的工作，领导者立即给他，万一做得很不理想，到底是谁的责任？分派合适的工作，原本就是主管的职责之一，不能用员工"抢着要做"的理由来搪塞。领导者不应该鼓励员工主动争取新的工作，否则大家都主动，大家都争取，领导者也是苦恼不堪。

主动不好，不主动也实在不理想。中国人兼顾的做法，表现在以不主动来主动，亦即站在不主动的立场来主动，才不致主动得过火，也不会过分不主动。领导者有一件新的工作，根本没有想到这位员工,或者想来想去,都认为不合适。这两种可能,唯有领导者心里明白,这位员工无从猜度,也不需要臆测,这时最好不要主动去争取,以免争不到大家都为难,或者给了他,领导者不放心,他也做不好,甚至就算做得好,实在也没有什么价值,因为不是领导者主动想到他,而是他自己要来的。

领导者想到这位员工,到底是真的希望他做,还是客气一番,并不想让他做。既然弄不清楚,最好推辞一下,让领导者可以及时收回去,交给真正合适的人去做。

推辞之后,领导者依然要这位员工做,他看看情况,便可以决定再推辞或者欣然接受。这种态度,便是我们所说的兼顾,不要二选一,而是合二为一。

兼顾的精神,其实就是经权,有原则地持经达权,便能兼顾各种相关的变数,居于不变的经来适当地权宜应变,以求其通。

进行合理突破

任何事情都是两难,这样不好,那样也不见得好。两难必须兼顾,所以孔子解决问题的方法是"叩其两端而竭焉",从问题的各方面去深究,而不是胡乱抓住一点便大做文章。徒然知其一而不知其二,贻笑大方。

"叩其两端"是兼顾,却不是两者加起来,除以二的平均数。它主要的精神,在求合理的突破。中庸就是合理,中庸之道,便是在两难中,兼顾相关的变数,求得合理的决策。

曾子认为：自己能力高而向能力低的人请教；自己多闻见而向闻见不及他的人请教；虽然有充实的心得，自觉好像空虚；有人冒犯自己，也不计较。这是领导者的基本修养，如此才能在两难中得到合理的突破。既然求合理，便不是必然站在中间，认为凡极端都不可取。正常的态度，应该是哪一点合理，便是哪一点，不管它在中间，还是两端。

孔子赞美颜回能够择取中庸的道理，得到一善就奉持固守而不再丢掉。可见中庸的道理，是由不执着到执着都对。应该不执着的时候，就要不执着，叫作学则不固。做学问的好处，是让我们学到更多的方案，知道解决问题有许多不同的途径，而不致固执一弊。但是，应该执着的时候，就应该执着，才是择善固执。既然在众多方案当中，找到最合理的一个，便应该当机立断，做成定案，切实据以执行，才能获得良好的成果。

有些人自认为很执着，所以才有今日的成就。有些人则强调他之所以成功，是由于不执着，具有随机应变的能力。听起来都很有道理，实际上都只触及道理的一部分，是部分真理而不是完整的道理。

决策过程，是由不固到固执。在没有定案之前，最好多方寻求可能的解答，多一些可供选择的方案，比较保险。一旦时机来到，而且已经有了合理或者最起码是此时此地最合适的答案，就应该择善固执。把它变成定案，大家才会遵循，不会乱了步伐。

由不固而固，构成决策的动态过程。这中间有一个时的因素，十分重要。时未到，不妨暂且不固，再多方搜集资料，仔细研究判断。时一到，就要固，以免拖拖拉拉，耽误时机。

《大学》记载："知止而后有定，定而后能静，静而后能安，安而后能虑，虑而后能得。"领导者的决策起点在"知止"，这便是明了自己应当采取的合理立场。我们既然知道人生的根本要求，在于求安，那么领导者的基本立场，无疑就在安人。领导者为求安人，唯一的办法，即为"所系正大"。所系正大，其实就是凭良心。领导者凭良心，一切决策才可能成为美德；若是不凭良心，所有决策，势必悉成恶德。管理离不开人治，这也是一大原因。

良心为万物之灵的人所独具，中国当代某一哲学家认为它是层级的、演进的、不是一成不变的。良心的最高形式，乃是张载所描写的"民，吾同胞；物，吾与也"。领导者当然不可能每一个人都具备如此高层次的良心，我们只要求组织内建立相当的共识，使大家获得比较相近的判断标准。

组织内判断标准也不是一经树立，便永不改变，必须时时调整，以求配合时空的变迁。这种判断标准，说起来便是企业文化的重要标杆，企业内风尚的变易，主要来自判断标准的迁移。

一旦站在安人的基本立场，领导者就能够"有定"，亦即决策有了定向。领导者面对若干不同方案，用安或不安来评估，自然容易选择一定的方案。以企业为例，分别以股东的安、员工的安、顾客的安，以及社会大众的安为定向，便不难合理评估各种方案的利弊得失。

领导者掌握定向，心不妄动，面对有关的资讯，不致心慌意乱而不知所措，所以能静，亦即心不妄动。静心研究各种资讯的时候，由于心中存有安的准绳，一切依据安或不安来分析。领导者胸有成竹，自然能安，也就是做到所处而安。

领导者自身能安，生活正常，情绪平稳，才有周详思虑的可能，所以能虑，多方面兼顾。既能思考周详，又能找出适时、适切、安人的决策，便是能得——得到最能够安人的良策。

决策再科学化，如果不能安人，势必遭遇众人的抗拒。这时候借重座谈会或中介人士，也将出现议论纷纷、莫衷一是的场面。因为谁来座谈？谁执仲裁？谁真是权威者？徒然弄得自己也不安起来。

"知止"是设立决策的目标，亦即找寻做决策的理由。"有定"是假设决策能完成的情况，也就是构想决策完成时的远景。"能静"是潜心研究有关资讯，美国管理学家赫伯特·西蒙称之为搜索可能的措施，亦即发掘一些可能的方案。"能安"是安心地判断所用资讯的正确性，避免因紧张不安而误导误判。"能虑"为分析、判断各种方案，西蒙称之为在各种措施中做一选择。"能得"是"获得可行的安人良策"，西蒙称之为评估过去的选择。

孔子说："听讼，吾犹人也。必也，使无讼乎。"任何决策，一旦发生争讼，就会引起相当程度的不安。争讼是大家都会的事情，一天到晚吵吵闹闹，并没有什么了不起的地方。领导者本着"止、定、静、安、虑、得"的精神，使做出的决策，不致令人不安而争讼，这才是息讼的根本办法。

合理的决策，大家自然心服。然而，合理不合理，难以判定。往往公说公有理，婆说婆有理，因此很容易引起争讼。所以

《大学》认为，一定要使求学的人用其已知的道理作为基础，进一步钻研、穷究天下的一切事物，以求其造诣达于极点。《大学》里记载："至于用力之久，而一旦豁然贯通焉，则众物之表里精粗无不到，而吾心之全体大用无不明矣。"用心研究的时间久了，自然会心窍顿开，贯通了一切道理。这时候，所有事物的内外巨细无不知晓，而用以理解所有事物的我心之整体和它的重大作用，也就完全明白了。

领导者把事物真理穷究明彻，自然能够完成合理的决策。有些人认为现代知识爆发，根本不可能了解所有的事物，这话并没有错。领导者不可能了解所有的事物，但有必要掌握所有事物的共同性理。如果把握不住，就不免自相矛盾，无法贯通。

由于无法了解所有的事物，领导者必须以大公无私的仁心，来重用人才。《大学》提到过类似的观点，见到贤才而不能荐举，或是已经举荐却又不能让他先于自己而被重用，这就是怠忽的行为；见到坏人而不能予以黜退，或是已予黜退却又不能驱之远离，这就是罪过的行为。领导者为求合理突破两难，必须知人、识人，且又具有恢宏的肚量来用人，以求群策群力，获得安人的良好决策，这又是管理离不开人治的一大理由。

领导者如果自矜自大、奢侈放肆，便很难导致合理的决策，因为自见不明，而又不能容纳众人的观点，必然有所偏颇。领导者必须尽己为众，顺物成事，一切才能合理。一方面增益自己的德望，另一方面多方听取大家的意见，然后诚心诚意，以安人为标准，才能实现合理的突破。

时时保持合理心态

以合理为决策标准

孔子说:"君子之于天下也,无适也,无莫也,义之与比。"这就是管理的决策标准。领导者对于天下一切事情,最好不认为是绝对的可以,也不认为是绝对的不可以,完全依据其用得合宜与否来评定其可与不可。

领导者的决策,不要定一种不变的标准,认为非如此不可,应该审视当时的状况,选择最合理的方案。决策的标准,就是合理。一切求合理,便是最好的管理,所以决策标准是具有变动性的。

依中国人习惯,未到时,几乎很难预测到时会产生什么变化,所以希望到时再说。决策的过程,本来就是由不固而固,未到其时,不固;到时,当然要固。

孔子说:"学则不固。"领导者到处学习一些管理法则或工具,并不是听到就相信,学会就固守,只是又多了一种方案,使自己免于拘泥固执。

领导者知道更多的管理理论,学习更多的管理工具,乃是得到更多的方案。如果脱离现实的时空,根本不知道哪一种方案才是最合理的。一旦面临抉择的时机,就应该"择善固执",选择其中最为合理的方案并坚决执行。

领导者抱持孔子所说"绝四"的决策态度(如表10-1),遭遇任何问题,都应该"毋意,毋必,毋固,毋我",即不任意测度，不任意规定，不任意固执，也不任意依私心来做决定。先以佛家"不着有"的心态，比较容易听取他人的意见，依据各方的情报资料，达到比较合理的决策。

表 10-1 "绝四"的决策态度

毋意	"毋意"是不任意测度，并不是不做预测。测度指没有事实和证据，仅凭自认有关而未必真正有关的资料或讯息来推测，结果有中有不中，不一定可信。不一定可信而据以决策，岂非十分危险
毋必	"毋必"是不任意规定，并不是不规定。规定意指必须如此，不任意规定，是不要以自己的规定来强人所难。换句话说，可以规定，但是不要未经协调就坚持，以免规定得不合理，反而妨害了决策的正确性。先交换意见，再做一些规定，显然比较合理
毋固	"毋固"是不任意固执，并不是不固执。领导者不固执，有好也有坏。一开始便固执，简直是顽固，一点儿不开通。临事也不固执，便是怕负责任，缺乏担当。由此证明，先不固执而后固执，应该是合理的做法
毋我	"毋我"是不专事利己，并不是完全不自私。因为"人不为己，天诛地灭"，利己性动机是人的本性之一，我们可以大胆地说："每一个人都忘不了自私。"所以"毋我"只是自私到合理而不过分

"毋我"可以说是"毋意""毋必""毋固"的根源，领导者不专事利己，才有可能做好决策。

中国人的合理主义，惟精惟一，是从杂乱的现象中把握变动的原理。我们的哲学家并不热衷于"唯心"或"唯物"的争论，却乐于谈论心物合一。有关知行的问题，也归结为知行合一；天人之间，也是天人合一。既然全世界的一切一切都在变动之中，那么神的职位也可以轮调，没有必要加以固定。管理当然要有制度，但是执行时应该有弹性，才符合"时中"的精神。时中就是此时此地最合理，表示合理与否，离不开时空条件，所以是变动不居的。

中国人认为多数应该感应少数，化阻力为助力，才是上策。多数人既不要超越少数人，以免少数人心中怀恨，暗中阻挠；也无法协调少数人，因为这样一来，少数人养成讨价还价的习惯，势必很难达成合理的协议。至于多数人当中，发现少数人竟然有讨价还价的力量，是不是会干脆脱离多数，另组少数以谋取利益，那就更加令人担心，因为少数一多，必然增加协议的困难。

感应是一种看不见、摸不着却实际存在的力量。通俗的说法，叫作彼此彼此，是一种人与人之间互动的力量。通过彼此的互动，大家找到合理的决策。

决策前诸多方案，决策后唯一定案，这种由多而一，由不固而固的过程，必须彼此彼此，将心比心，才能够顺利地找到合理的解决方案。

中国人擅长乱中有理

大家不太提中国式管理的原因，多半是由于其杂乱不堪，不容易看出它的道理，因此很难清楚地勾画出它的真正面貌。一不小心，就会说得似是而非。

1. 攻心为上

中国式管理的要求比较苛刻，不希望员工紧张忙碌，也不希望员工辛苦劳累,却希望员工能够做出更好的成果来。我国先哲,当然明白速度、业绩、团队、合作都非常重要,但更进一步体会和认知这些因素,不提便罢,一提便形成心理压力,带来许多无谓的后遗症。

工作的时候,如果忘记速度的要求,就算做得再快,也不会觉得承受了什么压力。若是一心惦记必须达到某种速度,心理上的压力就会很大。压力是一种心理作用,要解除压力,必须从心理上调整。逃避是不可能的,只好用调整自己的心态来因应。调整的方法说起来相当简单,那就是适当地转移自己的注意力。

于右任先生当年有"美髯公"之称,髯长而且美。有一次,一个小女孩好奇地问他:"晚上睡觉的时候,胡须是放在棉被外面呢,还是盖在棉被里面?"他平日没有注意这个问题,所以一时回答不出。那天晚上,他开始注意自己的胡须,究竟怎么摆放才好?结果折腾了很久,始终不如意,也一直无法入睡。后来,他干脆不去注意,顺其自然,这才很快地睡着了。

当我们留意某一问题时,它很容易由于我们过分在意而成为焦点。一旦成为焦点问题,我们反而很难以平常心来面对它和解决它。社会上热门新闻往往在被炒得灼热的时段,显得非常棘手,却在热度减退后轻易地获得解决。我们或许认为引起大家的注意才会集结解决的力量,不妨也想想唯有在稍微冷却的情景下,一切趋于平静,方有利于协调和沟通。

彼此都很紧张,势必动辄得咎。各人立场不一样,想法也不相同。大家都很关心,生怕发生任何差错。在这种情况,谁也不敢做主，哪里谈得上解决问题？

中国人是心理专家，我们固然不能背诵一些专有名词，都善于掌握对方的心理。我们不是心理理论家，反而是地地道道的心理实用家，时时不忘"攻心为上"，一切作为，都是针对心理作用而来。

2. 管理必须获得组织员工的认同

管理必须获得组织员工的认同，才能发生作用，收到预期的效果。获得员工的认同，关键在于不能惊动他们，让他们警觉到将会吃亏，引起他们的抗拒。特别是中国人，不会那么天真地就事论事提出申诉，多半喜欢拐弯抹角，拿比较动听的理由来掩盖自己害怕吃亏的心理。中国人显示出来的理由，大多冠冕堂皇，实则心里另有打算，只是不便明说而已。

为了避免这种假借光明正大的借口来反对管理的措施，我们最好在开始之初，就采取一种"不打草惊蛇"的策略，让大家不至于惊骇、恐惧，而马上抗拒。于是我们研究出一套试探的变动模式。模式是模式，却是变动的，不是固定的。任何模式一经固定，对方很容易识破，即归于无效。

同样一句话，中国人有好几种不同的表达方式。同样一种心态，也必须随时调整表现的方式。中国人不会这样赞美人家："王先生真有本领，实在有一把刷子！"一把刷子不够用，刷完了西装，低头一看，鞋子怎么办？中国人最起码要有两把刷子才够用，所以我们喜欢这样赞美人家："王先生实在了不起，有两把刷子！"

身处中国社会，没有两把刷子，如何圆满？一把刷子，充其量只能刷出是非，无法在圆满中分是非，这是若干领导者火候不够时遭遇的困难，他们已经尽力，大家总觉得有些不对劲。

3. 运用试探的变动模式

试探的变动模式运用起来，显然不如单刀直入的固定模式那样明晰而确定，因此一定带有混乱的味道。中国人看起来很乱，原因就是我们喜欢用各种不同的方式来试探对方的心理。

如果不乱可不可以？当然可以。只是限制的条件相当严格，必须彼此具有十分密切而良好的关系。特别注意密切和良好，这两种关系缺一不可。关系既密切又良好，中国人尽管放心单刀直入，不必经由乱的试探阶段。

但是关系可能变化，一旦密切而良好的关系变质，原来的好意就会变成恶意。亲密的同事变成敌人，那才最为可怕的。这样我们很容易了解中国人，就算关系再密切、再良好，有些事情也避免开门见山，只是为了长期利害着想。

阅历少，经验浅的时候，难免看不惯这一套乱七八糟的手法。多吃亏，常上当之后，当然会明白乱的后面，暗藏着十分正确的道理。

若公司直截了当地宣布实施某项目，可能引起众人的猜疑与抗拒，不但增加许多无谓的困扰，而且使得相关人员孤立无援。换一个方式，先若无其事地激发大家的兴趣，有整体计划却没有具体的明示，表面上零零落落地进行，到了将近成熟的时机，再水到渠成地全盘呈现，是不是阻力最小而功效最大？这种方式，初看起来必然很乱，似乎毫无计划，一点儿都不像管理，简直在打乱仗。

看不清楚中国式管理的人，指称中国式管理根本就是打乱仗，因为只看到乱的表面，没有体会到理的实质。中国式管理，如果仅仅做到乱的地步，十分危险。必须乱中有理，才能真正命中众人的心理，达到预期的目标。

乱是为了不惊动大家，不引起众人盲目的抗拒，运用关心来打动大家的心，使众人自发地认同组织的目标。乱得没有道理，眼前只有死路一条。不要乱，一开始便讲道理，请问什么人有胜算的把握？因为理不易明，道理不是那么简单明了就能够说明白的。

4. 乱到合理的地步，便是由情入理

一天到晚讲道理，哪里有时间工作？大部分精力都耗费在沟通上面，效率怎能提高？乱中有理，乱得很有道理，才是我们追求的目标，也是理想的境地。管理要求在轻松愉快的气氛中把工作做好，便不能弄得太严肃，增加大家的心理压力；也不必把人当作机器或物料看待，消除一切情绪化的反应，还有什么乐趣可言？乱是情的表现，乱到合理的地步，便是由情入理，乃是说明道理的最佳途径。

领导者最好具有乱中取胜的心理准备，才能充分掌握众人

的心理，表现出大家喜欢的亲和力，做到合乎人性需求的人性化管理。

5. 不遵守常规而灵巧地解决当前问题

中国式管理，既然特别注重变动性，便离不开不遵守常规而灵巧地解决当前问题的特质。不遵守常规绝对不是根本没有常规，或者完全忽视常规的存在。基本上我们应该重视常规，把它当作共识，成为不易的经，才有办法做到乱中有理。一切管理措施，实际上都围绕着此一常规而随时调整，因为谁也不敢离经叛道，成为公众的敌人。

但是，情势瞬息万变，为了适当应变，几乎所有管理措施都不断地有所改变，因此看起来时时在变，显得凌乱而没有常规。由于中国人多少都带一点儿出奇制胜的灵巧性，所以从表面上看，混乱不堪，简直没有秩序可言。

有人说："中国人为什么不生气？"答案是："气死活该！"其实，这正是中国人的灵巧本领。大家心目当中，都有常规，而常规确立之后，又必须配合不确定的情势，产生不同的因应。这也是管理的最佳状态：寻找此时此地最合适的决策。从这一角度来看，说中国人最懂得管理，有何不宜？

灵巧变动的目的，在解决当前的问题。组织的员工往往在问题产生之前，看不见问题所在，而在问题产生之后，又急于要求立即解决。领导者的变动性，便表现在此：第一，把若干问题消灭于无形，使其看不出有问题；第二，把若干问题引发出来，让大家去忙，然后提出解决的方案，很快予以解决；第三，同时还要留下一些问题不去解决，让员工集中注意力，以消耗多余的精神和时间。

6. 乱中取胜

管理的功能，主要在促成众人的分工合作。各行各业，都有赖于员工的分工，因为分工以后才能进一步讲求专精。但是，专精的结果，实在很难沟通。加上中国人"你看不起我，我也看不起你"的心态，构成合作的障碍，到处弥漫着本位主义的气息。

分工是分，合作是合。这一分一合的作用，是互动的，也是持续的，更是循环往复的。不是先分后合，也不是先合后分，而是分中有合，合中有分。西方管理，一直要求分合得条理化，因此失掉了灵活性。机械化的管理，不受欢迎，已经是不争的事实。

分工合作是相当紧复的活动，而且变化多端。变动性是中国人拿手的，按理可以有效地分工合作，为什么反而表现得令人不满呢？答案并不难找，若干人搞不清楚自己心里想的那一套，只听见自己嘴巴上说的那一套，便相信自己果真像说的那样想，陷入矛盾而不自知，于是看不惯社会上的一切，走上偏激的途径，自己痛苦，也危害他人。

换句话说，我们如果先抱着中国人本来就这样乱的心态，再深一层看出原来乱的背后很有道理，于是按照中国人的道理来乱中取胜，则中国式管理，非但不落伍，反而非常切合人性，也发挥了宏大的效力。

领导者一方面不要放弃自己的变动性，持续地"运用之妙，存乎一心"；另一方面也不能讨厌他人的变动性，甚至限制他人的灵巧应变。我们必须承认既然都是中国人，就具有灵活变动的潜力，愈加以限制，将来反动起来，愈难收拾，不如顺应这种变动的民族性，善为诱导，使其不知不觉中，走向预期的目标。

7. 乱中有理

员工的心态，是乱的主因，有事吵吵闹闹，无事胡乱批评。领导者要求不乱，势必疲于奔命。员工的希望是没有止境的，好了还要求更好，快了还要求更快。领导者样样求好求快，不累死才怪。何况有些问题，解决之后会引发更多的问题。许多人抱怨工作过分忙碌，又认为真的有那么多的工作要做，最后俯首接受忙碌的事实。

一定要这样忙碌吗？真的需要做那么多事情吗？为什么不分析一下？可以留下一些问题，让大家了解进步是需要付出相当代价的，并非毫不费力便可以享受进步的甜美果实。

既然无法要求大家不乱，便只好希望大家乱得有道理。因此大家乱成一团，才能够彼此都合理。这就是中国式管理猛看起来乱七八糟，却愈看愈有道理的缘由。

8. 灵巧应对

领导者必须了解，不可以真正乱来。凡是存心要乱，结果必然失败，可以说无一幸免。领导者的乱，是通过感性的活动来打动大家的心，先求心连心，再求手拉手、肩并肩，才能够发挥高度的变动性，在灵巧变化中，分工合作，圆满达到目标。

乱字很不好听，我们改用情字。情是人之常情，与生俱来，是人性的一部分。实施人性化管理，不可不重视对情的把握。情是情感，有情感就有冲动。冲动起来，往往很难用理智来控制，显得十分可怕。但是，冲动也是行动的重大支持力量，有冲动才有努力奔赴的可能。冲动具有很大的盲目性，这是令人担心的。不过，我们又希望员工好好地表现，缺乏冲动似乎就不起劲儿。

当然，最佳状况是又冲动又不盲目，亦即直接冲向目标。可惜这种情形不常见，因为这种人必须具有高尚的道德品质，单凭专精的知识和高强的能力，是做不到的。我们不能一方面不重视道德修养，不相信良心的价值，另一方面却一厢情愿地要求员工理智地敬业。如果可能的话，我们老早就放下心了，用不着一直到今天，还批评中国人如何如何不专心、不合作。

冲动多半是盲目的，而人有情感，又容易冲动，所以有人的地方，就必然有乱象，根本用不着害怕，更不必硬性加以束缚。

9. 动之以情

领导者必须善用员工的冲动，让大家不知不觉地冲向既定的目标。动之以情，便成为管理的先决条件，亦即以情做管理的诱导台，比较软性，更合乎人性。

情便是人情的趋向，顺着人情的趋向来管理，阻力最小，冲动力最大。难在它可以为善，也可以为恶。诱导为善则善，诱导为恶则恶。何去何从，则是领导者的真本领，可以说是中国功夫在管理上的表现。

人而无情，何以为人？没有情感的人，怎样去管理别人？又怎样接受别人的管理？情会乱，令人望而生畏，但是，情能去掉吗？果真去掉了，不是更加可怕吗？无情的人，我们敢和他们共事吗？敢和他们合作吗？无情的人，会领情吗？会守法吗？会讲理吗？

中国式管理不但不怕情，反而善于把情当作诱导台，这种特性，不必故意忽略，也不能不予重视。情是中华文化的特质，失去它，还谈什么中国式管理？岂非形存而实亡？

乱得有理就不必害怕

乱是不好的现象，亟须全力改善。乱得有理，就不见得不好，值得适度保持。例如，现代年轻人的头发，看起来很凌乱，实际上大多经过一番细心的处理，使其乱得很自然，亦即乱得有理。

1. 管得乱七八糟，居然年年赚钱

学管理的人，常常觉得很奇怪，某些公司，管得乱七八糟，居然年年赚钱？而有些公司，管理十分上轨道，员工却纷纷跳槽，问起原因，竟然是气氛太单调乏味，缺乏变化性，实际上则

是没有什么人情味，留不住人。

中国人的工厂，很少停工待料。美国人的工厂，却将停工待料列为工厂最大浪费的原因之一。美国人那么重视管理，为什么还会常常停工待料？他们可能找不出真正的根源，我们旁观者清，不难看出症结在于是非太分明。

万一发生停工待料的情况，领导者哪里需要追究责任？一想便知道是采购人员的过失，于是毫不犹疑地指责采购人员，为什么不能适时进料，造成如此可怕的错误？骂得采购人员脸红耳赤，无言以对。

生产单位机器状况良好，员工状况也正常，原本没有什么错误。生产主管看见采购人员挨骂，忍不住想笑。不料领导者转过头来，同样毫不犹疑地责备生产主管："有没有料可以用，你应该最清楚，为什么不会去催？只会坐在那里等，如今没有料可用，大家比较轻松是不是？看来你也是没有良心。"

有错、没错一齐骂，不是很乱吗？然而骂到大家心里害怕，反而不敢大意，减少停工待料的浪费。这种"连坐法"，会不会由于是非不明而影响管理的成效呢？

2. 动而不乱

中国人非常重视是非，但是非分明的主管往往掉入众叛亲离的悲惨陷阱。原因是中国人十分机灵，很容易用投其所好来欺蒙主管，使主管用不明的是非来判断是非，因而造成"所谓忠者不忠，而所谓贤者不贤"的是非颠倒，徒然"亲者痛，仇者快"，明明不是坏人，却把大家害惨了。

领导者应该是非分明，但是，先决条件则是真的分清是非，否则众人敢怒不敢言，势必怨气冲天。有朝一日，敢怒又敢言，后果更加不堪设想。

依据我们的阴阳文化，领导者最好不要一开始便坚持要是非分明，或者不要是非分明。两者任选其一，是西方二元论的思考方式，很难切合中国社会的实际情况。我们的态度是，应该是非分明的时候，当然要是非分明，无法是非分明的时候，怎么敢说是非分明。

领导者务须小心谨慎，因为这种变动性的态度，很容易招人议论，认为根本缺乏标准，简直是自由心证，而且爱怎样就怎样，哪里还有制度可言？这就是中国人不得不乱的苦衷。大家都善变，自己也不得不变，而一变又好像很乱，是不是如此，各人心里有数。

乱得有理其实便不是乱，我们换一种说法，称为动而不乱，会不会动听一些，听起来也安心。动而不乱表示动得有道理，而非乱动。动是必要的，不动什么工作都完成不了。动得有理，看起来就没有乱的感觉。管理的效果，即使组织成员动而不乱。分工合作得有计划、有目标，便是动而不乱。但是，中国人很容易看自己是动，看别人在乱，所以在心理上应该有"就算再乱，也乱得有其道理"的雅量，才能够以平常心来对待他人。

孔子说："可与立，未可与权。""立"指坚守常规，"权"指详察情势的利害而权宜应变。"可与权"难于"可与立"，因为用来"立"的，是不易的经，亦即有形有迹，具体可见的常规。而用以"权"的，则为没有定形，随时变迁的合理变更。

对于某些确定事项，领导者当然要依照不易的常规来处理，不可以任意改变。至于那些不确定事项，领导者必然要因时制宜，采取合理的权宜措施。由于不确定事项往往多于确定事项，因此领导者常被认为"位置愈高，愈喜欢变来变去"，看起来很乱。如果把这个道理解说清楚，大家明白原来是这么回事，就比较容易接受乱得有理的事实。

乱得无理要依法来管

管理必须制度化，所以一定要有制度。问题是什么叫作制度？用现代社会科学的行动论来看，制度是被组织员工内化了的各种规律。意思是说，这个组织内的各项制度，在人与人的行为之间，都一致认为应该如此，才能够得到大家的认同。这些公认应该如此的规定，便是制度。只有大家都尊重的制度，才是真正的制度。

1. 制度是动而不乱的标准

任何组织，都离不开分工合作，制度正是组织员工分工合作的基本规范。没有制度，就失去动而不乱的标准，根本没有办法分辨究竟是乱中有理还是乱得无理？虽然说制度本身也具有相当的变动性，毕竟有其不易的常规，不容忽视。

制度如此重要，我们也十分重视。任何组织，必定有其制度。然而，到处都抱怨没有制度，或者不够尊重制度，这又是什么道理？原来制度要得到大家的认同，才能够获得普遍的尊重。一个组织，如果从外面搬来一套制度，就很难获得大家的认可。再扩大来说，组织所建立的制度，若是不能配合大环境的文化，恐怕也很难得到员工的肯定。

人类学者已经指出，生产落后的民族，要想改善生活条件，必须在尊重和维持其固有的文化系统之下，逐渐接受科学知识和工艺技术，才能够安稳地走上进步的路程。管理当然也应该承袭我们民族文化中的基本观念，依据当前的实际需要，逐步建立组织员工认同的制度。

2. 依据员工的基本价值系统建立组织制度

从周秦到清末，漫长的两三千年，我国已经发展出一套相当特殊的、健全的制度，很灵活而有效地长期维持其一贯性，对外来文化的因应，也颇能恰如其分。清末以来，我们失去持经达权的以不变应万变的机能，由于西化过程太急太猛，固有文化系统难以适当顺应，造成一大群失去向心的个人，看不清楚自己的价值系统，唯有信口嘲骂，形成不懂的嘲笑懂的这一社会现象。偏偏懂的又说不过不懂的，以致是非不明。大家都把它当作转型期，说起来心里比较舒坦。然而转型期太久，就不能称为转型期。

组织要建立制度，必须肯定员工的基本价值系统，依据大家能够接受的基本观念，才能获得大家的支持，发挥应有的力量。

领导者应当有远大的理想,把组织员工带向一个更为美好的境地。但是,过程的合理化,则是理想能否达到的主要症结所在。第一,要顺应大环境的价值观念,使成员得以接受;第二,逐渐潜移默化,调整成员的想法;最后,再提出理想,使大家心悦诚服地认同。

3. 中西方对于法的观感不同

制度可以说是法的具体化。中西方对于法的观感非常不同,也是领导者应该明辨的。往昔在罗马,老百姓要求立法,而统治者一再拒绝,不肯答应。在中国刚好相反,统治者自动立法,却遭到一部分人士的反对。

依据史实,我国过去的法,一向赋予老百姓相当多的权利和自由,无论信仰自由、职业自由、言论自由、结社自由,都用不着去争取,以致我们对于权利和自由,向来不如西方人那么热烈地强调和关切。

中国人的观点,法只是道德规律的一种辅助工具,道德修养良好的人,似乎不需要用法律来约束。为防止道德修养不好的人,做出违反道德的事情,几乎以刑罚作为法律的主要内容,使得我们产生法是约束坏人的,好人可以不去管它的错觉。

现代中国人,当然不可能完全保留固有的法律观。工商社会,债权、契约愈来愈显得重要。我们不能不从义务观点转移为权利观点,因此到处都有人在提醒我们:不要让自己的权利睡着了!

然而，当一个人开始注意他的权利时，我们是否也希望他不要忘记自己应尽的义务？组织员工，如果保留原有"知足，安分，守己"的价值观念，我们是否希望他继续维持下去？答案应该是相当肯定的。

我们的两把刷子，一把建立在伦常关系上，另一把则建立在法律关系上。凡是以伦常关系为主的员工，多半比较重视道德修养，我们只要适当地给予尊重，大致都能唤起他们的自律，使其自动自发，依据制度办事。至于那些不知自爱、不能自律的人，我们当然也不能任其破坏法纪，因此依法惩罚，不容姑息。

依中国人的习惯，法是用来实际施行的，不是用来挂在嘴巴上说来说去的。中国人不是不知法，更不是有意违反法律，他们只是在法律抓不到，或者可能不抓的时候，才斗胆玩法。

所以法的重要性，一在合理，二在切实执行。不合理的制度，大家不容易认同。中国人不愿意明目张胆地反对，却全都心里有数，甚至不把制度放在眼里。等待依法处置时，再理直气壮地提出辩解。如果制度根本没有切实执行，不过说说而已，那就让它若有若无地存在着，反正不发生实际作用，何必激烈反对？

4. 制度是否有效取决于是否得人心

中国式管理，制度有没有效？大家能不能认同？几乎取决于合理这一标准。合理的制度，就算少数人有意破坏，也可以强制执行，用不着顾虑。不合理的制度，必须设法调整，否则一意孤行，势必众叛亲离。

由于合理与否，实际上很难说，所以能否得到大家的认同，取决于得人心与否。可见"得人心者昌"，便是合理不合理的象征。得人心，大家高喊合理；不得人心，就乱叫不合理。我们再怎样倡导法治，也无法摆脱人治，最好是寓法治于人治，因为法毕竟由人制定，由人执行。

领导者希望制度有效推行，必须尽量少说规定如何，以免愈说得多，大家愈怀疑原来制度对领导者有利，怪不得天天强调，要大家遵守制度。领导者把制度放在肚子里，当作腹案，嘴巴上说情，才能得人心、好办事。有些人误认为这种做法，不是讨好，便是虚伪，其实都不是。真正的中国功夫，便是既不讨好，又不虚伪，却能够得到大家的心，这才叫作艺术。

和好而不讨好，圆通而不虚伪，领导者存心诚正，一心要大家共同遵守制度。因为任何员工，如果乱得无理，即须依法处置。但是，去做就是，说那么多做什么？用实际行动，依法管那些乱得无理的人，才合乎管理的要求。

后记

领导者的命运由自己控制

要不要当领导者,决定权在自己手中。不必因为大家的期许与鼓励,便非当不可;不能由于一时激动,为了争一口气,非要当领导者;不需要一时遇不到好的领导者,就决定要自己当;尤其不能听了一句"宁为鸡口,无为牛后"的片面道理,便盲目地顺应潮流,当上了领导者。这时候才发觉上当,已经骑虎难下,很难挽回。

领导者希望成为什么样的领导者,同样由自己决定。要甘要苦,先甘后苦,还是先苦后甘?悉听尊便。

社会上那么多领导者,可以当作自己的借鉴。有些人赚大钱,却只能在牢狱中度过余生。就算真的在狱中过帝王生活,划得来吗?有些人财禄丰厚,却被不肖子孙弄得身败名裂,大半生辛劳所得，付诸流水。有些人名利双收，却不知道所为何来，过着富有却茫然的日子。有些人虚有其名，凡是真正认识他们的，无不摇头叹息；身受其害的，更是咬牙切齿。有些人患"大头病"，一次竞选，搞得企业几乎破产。有些人好大喜功，盲目扩大的结果，亏损累累……

没有哪一位领导者，存心整垮自己。他只是不明白自己的实力和处境，才会做出错误的决策。领导者的命运，正是自己的一连串抉择。几次决策错误，便是运气欠佳，连续几次正确决策，就表示运气很好。但是，领导者的命运，有一个不变的大前提，那就是顺天应人，替天行道。

天道是"天、人、地"三才当中的常理，领导者扮演"天"的角色，以大公无私的心情，因应未来的变化。天道尚无，所以领导者必须懂得"无为"的道理，以实现"无不为"的理想。

有的人受到西方文化的影响，重有不重无。其实"无为"并不是不动，也不是西方所说的自然主义。领导者崇尚"虚静不争"，最好依照种花人"不禁其性，不塞其源"的道理，使员工自由自在、自动自发，大家都获得正常的发展。

领导者要能舍才能得

顺天应人，最要紧的是分清楚应该做的和不应该做的。唯有舍弃不应该做的，才能够让应该做的达到良好效果。

领导者不应该独断独行，不可以事必躬亲，不能纵容亲信，不应该鼓励对立，不能迫害功臣，也不能冤枉好人，而这些，偏偏是若干领导者有意无意常犯的错误。

作为领导者，应该不多讲大家便能体会，不多做大家便能努力，不多管大家便能自动，不授权大家便能尽责，不紧张大家便能快速，不发威大家便能警惕。而事实上，很多领导者就是缺少这些能耐，却反过来责怪大家不能如领导者的意。

领导者最困难的，在知人善任。知人不能善任，等于不知。知人之先，要必须先知己，所以领导者具有自知之明，才能够知人善任。遇到任何事情，领导者第一想到的，不是怎样去做，而应该是让什么人去做。天从来不做事，只求把人安顿好。领导者不必去处理事，但必须把它交给合适的人去处理。找对人，让他们自由自在、自动自发去解决，则事必顺成。

楚汉相争的时候，楚霸王有万夫不当之勇，由于有范增而不能用，以致兵败自刎。刘邦的成功，居功于得人而能用人，善用萧何、张良、韩信这班人，正是刘邦获得最后胜利的主要原因。

有些领导者舍不得，不放心，也没有条件放手，终于累坏了自己，也拖垮了企业。舍得让员工表现，舍得让大家分享利益，舍得回馈社会，也舍得礼贤下士，这样的领导者，才能得人，因而成事。

知才、觅才、聘才、任才、留才、育才、用才和尽才，成为领导者最大的本领。这一连串与"人"有关的学问，必须虚心求取，勤而行之。

不要寄望反败为胜

自从《艾柯卡自传》问世以来，某些与美国著名企业家李·艾柯卡身世相似的领导者，便极力推荐，好像反败为胜乃是领导者的共同命运。

其实，中国人自有一套"立于不败之地"的方法，不可不加以深究。因为领导者好不容易打出天下，为什么要轻易让它败亡？为什么要随便拱手让人，自己再出去另打天下呢？

在事业兴旺时，领导者及时让贤退休，或者交给合适的人，让他顺利接班。这种出乎自愿的"尧舜禅让"，值得赞美，也值得学习。

好不容易当上领导者，却被迫下台，甚至遭人赶杀，终究不是好事情。中国人最好明白上台容易下台难的道理，知道上台多半靠机会，机缘成熟，领导者自然就当上了；下台必须靠艺术，万一被劈成三段，不能全身而退，岂非得不偿失？

立于不败之地，要礼遇顾问。因为"旁观者清，当局者迷"，领导者对于自己的处境，往往弄不清楚。刘邦如果没有张良的指点，恐怕也不能成功。

掌握时势，绝对不是投机取巧。领导者应该具有自己的理念，把自己的理念表现在事业上。守时待势，都是为了发挥自己的理念，这才是掌握时势。

基层员工的信息，最能代表现场的实况。领导者不必拘泥于层层节制的形式，时常逾越中坚主管，表现一些"亲民"的作风。唯有亲近基层员工，不高高在上，才能深入基层，迅速掌握现场的变化，适时找人了解情况。

中坚主管的训练，愈来愈重要。因为现代管理课程，这一环十分薄弱，领导者感叹人才难求，多半对此而言。

注意公共关系和用心维护家庭实在是一体两面，内外兼顾。家庭是根本，子女不肖，再好的公共关系也会转坏。领导者各方面兼顾并重，自然立于不败之地。若是顾此失彼，就难免遭遇失败，不得不咬紧牙关，无奈地祈求反败为胜了。